◎ 2022年度湖南省社科基金教育学专项课题（JJ227911）成果

乡村教师专业自主发展策略研究

An Study on the Strategies of Rural Teachers' Autonomous
Professional Development

◎ 王玉云　著

◎ 吉林大学出版社

· 长春 ·

图书在版编目（CIP）数据

乡村教师专业自主发展策略研究 / 王玉云著 .

长春：吉林大学出版社，2025.3. — ISBN 978-7
-5768-4020-9

Ⅰ . G451.2

中国国家版本馆 CIP 数据核字第 2024X1S767 号

书　　名　乡村教师专业自主发展策略研究
　　　　　XIANGCUN JIAOSHI ZHUANYE ZIZHU FAZHAN CELUE YANJIU
作　　者　王玉云　著
策划编辑　李承章
责任编辑　白　羽
责任校对　李承章
装帧设计　朗宁文化
出版发行　吉林大学出版社
社　　址　长春市人民大街 4059 号
邮政编码　130021
发行电话　0431-89580036/58
网　　址　http://www.jlup.com.cn
电子邮箱　jldxcbs@sina.com
印　　刷　湖南省众鑫印务有限公司
开　　本　710mm×1000mm　1/16
印　　张　16
字　　数　250 千字
版　　次　2025 年 3 月　第 1 版
印　　次　2025 年 3 月　第 1 次
书　　号　ISBN 978-7-5768-4020-9
定　　价　98.00 元

作者简介

王玉云　女，湖南娄底人，湖南人文科技学院教师，教育学博士。本科毕业于湖南师范大学，硕士毕业于中南大学，博士毕业于菲律宾莱西姆大学。主要从事教师教育、高等教育方向的研究与教学工作。发表学术论文20余篇，出版合著2部，主持省部级课题4项。

总　序

习近平总书记关于教师工作的重要论述，是新时代中国特色社会主义教育思想的重要组成部分，为新时代教师队伍建设和教育事业发展提供了根本遵循和行动指南。深入学习、思考、践行和领悟习近平总书记关于教师工作的重要论述，对于提升教师队伍的整体素质、推进教育现代化、建设教育强国具有重大意义。本系列研究旨在系统梳理、深刻解读和实践应用习近平总书记关于教师工作的重要论述，为广大教师和教育工作者提供理论指导和实践参考。

教师是立教之本、兴教之源。习近平总书记高度重视教师工作，多次发表重要讲话，提出了一系列新思想、新观点、新论断，深刻阐明了教师工作的重大意义、使命任务和根本要求。新时代背景下，教育改革和发展面临诸多新挑战，教师队伍建设亟须新思路和新方法。在此背景下，开展"学思践悟习近平总书记关于教师工作重要论述"系列研究，对于全面贯彻党的教育方针，落实立德树人根本任务，具有重要现实意义。

本系列研究旨在通过系统学习和深刻领会习近平总书记关于教师工作的重要论述，深入探讨其理论内涵和实践意义，结合教育改革与发展的实际需求，提出切实可行的实施路径和策略。通过本系列研究，期望为各级教育行政部门、学校管理者和一线教师提供科学指导，推动教师队伍建设迈上新台阶，促进教育事业高质量发展。

本系列研究由若干专著组成。《习近平总书记关于教师工作重要论述的理论基础》系统梳理习近平总书记关于教师工作的重要论述，分析其理论渊源和核心要义。《教师的使命与担当》解析习近平总书记关于教师使命与担当的重要论述，探讨新时代教师的历史使命和责任担当。《教师的道德修养与师德师风建设》深入学习习近平总书记关于师德师风建设的重要论述，提出提升教师道德修养的具体路径和措施。《乡村教师专业发展的循证研究》解读习近平总书记关于教师专业发展与能力提升的重要论述，研究乡村教师专业发展的改进路径和优化策略。《乡村教师专业自主发展策略研究》结合习近平总书记关于乡村教育改革和乡村教师发展的重要论述，通过理论分析和实证研究，提出切实可行的乡村教师专业自主发展策略，帮助乡村教师实现专业自主发展。《乡村教师的专业发展策略》解读了习近平总书记关于乡村教育质量和教师素质提升的重要论述，系统地提出了乡村教师的专业发展策略，以期有效提升乡村教师的专业素养，从而推动乡村教育事业的可持续发展。《农村教师队伍建设》结合习近平总书记关于乡村振兴和教育扶贫的重要论述，研究农村教师队伍建设的特殊需求和发展策略。《教育公平与教师资源配置》解析习近平总书记关于教育公平的重要论述，探讨优化教师资源配置、促进教育公平的具体措施。《教师的国际视野与全球合作》学习习近平总书记关于教育国际化的重要论述，研究提升教师国际视野和参与全球教育合作的途径。本系列著作涵盖了习近平总书记关于教师工作重要论述的重要方面。每一部专著既有理论阐释，也有实践案例，为教师和教育工作者提供全面、系统的学习资料。

本系列研究采用了文献分析、理论探讨、案例研究、循证研究和实践检验等多种研究方法。通过系统梳理习近平总书记关于教师工作的重要论述，结合实际教育教学案例，深入剖析其理论内涵和实践意义，为广大教师和教育工作者提供科学指导和实践参考。

本系列研究不仅为教师和教育工作者系统学习和领会习近平总书记关于教师工作的重要论述提供了理论依据和实践指导，也为教育行政部门和学校管理者制定相关政策和措施提供了科学依据。希望通过本系列研究，能够推动新时代教师队伍建设和教育事业发展，为实现中华民族伟大复兴的中国梦贡献力量。

本系列研究的顺利开展，离不开各级教育行政部门、学校管理者和广大教师的积极参与和大力支持。在此，向所有为本研究提供帮助和支持的单位和个人表示衷心的感谢！希望本系列研究能够为教师队伍建设和教育事业的发展贡献一份力量，共同推进新时代中国特色社会主义教育事业的繁荣发展。

让我们共同努力，学思践悟习近平总书记关于教师工作的重要论述，为建设高素质、专业化、创新型的教师队伍，实现教育强国的目标，贡献我们的智慧和力量！

曹俊军

2024年7月于湖南人文科技学院

前　言

近年来，随着我国教育体制改革的深入推进，乡村教育的发展日益受到关注。乡村教师作为乡村教育的核心力量，他们的专业素养直接关系到乡村教育质量的提升。然而，当前乡村教师在专业发展方面面临诸多挑战，包括资源匮乏、培训机会有限、职业发展通道不畅等问题。因此，研究和探索乡村教师专业自主发展的策略显得尤为重要。

为解决这些问题，提升乡村教师的专业水平和教学质量，专业自主发展成为一种有效的策略。乡村教师专业自主发展不仅仅是教师个人能力的提升，更是教育理念、教学方法和教育实践的不断更新与完善。通过专业自主发展，乡村教师能够在职业生涯中不断反思和改进教学实践，增强专业信心，提高教育教学质量。

本研究旨在系统探讨乡村教师专业自主发展的内涵与路径，通过理论分析和实证研究，提出切实可行的专业自主发展策略，帮助乡村教师实现专业自主发展。研究从以下几个方面展开：首先，分析乡村教师专业发展的现状与需求，揭示其面临的主要问题与挑战；其次，探讨国内外乡村教师专业自主发展的成功经验与实践，寻找适合中国乡村教育的可行路径；最后，结合实际情况，提出针对性强、操作性高的乡村教师专业自主发展策略。

本研究不仅有助于提升乡村教师的专业素养，也为教育决策者提供有价值的参考。我们希望通过本研究为教育行政部门、学校管理者和乡村教师提供科学的理论依据和实践指导，推动乡村教育的均衡发展和乡村教师的专业成长，进而实现乡村教育质量的整体提升。

在此，衷心感谢所有参与和支持本研究的教育专家、乡村教师以及各级教育管理部门。希望本研究能够为乡村教师的专业自主发展提供有力支持，促进乡村教育质量的提升，进而能够为中国乡村教育的发展贡献一份力量，为实现教育公平与教育现代化添砖加瓦。

王玉云

2024年9月

目 录

第一章 乡村教师的专业发展

乡村教师专业发展的现状与面临的挑战是多方面的、复杂的。只有通过深入剖析现状、明确挑战、制定有针对性的措施，才能推动乡村教师的专业发展，提升乡村教育的整体质量。

第一节 乡村教师专业发展概述

乡村教师是指长期在乡村学校任教的教师，他们通常由地方教育部门招聘，可能是本地师范院校的毕业生或者通过公开招聘方式引进的教师，承担着持续提供乡村教育的责任。乡村教师享有的政策支持包括各种培训项目、生活补贴、职称评定优待等，通过常规的职业发展途径，如校本培训、继续教育、外派培训等，不断提升专业水平。

一、乡村教师专业发展的作用与意义

乡村教师专业发展在提高乡村教育质量、促进城乡教育均衡发展和推动社会进步方面具有重要作用和深远意义。其作用和意义主要表现在以下几个方面。

（1）乡村教师专业发展有助于提升乡村教育质量。这种提升主要是通过教师教学水平的提高和教学资源的优化来实现。一方面，通过系统的专业培训和继续教育，乡村教师的教学能力和专业素养得到提升，从而提高了课堂教学的质量。另一方面，专业发展的过程中，乡村教师能够获得更多的教学资源和方法，促进教育资源在乡村的合理配置。

（2）乡村教师专业发展有益于促进教育公平。这种促进主要是通过城乡教育均衡发展和提高教育机会均等来实现。一方面，通过提升乡村教师的专业水平，缩小了城乡教育质量的差距，实现城乡教育均衡发展，从而推动教育公平。另一方面，优秀的乡村教师能够为乡村学生提供与城市学生相近的教育机会，促进教育公平。

（3）乡村教师专业发展有利于推动乡村振兴。这种推动主要是通过人才培养和促进社会经济发展来实现。一方面，高素质的乡村教师能够培养更多优秀的乡村学生，推动当地人才的发展和积累，为乡村振兴提供智力支持。另一方面，教育水平的提高直接影响乡村的社会经济发展，高质量的教育可以促进乡村地区的整体进步。

（4）乡村教师专业发展有利于促进教师个人职业发展和加强乡村教育队伍建设。一方面，促进教师个人职业发展。通过专业发展，乡村教师的职业能力和信心得以提升，职业成就感得到增强，同时也提高了教师的职业稳定性。系统的专业发展计划为乡村教师提供了明确的职业发展路径，有助于教师实现个人职业目标。另一方面，加强乡村教育队伍建设。专业发展机会和良好的职业发展前景能够吸引更多优秀人才加入乡村教育队伍。同时，通过改善待遇和提供职业发展机会，留住现有教师，减少教师流失，稳定乡村教师队伍。

（5）乡村教师专业发展有利于改善乡村教育生态和实现教育现代化。一方面，改善乡村教育生态。通过不断地专业发展，乡村教师能够引入和实践新的教学理念和方法，推动教学创新。教师专业水平的提升带动了学校整体教育环境的改善，形成良性的教育生态系统。另一方面，促进实现教育现代化。专业发展的过程中，乡村教师能够掌握更多的信息化教学手段，推动乡村教育的信息化进程。同时，通过培训和交流，乡村教师能够接受最新的教育理念，促进教育理念的现代化。

（6）乡村教师专业发展有利于扩大社会影响力。一方面，专业发展的乡村教师在社会中树立了良好的形象，提升了教师职业的社会地位和尊重度。另一方面，高素质的乡村教师能够更好地与社区融合，推动社区教育和社会文化的发展。

总的来说，乡村教师的专业发展不仅直接影响教育质量和学生成长，还对乡村社会经济发展、城乡教育公平以及教师个人职业成就具有重要意义。这一过程需要政府、教育机构、社会各界的共同努力和支持。

二、乡村教师专业发展的沿革与现状

乡村教师的专业发展经历了几个重要阶段，反映了中国教育政策和社会经济发展的变化。

（一）乡村教师专业发展的沿革

1. 新中国成立初期（1949—1978年）的乡村教师专业发展

这一时期的乡村教师专业发展具有"教育普及"和"条件艰苦"两个特点。中华人民共和国成立后，政府大力推进基础教育普及，尤其是乡村教育。大量培训班和短期课程被开设，以迅速增加教师数量。乡村教师的工作条件普遍较为艰苦，资源匮乏，教师的专业发展机会有限。

2. 改革开放初期（1978年至20世纪90年代中期）的乡村教师专业发展

这一时期的乡村教师专业发展具有突出"政策支持"和"师资培训"两个特点。随着改革开放的推进，政府开始重视乡村教育，并出台了一系列政策支持乡村教师的发展。地方政府和教育部门组织了各种形式的师资培训，以提升教师的教学能力和专业素养。

3. 21世纪初期的乡村教师专业发展

这一时期的乡村教师专业发展具有适应"新课程改革"和"远程教育"两个特点。2001年中国启动了新课程改革，强调教师专业发展的重要性。乡村教师的培训和继续教育逐渐系统化。信息技术的普及使得远程教育成为可能，乡村教师可以通过网络获取更多的学习资源和培训机会。

（二）乡村教师专业发展的现状

1. 乡村教师专业发展现状的总体描述

为推动乡村教师专业发展，政府出台了多项政策，如《国家中长期教育改

革和发展规划纲要（2010—2020年）》和《乡村教师支持计划（2015—2020年）》等，明确提出支持乡村教师专业发展的具体措施。当前，乡村教师的培训体系已经比较完善，包含在职培训、远程教育、专题讲座和外出交流等多种形式。一些高校和专业培训机构也积极参与到乡村教师的培训工作中，提供系统化的专业发展课程。部分地区开始探索智慧教育，通过现代化的教育技术提升乡村教师的教学能力，例如"国培计划"等在线平台，为乡村教师提供了丰富的网络课程和教学资源，促进了乡村教师的自主学习和专业发展。对乡村教师的职称评定和晋升制度进行了改革，激励教师不断提高自己的专业水平。提高乡村教师的薪酬和福利待遇，吸引更多优秀人才到乡村任教。

2. 乡村教师专业发展的挑战与问题

乡村教师的专业发展面临诸多挑战和问题，这些问题不仅影响了教师的个人发展，也制约了乡村教育质量的提升，需要政府、社会和教育部门的共同努力，制定和实施更加有效的政策和措施，切实解决这些问题，推动乡村教师专业发展的持续进步。这些挑战与问题主要集中在以下几个方面。

（1）教师队伍稳定性。由于工作条件艰苦、薪酬待遇较低，很多优秀教师不愿长期在乡村任教，导致乡村教师流失严重。城市地区提供更好的生活和工作条件，吸引了大量乡村教师离开乡村学校，造成乡村教师队伍的不稳定。

（2）薪酬待遇与福利保障。乡村教师的薪酬待遇普遍低于城市教师，尤其是在经济欠发达地区，导致乡村教师的生活压力较大。政府提供的乡村教师补贴和津贴不足以弥补他们在艰苦条件下工作的额外付出。此外，很多乡村教师缺乏基本的住房保障，需要自己解决住房问题，增加了他们的生活负担。乡村教师的医疗和社会保险保障水平较低，影响了他们的生活质量和工作积极性。

（3）培训和发展机会。乡村教师的培训经费不足，难以保证高质量的培训和继续教育机会。部分培训内容过于理论化，缺乏实际操作性，不能有效提升教师的教学水平和专业素养。乡村教师的职业发展路径不清晰，职称评定和晋升机会较少，难以激励教师提升自身专业水平。尽管信息技术的发展提供了远程教育的可能，但在偏远地区，网络条件差、设备不足，影响了教师利用在线资源进行学习和培训。

（4）教学资源匮乏。乡村学校的教学设备陈旧，难以满足现代化教学的需求，缺乏实验室、多媒体教室等现代化教学设施，限制了教师开展多样化的教学活动。乡村学校图书馆藏书量少、种类单一，难以满足教师和学生的阅读需求。缺乏系统的教学资料和辅助工具，教师备课和教学资源有限。

（5）工作环境和条件。部分乡村学校校舍陈旧，教学环境差，影响了教师的教学效果和学生的学习体验。基础设施不足，如水电、卫生设施不完善，教师的工作和生活环境艰苦。同时，乡村教师通常需要承担多门课程的教学任务，工作量大，备课和批改作业时间长，导致教学质量难以提升。除了教学任务外，乡村教师还需处理大量的行政事务，分散了他们的精力。

（6）社会认同和支持。社会对乡村教师的认可度不高，教师的职业成就感和归属感较低，影响了他们的工作积极性。部分乡村教师缺乏来自社会各界的关心和支持，感到孤立和无助。

（7）学校管理和制度。部分乡村学校的管理方式落后，缺乏科学的管理制度和激励机制。乡村学校管理人员的专业水平不高，难以为教师提供有效的教学指导和支持。部分地区缺乏系统的乡村教师发展规划，教师的专业发展缺乏长远的目标和路径。乡村教师的工作评估机制不完善，难以公平、公正地评价教师的教学效果和专业发展。

尽管政策支持和培训体系不断完善，但城乡教育资源和教师专业发展水平仍存在较大差距。乡村教师面临较大的工作压力和生活挑战，部分地区教师流动性较大，影响了教育质量的稳定性。

总体而言，中国乡村教师的专业发展在过去几十年中取得了显著进展，政策支持、培训体系的完善和信息技术的应用都为乡村教师的成长提供了良好的环境。然而，城乡差距和教师待遇等问题仍需进一步解决，以确保乡村教育的均衡发展。

三、乡村教师专业发展的方法与路径

乡村教师的专业发展是一个复杂而长期的过程，涉及多种方法和路径。以下是一些主要的方法和路径。

（一）政策支持

国家出台了一系列政策文件，如《乡村教师支持计划（2015—2020年）》和《国家中长期教育改革和发展规划纲要（2010—2020年）》，明确支持乡村教师专业发展的具体措施，设立专项资金用于乡村教师培训、待遇改善和工作条件的提升。

（二）教师培训

教师培训主要有三种形式。

（1）在职培训。定期组织乡村教师参加由教育部门或培训机构提供的专业培训，涵盖教育理论、教学方法、班级管理等方面。通过校内研讨会、教学观摩、经验交流等方式进行校本培训，促进教师之间的交流和学习。

（2）远程教育。利用互联网平台，提供丰富的在线课程和教学资源，如"国培计划"等，为乡村教师提供便捷的学习途径。通过视频会议系统，开展异地教师培训和教学研讨，打破地域限制。

（3）高校合作。与师范院校和教育研究机构合作，邀请专家教授开展专题讲座、工作坊和培训课程，提升乡村教师的专业素养。提供机会和资助，鼓励乡村教师通过在职进修和继续教育提升学历。

（三）激励机制

一方面，进行职称改革。改进乡村教师的职称评定和晋升制度，制定适合乡村教师特点的评价标准，激励教师提升专业水平。设立优秀教师奖、教学成果奖等，对在教学中表现突出的教师进行表彰和奖励。另一方面，切实改善待遇。提高乡村教师的基本工资和津贴，缩小与城市教师的收入差距；同时，改善乡村教师的住房、医疗和子女教育等福利待遇，增强教师的职业吸引力。

（四）教学资源支持

为乡村学校配备现代化的教学设备，如多媒体教室、计算机、实验室等，提升教学质量。提供电子教材、教学软件和在线资源库，丰富教师的教学资源。建设和完善乡村学校图书馆，增加图书数量和种类，提升教师的自学能力。开展图书捐赠活动，鼓励社会各界向乡村学校捐赠图书，支持教师和学生的阅读需求。

（五）教研活动

一方面，进行教学研究。组建校内或区域教研组，定期开展教学研究和讨论，交流教学经验和方法。鼓励乡村教师参与教育科研课题的申报和研究，提升教师的科研能力。另一方面，组织教学观摩。组织教师观摩优秀教师的课堂教学，通过现场学习和反思提升自己的教学技能。同时，邀请教学专家和优秀教师到校示范授课，为乡村教师提供学习和模仿的榜样。

（六）社会支持

社会支持来自三方面。一是志愿服务。鼓励和组织城市教师、大学生志愿者和退休教师到乡村学校支教，带动乡村教师专业发展。动员社会力量捐资助学，为乡村教师的专业发展提供更多支持和资源。二是家校合作。设立家长学校，培训家长的教育观念和方法，形成家校共育的良好氛围，以支持教师的工作。三是社区参与。加强学校与社区的联系，利用社区资源支持学校教育和教师发展。

（七）个性化发展

实现个性化发展，首先，进行职业规划与生涯辅导。鼓励教师制定个人专业发展计划，明确自身的学习和提升方向。同时，为乡村教师提供职业生涯规划辅导，帮助教师明确职业发展目标和路径。其次，进行自我提升。提倡教师自主学习，通过阅读、在线课程、教育博客等方式不断提升自身专业水平。鼓励教师在教学实践中不断反思，总结经验和不足，持续改进教学方法。

通过以上多种方法和路径，乡村教师的专业发展正在逐步实现，教育质量也在不断提升。然而，这一过程仍需长期的努力和持续的政策支持，以确保乡村教师能够获得与城市教师同等的专业发展机会和资源。

第二节 特岗教师专业发展的实证研究

特岗教师是特设岗位教师，通过中央或地方政府的特岗计划进行选拔，通常是面向全国或特定地区的高校毕业生，通过笔试和面试等程序选拔派遣到乡村学校任教，通常有固定的服务期限（三年）。他们享有专项政策支持，如服务期内的生活补贴、住房补贴、专项培训等，并有优先转正或继续在当地任教的机会，除了与乡村教师共享的培训机会外，还能参加特岗计划专门设计的培训项目，有更多的机会接受系统的职业发展培训。

特岗教师与乡村教师在教学中经常合作，共享教学资源和经验。特岗教师带来了新的教育理念和方法，可以促进乡村教师的专业成长。特岗教师和乡村教师在工作中互相支持，共同应对教育资源匮乏、教学设施落后等挑战。特岗教师的加入也缓解了乡村教师人手不足的问题。虽然特岗教师和乡村教师在职责、政策支持和专业发展等方面有差异，但他们在教育目标、工作环境和合作方式上有许多共同点。特岗教师的加入不仅弥补了乡村教师的不足，还通过引进新的教育资源和理念，促进了乡村教师队伍的整体发展。正因为乡村教师和特岗教师之间具有这种紧密的关系，下文将通过湖南省 A 县特岗教师专业发展状况来一探湖南省乡村教师专业发展的状况。

一、特岗计划的实施及其作用

（一）特岗教师与特岗计划

特岗教师是"农村义务教育阶段学校特设岗位教师"的简称，是从大学毕业生中经过选拔，为改善西部、边远贫困地区农村学校的师资队伍，服务期限为三年的教师。特岗教师主要在县以下的乡镇和村落学校任教，教育对象大部分是来自农村的少年儿童，故其身份可归入农村教师。

特岗计划，即特设岗位计划，是国家为解决乡村教师短缺问题、提升乡村教育质量而实施的一项重要政策。以下是实施特岗计划的主要内容和影响。

1. 背景与目的

特岗计划的背景是城乡教育资源分布不均，农村和偏远地区的教师短缺问题长期存在。特岗计划旨在吸引和鼓励优秀高校毕业生到乡村学校任教，缓解这些地区教育资源不足的问题。特岗计划的目的是通过招聘特岗教师，改善乡村教育资源配置，提高乡村教育质量，促进教育公平。

2. 岗位设置和招聘对象

岗位设置根据乡村学校的实际需求，涵盖了小学、初中、高中的各个学科。特岗教师主要被派遣到中西部地区、贫困县和教育资源匮乏的乡村学校。招聘对象主要为全国普通高等学校师范类专业应届毕业生，同时也鼓励非师范类专业毕业生以及具有一定教学经验的社会人员报名。应聘者须取得相应的教师资格证书，具备良好的思想政治素质和教师职业道德，身体健康，符合岗位要求。

3. 工作内容与待遇

特岗教师与当地正式教师承担同样的教学任务，参与学校的日常管理和教育教学活动。特岗教师享受与当地同级别公办教师同等的工资待遇，服务期间的社会保险费用由地方政府负责，部分地区还提供住房补贴、交通补贴等额外福利。特岗教师通常签订三年的服务合同，服务期满后可以选择继续留任或自主择业。

4. 专业发展与政策支持

特岗教师在入职前和任职期间，都会接受系统的岗前培训和在职培训，内容包括教育理论、教学技能、班级管理等。特岗教师在服务期间表现优秀的，可以优先转为正式编制教师，享有更多的职业发展机会。特岗计划由中央财政拨款支持，地方政府负责具体实施和管理，确保特岗教师的各项待遇和权益得到保障。部分地区出台了鼓励政策，如服务期满后优先录用为公办教师、提供继续教育机会、支持报考研究生等。

5. 成效与影响及未来发展

特岗计划在一定程度上缓解了乡村学校教师短缺的问题，提高了乡村教育的师资力量。该计划通过引入优秀的特岗教师，提升了乡村教育质量，促进了城乡教育均衡发展。特岗计划为高校毕业生提供了一个重要的就业平台，培养了一大批具有基层工作经验和奉献精神的优秀教师。

随着教育事业的发展，特岗计划将不断优化和调整，以适应新的教育需求和政策变化。未来，特岗计划可能会进一步扩大覆盖范围，吸引更多的优秀人才参与乡村教育，推动乡村教育的全面发展。

（二）特岗计划实施的作用

特岗计划是中国教育体制中的一项重要创新，通过引入高素质的教师资源，推动乡村教育的发展，促进教育公平，实现了良好的社会效益。

1."特岗计划"是补充农村师资队伍的重要举措

长期以来，农村师资队伍素质偏低问题严重阻碍着农村基础教育的发展，是制约九年义务教育普及的重要因素之一。为解决这一问题，实施"均衡普及九年义务教育"的战略，2006年我国开始实施"特岗计划"，即"农村义务教育阶段学校教师特设岗位计划"。该计划为期五年，主要内容是引导高校毕业生到"两基"攻坚县的农村义务教育阶段学校任教。2009年，随着"均衡普九"的初见成效，该计划实施范围扩大，中西部地区国家扶贫开发工作重点县开始参与该计划的实施。2012年，依据"国家中长期教育改革与发展计划"的精神，教育部发出继续实施"特岗计划"的通知，旨在吸引更多优秀人才到农村学校任教，均衡基础教育资源，巩固"均衡普九"成果，提高农村义务教育质量。

"特岗计划"在建设农村教师队伍、提高农村基础教育质量的相关政策中占有重要的地位。2012年教育部关于深入实施"特岗计划"的通知中明确指出："特岗计划"的实施年限延长，并同教育部部属师范院校师范生免费教育政策以及各类"国培计划"项目一起，成为提高农村义务教育教师队伍素质、全面提高农村基础教育质量的重要举措。

2.特岗教师是提高农村义务教育质量的重要力量

义务教育水平反映着社会发展的水平。自实施义务教育以来，我国义务教育的普及有了重大进展，但仍然存在许多问题，其中城乡发展不均衡是普及义务教育面临的主要问题之一。我国城乡义务教育在许多方面存在的差距集中体现为教育质量的差距，故提高农村教育教学质量成为义务教育均衡发展的核心目标，而在制约农村义务教育质量提高的众多因素中，教师数量不足、结构失衡、整体水平偏低是关键因素。

我国实施"特岗计划"的初衷是提高农村学校师资队伍的质量，改善农村学校师资结构，从而提高农村义务教育质量。从其前期实施效果看，"特岗计划"有助于改善农村义务教育师资的学历结构、学科结构和年龄结构，提高农村义务教育教师队伍的整体素质，缩小教师资源的城乡差距，提高农村义务教育的质量。

3. 一些地区特岗教师的生存状态不容乐观

"特岗计划"的实施在补充农村学校教师队伍、改善农村学校师资结构、提高农村义务教育质量中发挥了积极作用，但该计划的实施也面临着一些问题。许多关于特岗教师的调查研究表明[1]，特岗教师的生存状态堪忧，主要表现为一些地区的特岗教师工资福利得不到保障、生活工作条件差、工作压力大、职业幸福感低；地方教育主管部门和农村学校给予特岗教师物质和精神上的支持不够；"特岗计划"实施已时日不短，但社会对"特岗教师"的概念还很模糊。

在"特岗计划"全面实施但特岗教师生存状态不容乐观的现实情况下，特岗教师的专业发展情况又如何呢？他们的专业发展意识如何，专业发展需求具有什么样的特点，相关部门提供的发展机会和条件能否满足他们的专业发展需求？他们主要通过哪些途径和方式提升自我，专业发展活动中存在什么样的问题和困惑？这些问题，需要开展深入的研究。

二、特岗教师专业发展的状况

特岗教师的专业发展关系到特岗教师的专业成长和"特岗计划"的有效实施。对特岗教师的专业发展问题进行探讨，有助于教育行政部门及相关部门进一步完善"特岗计划"，真正实现"特岗计划"改善农村义务教育师资、提高农村

---

[1] 刘要悟，张莹，何金花. 重视特岗教师继续教育 促进特岗教师专业发展 [J]. 当代教师教育，2016（1）：84-89.

义务教育质量、实现城乡义务教育均衡发展之目标。

对湖南省 A 县2017—2020年进岗的200名特岗教师的问卷调查显示，特岗教师专业发展活动状况的总体特征是：有较高的专业发展意识和需求，专业发展机会较少、条件较差，专业发展途径以自我摸索为主、专业发展方式单一，大部分教师感到身心疲惫并对未来感到迷茫；差异状况是：女教师的专业发展意识和需求高于男教师，已婚教师获得的专业发展机会多于未婚教师，本科学历的教师获得的专业发展机会多于大专学历的教师，进岗任职两年教师的专业发展意识和需求低于任职一年和三年的教师，职前教育类型不同的教师无明显差异。应针对这种状况和特征开展进一步研究，查明原因并考虑应对之策。

（一）研究假设和研究过程

1. 研究假设

（1）特岗教师是一个新的特殊的教师群体，对其专业发展活动状况进行研究可能会有重要收获。

（2）特岗教师主要是在条件较差、资源短缺的边远地区农村学校任教，专业发展方面可能存在较多的问题、困难与困惑。

（3）特岗教师专业发展活动状况在性别、婚否、入职学历、职前教育类型和进岗时间这5个背景变量上可能存在差异。

2. 研究过程

（1）研究维度及背景因素的设定。在查阅大量文献的基础上，依据相关原理，确定从发展意识、发展需求、发展机会、发展条件、发展途径、发展方式、发展困难、发展困惑 8 个维度及性别、婚否、入职学历、职前教育类型、进岗时间5个个人背景因素，考察特岗教师的专业发展活动状况。专业发展意识指教师以自己的专业发展为认识和实践对象而形成的自我认知；专业发展需求指教师获得专业发展的期待以及现实与期待不一致而形成的心理状态；专业发展机会指教师所在部门或组织创设的与专业发展有关的事件；专业发展条件指制约和影响教师专业发展的外部因素；专业发展途径指教师在专业发展方面与外界及自我互动的渠道；专业发展方式指教师专业发展活动的参与方法与形式；专业发展困难指诸多错综复杂因素对专业发展形成的阻碍；专业发展困惑指在专业发展过程中遇到问题时不知如何处理的心理状态。

（2）问卷编制及问卷结构。在参考相关量表及同类研究的基础上草拟初始制问卷，选取湖南省 A 县特岗教师数量较多的三个乡镇的50名特岗教师进行测试，回收有效问卷44份，回收率88%，经统计分析后对问卷进行了修订。最后形成的正式问卷由三部分构成：第一部分，特岗教师在5个个人背景因素方面的基本情况；第二部分，特岗教师专业发展活动状况量表，含29道题目；第三部分，特岗教师专业发展影响因素调查，共13道题。

（3）样本选择及调查实施。在实施调查前对湖南省 A 县特岗教师的大致情况做了了解，包括特岗教师总人数、每年计划招收人数、实招人数、男女比例和分布情况（见表1-1）。然后根据该县各乡镇的经济发展情况分层抽样，即从经济发展快、经济发展一般、经济发展缓慢三类乡镇的特岗教师中确定大致样本人数。调查共发放问卷200份，回收问卷180份，剔除无效问卷 8 份，有效问卷172份（有效样本的分布情况见表1-2）。

表1-1 湖南省 A 县特岗教师现状

年份	计划招收人数	实招人数
2017	50	22（包括 22 名转正教师）
2018	150	89
2019	200	120
2020	150	65
总计	550	300
男女比例：1：9		

表1-2 湖南省 A 县特岗教师样本基本情况

基本情况		人数	所占比例
性别	男	29	16.86%
	女	143	83.14%

续表

基本情况		人数	所占比例
婚否	未婚	135	78.49%
	已婚	37	21.51%
学历	大专	37	21.51%
	本科	135	78.49%
职前教育类型	师范类	120	69.77%
	非师范类	52	30.23%
进岗时间	2017	15	8.72%
	2018	84	48.84%
	2019	56	32.55%
	2020	17	9.89%

为了对问卷调查进行补充，我们还对2名农村学校行政人员（小学、初中各1名）、6名特岗教师（4名小学教师，2名初中教师）进行了访谈。

（4）数据整理及信度、效度检验。问卷回收后将所得数据输入Spss 20.0（社会科学统计软件包）进行统计分析。问卷第二部分即量表部分采用李克特计分法，对非常符合、比较符合、一般、比较不符合、非常不符合五个等级依次赋值为5、4、3、2、1；对于量表中的反向题采用反向计分法予以记分，即按等级分别计分1、2、3、4、5分；问卷第三部分单选题和多选题则进行频次和百分比统计。为保证所获数据的可靠性和准确性，对输入的数据进行了信度和效度检验。内部一致性检验所得Alpha系数为0.841，表明问卷有较高的信度；经Kendall相关系数和Spearman相关系数分析，可以看出特岗教师专业发展活动的8个维度和总体情况在0.01水平上显著相关，因此确认问卷有较高的效度。

（二）调查结果分析

1. 特岗教师专业发展活动的总体状况

湖南省A县特岗教师专业发展活动的总体状况如表1-3、表1-4所示。

表1-3 特岗教师专业发展活动状况描述性统计

项目	极小值	极大值	均值	标准差
专业发展意识	2.25	5.00	4.0772	0.57026
专业发展需求	1.86	5.00	4.1905	0.55830
专业发展机会	1.14	4.92	2.7580	0.63550
专业发展条件	1.00	4.71	2.5490	0.76569

表1-3显示：特岗教师专业发展意识的平均值为4.0772分，大于中间得分3分，说明湖南省 A 县特岗教师专业发展意识处于较高水平。特岗教师专业发展需求的平均值为4.0195分，大于中间得分3分，表明湖南省 A 县的特岗教师具有较高的专业发展需求。为进一步了解特岗教师专业发展需求的具体内容，研究者从知识、能力、其他方面对特岗教师的专业发展需求进行了调查，结果显示，目前特岗教师最需要的知识是教学实践知识（39.22%），其次是学科专业知识（20.59%）；特岗教师希望提高的能力前三项依次是：课堂教学组织能力（32.35%）、教学研究能力（27.45%）和班级管理与组织能力（24.51%）；其他方面需要提高的能力前三项依次是：教育科研与论文写作能力（38.24%）、处理师生关系的能力（23.53%）和现代教育理念内化能力（17.65%）。由此可见，特岗教师对教学实践知识和能力、教学研究知识和能力有较高的需求。特岗教师专业发展机会的均值为2.7580分，低于中间得分3分，说明湖南省 A 县特岗教师专业发展机会较少。特岗教师专业发展条件的均值为2.5490分，小于中间得分3分，由此可见，湖南省 A 县特岗教师专业发展条件较差。为进一步了解特岗教师关于专业发展条件的具体想法，研究者对特岗教师最希望得到的条件支持和最有利的工作条件进行了调查，结果显示，特岗教师认为最有利于其专业发展的条件是教育行政部门的政策保障（77.45%），其次是学校的支持与鼓励（68.63%），再次是良好的社会氛围（53.92%），此外，良好的人文环境（37.14%）和丰富的信息资源（30.48%）选择率较高，而良好的办公环境选择率仅为11.43%，可见特岗教师非常看重环境的人文性和信息的畅通性，而对办公环境的要求相对较低。

表1-4 特岗教师专业发展活动状况统计

项目		百分比
专业发展途径	参加各种培训	12.2%
	参加学校教研活动	9.3%
	阅读教育书刊	13.5%
	网络视频学习	13.0%
	向有经验的教师请教	8.5%
	总结个人教学实践	18.0%
	征询学生意见	16.7%
	其他	8.8%
专业发展方式	岗前培训	20.6%
	函授学习	5.6%
	专家讲座	19.4%
	短期集中培训	28.0%
	脱产进修	15.1%
	攻读专业学位	3.0%
	其他	4.3%
专业发展面临的问题	新课程与已有教学观念的冲突	21.4%
	如何有效使用教学方法	15.4%
	如何与学生进行心理沟通	16.1%
	教学实践能力有限	10.4%
	新教材要领把握不准	11.7%
	学科知识与技能缺乏	8.7%
	课堂管理能力欠缺	15.4%
	其他	1.0%
教师专业发展感到的困惑	未来是否选择任教还不好说	16.1%
	将来是否留任还难以决断	16.1%
	学校氛围差，我没有动力	15.0%
	领导对青年教师的专业发展不重视	12.6%
	同事的支持有限，不知如何提高	24.8%
	公众对教师的不利评价让我无所适从	13.6%
	其他	

依据表1-4的内容，我们可以得知以下几方面的信息。

特岗教师专业发展途径的选择比较分散，说明湖南省 A 县特岗教师专业发展的途径是多样的，其中选择比率较大的是总结自己的教学实践，其次是征询学生意见，再次是阅读教育书刊，这意味着特岗教师主要通过自我学习、自我摸索寻求专业发展。意外的是，参加学校教研活动和向有经验的教师请教的选择率却是最低的。

就专业发展方式而言，特岗教师参加继续教育排位前三的方式依次为短期培训、岗前培训和专家讲座。岗前培训作为新教师上岗前的培训肯定是每个人必须参加的，短期培训和专家讲座位居第二、第三，说明特岗教师以其他方式参加培训的机会极少。

在专业发展面临的问题方面，21.4% 的特岗教师认为最大问题是已有教学观念与新课程的冲突，说明一些特岗教师还面临着如何适应新课程的现实问题；6.1% 的特岗教师认为最大的问题是如何掌握与学生沟通的技巧，说明青年教师考虑到了与学生沟通但又缺乏沟通技巧的现实；教学方法的有效使用和课堂管理能力欠缺的选择率都为15.4%，说明特岗教师还欠缺一些基本的教育教学能力，这是初任教师面临的常见问题。

就专业发展感到的困惑来看，各选项的选择率都相差不大，说明目前特岗教师同时面临社会、学校和自身带来的三方面的困惑。其中，同事提供的支持有限、不知道如何提高自身的专业能力（24.8%）、未来是否选择教师职业还不好说（16.1%）和未来是否留任还难以决断（16.1%）三项的选择率略靠前，这表明，特岗教师对未来是感到迷茫的。事实上，各种困惑存在内在联系，学校氛围、同事支持、领导态度和社会评价都会对特岗教师的职业选择和是否留任产生影响。

2. 特岗教师专业发展活动的差异状况

特岗教师专业活动的差异状况主要从专业发展意识、专业发展需求两个主观因素和专业发展机会、专业发展条件两个客观因素及性别、婚否、入职学历、职前教育类型及进岗时间5个背景因素进行分析：从均值看，在专业发展意识和专业发展需求两个维度上，女教师得分均高于男教师（$p < 0.5$）；在专业发展机会和专业发展条件两个维度上，男教师与女教师无差异。从均值看，四个维度上已婚教师得分均高于未婚教师，并且已婚与未婚教师在专业发展意识、专业发展需求和专业发展条件三个维度上有差异但不显著，获得的专业发展机会则差异极其显著（$p = 0.003$），男教师获得的机会远高于女教师。数据显示，在四个维度上本科学历教师得分均高于专科学历教师得分，其中，在专业发展意识和专业发展需求两个维度上不存在显著差异，在专业发展机会（$p = 0.042$）和专业发展条件（$p = 0.020$）两个维度上则存在显著差异。

数据显示，在四个维度上接受非师范教育的教师得分高于接受师范类教育的教师得分，并且，两类教师在各维度上的 P 值均大于0.05（专业发展意识 $p = 0.644$，专业发展需求 $p = 0.855$，专业发展机会 $p = 0.679$，专业发展条件 $p = 0.553$）。可见，职前教育类型在四个维度上不存在显著差异。

数据显示，在专业发展意识和专业发展需求两个维度上，不同进岗时间教师得分情况为2017＞2019＞2020＞2018，在专业发展机会和在专业发展条件两个维度上得分情况为2019＞2020＞2017＞2018。经方差检验，在专业发展意识（$p = 0.036$）和专业发展需求（$p = 0.15$）两个维度上存在显著差异，在专业发展机会和专业发展条件两个维度上不存在显著差异。

（三）研究结论

1. 特岗教师专业发展活动总体特征

湖南省 A 县特岗教师专业发展活动总体特征是：具有较高的专业发展意识和专业发展需求，其中对教学实践知识和能力、教学研究能力需求强烈；获得的专业发展机会较少，专业发展条件较差，希望在专业发展方面被提供相应的政策保障、良好的人文环境和信息环境；专业发展途径较少，以自我努力、自我摸索为主，参加继续教育的方式较为单一；大部分特岗教师感到身心疲惫，并对未来感到茫然。

2. 特岗教师专业发展活动差异状况

湖南省 A 县不同个人背景因素的特岗教师专业发展活动的差异状况是：女教师的专业发展意识和专业发展需求显著高于男教师；已婚教师获得的专业发展机会明显多于未婚教师；本科学历的教师获得专业发展机会和专业发展条件显著高于大专学历的教师；进岗任职两年教师的专业发展意识和需求明显低于任职一年和三年的教师；职前教育类型不同的教师在所考察的专业发展的四个方面无显著差异。

三、特岗教师的专业成长面临诸多亟待解决的问题

综合迄今有关特岗教师和"特岗计划"的研究以及笔者对湖南省 A 县 2017—2020年进岗的200名特岗教师的调查发现[1]，特岗教师的专业发展面临着许多问题，其中，最为主要的问题有以下三方面。

（一）专业发展机会较少，条件较差，方式单一

笔者的调查显示，特岗教师专业发展意识和需求较高，但专业发展机会较少、条件较差。出现这种状况的原因可从农村教育投入和学校对特岗教师的支持力度两个方面进行分析。

首先，农村基础教育投入不足，专业发展活动难以开展。机会与条件都是影响教师专业发展的外在因素，这些外在因素必须以一定的经济条件作支持。然而，由于我国农村教育主要依靠政府财政，投入主体单一，加之近年来政府在教育经费投入上有"城市中心"取向，经费投入往往是先城市后农村，从而导致农村教育投入的短缺[2]，农村"普九"欠账较多，中小学教育经费明显偏低。经费短缺必然导致支持教师专业发展活动的经费不足，从而影响农村教师专业发展活动的开展。特岗教师在这样的背景下也自然受到影响，获得的发展机会较少、条件

① 何金花. 农村义务教育特岗教师专业发展活动状况研究 [D]. 长沙：湖南师范大学，2014.

② 王华，魏凤. 公平视角下农村教育资源配置的路径选择 [J]. 湖北社会科学，2011（1）：176-179.

较差也就不足为奇了。

　　其次，学校支持力度不够，良好的专业发展环境尚未形成。学校在教师专业发展过程中扮演着十分重要的角色，教师专业发展的关键在于学校环境及实践经历是否有利于他们的专业发展。作为教育机构和基层组织，学校为教师提供的不应只是一个单纯的"职场"，更应是一个"教育性职场"①，为教师学习和发展创设良好的环境。作为特殊群体的特岗教师的专业发展尤其需要学校的重视与支持，然而现实情况却并不乐观。由于传统因素，在学校中资历往往积累为一种特权，年轻教师大多比有资历的教师承担着更多的工作②，特岗教师亦如此。笔者的调查显示，繁重的工作使特岗教师无暇参与各种专业发展活动，他们主要通过自发地思考和征询学生意见了解自己的教学实践，而很少通过学校组织的专业发展活动。在笔者的访谈中，当问及学校是否制定了相应的帮扶计划时，多数特岗教师表示从未听说。此外，有些特岗教师反映，部分学校非常不重视对包括特岗教师在内的青年教师的培养，经费主要用于硬件配置。

（二）身心疲惫、对未来感到茫然者比例较大

　　笔者的调查显示，许多特岗教师对学校资源的短缺感到无能为力，并对自己未来的发展感到茫然。关于后一点，可从学校、特岗教师自身和群体差异三个方面分析原因。

1.学校工作安排不合理带来的较大压力

　　农村学校给特岗教师安排的工作量大，致使许多教师感到"不堪重负"。据调查，特岗教师中有64.7%担任班主任，每天有大量烦琐的事务缠身；由于学校教师结构不合理，许多学科教师短缺，这些缺口便由特岗教师填补，一人担任几门学科的教学甚至包班的现象普遍。③繁忙的工作严重影响了特岗教师的继续学

① 王少非.教师专业发展：学校的能为和应为 [J].教育发展研究，2011（18）：63-66.
② 任学印，索桂芳.初任教师专业发展需求探析 [J].外国教育研究，2006（10）：52-54.
③ 廖朝华.我国特岗教师专业发展问题与对策研究：以贵州省 D 县为例 [D].长沙：湖南师范大学，2011.

习和专业提升。笔者的调查显示，特岗教师认为影响其继续学习的主要因素之一是学校提供的条件有限，另一因素则是工作任务繁重、无暇参与各种与专业发展相关的活动。

2."生存关注"阶段的诸多问题带来的困惑

作为青年教师或初任教师的特岗教师正处于"生存关注"阶段，面临着生活、工作两方面的压力，会遇到"现实的冲击"，即理想与实际的差异带来的困扰。笔者访谈的多名特岗教师都对所处生活环境和条件感到不满。就教学而言，现实的课堂生活一开始往往会使特岗教师无所适从，而农村学校落后的教育观念也让他们感到失望，加之对"去与留""坚守与过渡"及国家政策持续性的考虑，凡此种种，均使特岗教师感到困惑，陷入茫然。这种困惑与茫然会进一步导致特岗教师从业动力的下降，甚至导致离职。有关调查显示，这一时期离职率在30%~40% 左右，任教2年内教师的离职率与任教10年内的离职率相比"不成比例"的高。①

作为入职不久的教师，特岗教师由于教学经验缺乏、教育教学能力较低、实践和学习机会较少、沟通交流机会不多，加之自主专业发展能力欠缺，因而很难摆脱所处的困境，顺利地度过这一时期。长时间面对这种困境，特岗教师难免产生焦虑，对前途感到悲观或茫然。

3.与在编教师需求和意识上的差距产生的孤独感

从身份看，特岗教师属于农村教师，在专业发展活动方面，特岗教师与在编农村教师具有相同点，任教学校都在农村，专业发展活动都受整个农村学校环境的影响和制约。但两个群体的专业发展活动亦有诸多不同。最大的不同就是特岗教师有较高的专业发展意识和需求，而许多在编农村教师则缺乏专业发展意识，专业发展需求较低。特岗教师与在编农村教师在专业发展意识和需求程度上的不同加剧了特岗教师的孤独感，从而产生焦虑感和迷茫。

....

① 叶澜，白益民，王枬，等.教师角色与教师发展新探 [M].北京：教育科学出版社，2001.

（三）男教师参与专业发展活动的主动性较女教师低

笔者的调查表明，男特岗教师的专业发展意识和需求显著低于女特岗教师，这在一定程度上导致了男特岗教师参与专业发展活动的主动性低于女特岗教师。这一结论与赵燕婷[①]的相关研究一致，即男特岗教师的职业预期显著低于女特岗教师，女特岗教师比男特岗教师更乐观。然而，这一发现却与大部分关于教师专业发展性别差异的结论相悖。大量研究表明，一般而言，男教师的专业发展水平高于女教师，如杨和稳[②]的研究显示，男教师的物质投入和教研成果多于女教师；李斌辉[③]研究指出女教师的主体意识有待唤醒，女教师的专业发展整体低于男教师。为什么在农村学校男教师专业发展水平高于女教师的背景下，男特岗教师的专业发展意识和需求低于女特岗教师呢？笔者认为原因有二。

1."农村教师"身份导致的自卑感

上述状况反映了特岗教师这一群体的特殊心理状态，即自卑感。一方面，特岗教师是未转正教师，在崇尚带编制的稳定工作的传统文化下，特岗教师有"低人一等"的特殊身份感；另一方面，在特岗教师看来，自己的待遇与在城市工作的同学相比差别很大，觉得是因自己学业无成或能力低下才选择了特岗教师工作。这种自卑感降低了他们对自己的成就抱负或预期，不对未来做长期打算或规划，并对教学教育工作漠然处之。张宁[④]的调查结果表明，一些特岗教师没有形成维护教育公平、充当正义践行者的使命感，反而觉得这是一种负累，是对个人身份的降低。就男女比较而言，男特岗教师的自卑感更为严重，这是因为传统

① 赵燕婷.农村"特岗教师"职业认同的调查研究：以甘肃省三县调查为例 [D].兰州：西北师范大学，2009.

② 杨和稳.新课程背景下西部贫困地区农村中小学教师专业发展的调查报告 [J].教学研究，2009（6）：79-82，86.

③ 李斌辉.女教师专业发展：基于社会性别理论的分析 [J].教育评论，2009（2）：29-32.

④ 张宁.特岗教师角色适应中的心理问题分析及对策研究 [D].福州：福建师范大学，2013.

文化对男性的高要求、高期待与男性自认的重大使命、大责任，使得"特岗教师"这一标签让男特岗教师更感到自卑。

2. 对"留"与"走"及婚姻、家庭的思考产生的焦虑

大部分特岗教师都是高校毕业生，他们除了要适应农村学校新的生活、工作环境外，大多还面临着择偶、婚恋等问题（少数人虽已结婚成家但亦属"新婚燕尔"）。国家对"特岗教师"虽有职业方面的鼓励性、支持性政策，但并未也不可能涉及特岗教师的个人或家庭问题。这种状况不可能不对年轻的特岗教师的心态产生重要的影响，尤其是对其择偶、婚恋的个人抉择产生影响。由于中国社会在择偶、婚恋标准上一般倾向于"男高女低"，即男性的学历、职业、收入等高于女性，男性由职业所决定的经济收入、社会地位往往成为择偶、婚恋重要的甚至是首要的"筹码"，导致男性的奋斗目标、自我期望及社会期待比女性更高，故男特岗教师对与此关联的职业前景的思考更多，焦虑更甚。

与择偶、婚恋直接关联的另一问题是对"坚守与过渡""留任与考研""继续任教与国考入仕"的思考。与上述情况相同，男特岗教师可能对此类问题考虑更多，困扰更甚，焦虑更强。过度的焦虑往往使人心绪迷乱、心神不宁甚至茫然无措，从而降低心理需求、职业预期或成就动机，更难以形成明晰的专业发展意识、明确的职业奋斗目标和保证参与专业发展活动的主动性了。

四、完善"特岗计划"，为进岗教师创造良好的专业发展环境

（一）加强管理，建立特岗教师培训专项经费制度

制度建设对教师专业发展具有重要意义。制度建设可以为特岗教师接受继续教育提供保障。要建立符合特岗教师特点的管理制度，首先，要明确县（市）、乡（镇）政府和学校在特岗教师管理方面的责任并设立监督机制。其次，县（市）、乡（镇）政府应结合各类"国培计划"项目建立继续教育培训制度，规范培训机构和学校的培训行为。最后，学校应当为特岗教师制定继续教育计划和实施方案并配套相应的支持、激励和考核措施，为派送特岗教师参加培训提供必要的条件。

培训、进修及教学研究是教师继续教育的重要途径，但许多特岗教师由于

时间、经费问题而不能参与。鉴于此种情况，应建立特岗教师培训的专项经费制度，确定中央、地方和学校三方的分摊比例并建立专项资金管理制度。各级政府应根据国家计划和当地特岗教师的具体情况做好专项经费的预算并建立相应的监督机制，避免资金被挪用，保证经费落到实处，为促进特岗教师的专业发展提供切实的经费保障。

（二）重视发挥校本教研和现代远程教育的作用

校本教研是教师继续教育的重要途径，它立足于学校工作实际，学用结合、学以致用、教—研—学融合，以教学实践中教师面临的具体问题为研究对象并通过问题解决提高教师的专业素养。对于进岗不久、缺乏教学实践能力的特岗教师而言，教学能力的提高尤为重要，而校本教研在这方面的作用已为学界所公认。

基于现代信息技术的远程教育是现代社会培养人才的重要途径，其效率高、打破时空限制、可交互和共享等特点，使之成为解决农村教育诸多问题的有效手段；其方式灵活、系统开放、学习内容及时新颖、教学进程民主互动、学习效率高等优点，使之成为适合教师专业发展、适应特岗教师需求的专业培训或继续教育方式。通过远程教育，特岗教师可根据自身特点、现有的条件及自己的发展计划开展学习和交流，建构适应学校教育教学工作要求的职业素养。

（三）调整培训内容，增强特岗教师继续教育的实效性

要帮助特岗教师顺利度过"生存关注"阶段，就必须考虑其专业发展需求的特殊性，继续教育的内容应针对他们特殊的需求，以提高继续教育的实效性。

特岗教师中有40%毕业于非师范专业，他们在学校没有学过教育学、心理学，缺乏必要的教育理论知识，因此岗前培训和在职培训均应含有教育理念、教育心理学、教师职业道德和教学技能方面的知识。同时，鉴于作为初任教师的特岗教师最需要补充的是教学实践知识，最需要提升的是课堂教学组织能力，故继续教育内容应突出教学实践能力的培养，并且以案例教学、课堂观摩、师傅带徒及对话交流的形式进行。

教育学、心理学理论和教学技能、教学组织能力的培训可以为特岗教师很

快适应学校教学工作打下基础，但要在专业能力和教学水平上有很大的提高，成为熟练的、不断自我提高的"专业化教师"，特岗教师还应具备教学研究能力。笔者的调查也显示，教学研究能力是特岗教师认为急需提升的能力之一，可见他们已意识到了教学研究能力的重要性和自身在这方面的欠缺。因此，特岗教师继续教育的内容还应包括教学研究能力的培训。

（四）重视主观能动性，培育特岗教师的自主发展意识和能力

教师的专业发展受外部和内部因素交互影响，外因通过内因才能发挥作用。就教师专业发展而言，自主发展意识和自主发展能力是极其重要的内在因素，有关教师专业发展的众多研究也不断强调自主专业发展意识与能力对教师专业发展的积极作用。Lieberman[①] 就认为不应视教师发展为教师和学生一起改进实践的途径，教师发展应该具有更广阔的思想，即教师发展应是教师主动的发展，教师应该是一个成人学习者，即教师应不断对自己的价值和与他人的实践关系进行反思和再评价。教师的自主专业发展意识和能力体现的是教师的主观能动性。

自主发展意识是教师专业发展的内在动力，自主发展能力则决定着教师专业发展的可持续性。教师的专业发展是一个持续的乃至终身的过程，因此，其专业发展不可能通过有限的几次培训就能完成。在专业发展过程中，外界提供的条件和机会固然重要，但教师的自主发展能力更为重要。教师拥有较高的自主发展能力意味着其在教育活动中能自觉地不断调整、改造自己的知识结构、心理状态和行为方式，并能充分有效地利用外界给予的支持，规划自身的发展方案，从而保证自身的持续发展。

教学反思能力是指教师在教学教育过程中以自我和教学活动本身为意识对象进行规划、控制、调节和改进的能力，教师的反思能力、反思指向（专业行为或专业发展）和反思深度决定着专业发展活动能否对教师专业发展产生影响以及

---

① LIEBERMAN A. Teacher Development: Commitment and Challenge[M].//GRIMMETT P, NEUFELT J. Teacher Development and the Struggle for Authenticity: Professional Growth and Restructuring in the Context of Change. New York : Teachers College Press, 1994: 15-16.

产生何种程度的影响，而教学反思能力的培养则应主要通过行动取向的学—研—做相结合的模式。

（五）引导特岗教师掌握生涯管理策略，帮助其进行自我设计

生涯管理指从业者以最大限度发挥自己的潜能、实现个人价值和社会价值为目的，在一个开放的职场中、在内外双重机制的交互作用下，对自己的职业生涯进行规划、设计、实施、评估和反馈的活动。生涯管理能使行动目标明确并能监控、调节职业活动过程，从而使活动更为有效。就教师专业发展而言，生涯管理中时时进行的自我反馈和调节能促进教师反思，从而改进教学活动。特岗教师实践能力欠缺，对工作、生活充满困惑，对未来感到茫然，在外界支持不足的情况下，掌握生涯管理策略，提高自我管理能力，能帮助自己明确发展方向，高效地利用有限的资源以促进自己的专业发展。

专业发展规划是教师对自己各个职业发展阶段的目标、实现方式、可能遇到的问题及应对措施的设想。特岗教师的生涯管理首先应制定专业发展规划。专业发展规划应在全面客观地评估个人专业发展状态的基础上确定自己的发展方向和目标，如提升自己哪些方面的知识素养、能力素养等；应考虑如何利用一切可利用的资源，争取获得必要的专业发展机会，包括学校组织的教研活动、教育行政部门组织的培训和各种教学交流活动；应考虑如何进行自我检查、自我分析和自我评价，以便及时掌握发展状态，发现问题、找出原因并采取措施进行修正、解决。特岗教师工作量大，继续学习的时间较少，故还有必要学会"时间管理"，即通过对时间的合理分配，提高时间利用率，以便在时间有限的情况下合理分配各种任务并高效完成任务。

（六）鼓励教师合作，充分利用校内优秀教师资源

合作的教师文化是有效利用学校优秀教师资源的前提。教师专业发展的过程实际上应该是一个文化建设的过程[①]。有学者认为要形成有利于教师专业发展的文化，必须做到从孤立、霸权和竞争向协作、民主和关怀的转变。《学习——内

---

① 于泽 . 教师专业发展视野中的高师课程改革 [J]. 高等教育研究，2004（3）：55-60.

在的财富》提出教育应围绕四种基本学习加以安排，其中一种就是学会共处，即与他人一道参与活动并在活动中进行合作。学生如此，教师亦然。

农村学校如欲形成合作的教师文化，首先，需加强教师合作精神的教育，培养教师的合作意识，促进对合作的认识，通过宣传教师合作文化及相关事迹，营造合作文化的氛围，加强包括特岗教师在内的所有教师的合作意识。其次，应鼓励教师之间的合作，在互相交流、协作攻关、问题解决等实践活动中采取措施予以鼓励，以培养教师的合作能力。鼓励并培养教师的合作意识和能力、建立开放民主的学校管理体制尤为重要，学校应加强民主管理，给予教师更多的自主权。

形成合作的教师文化意味着新教师与老教师、普通教师与骨干教师、特岗教师与在编教师之间心理隔阂的打破，也意味着教师各自特长和潜能的充分发挥与群体共享，其中，充分利用校内优秀教师资源、发挥骨干教师的引领带头作用至关重要。教师专业发展的途径很多，但相对而言，以学校为基地并面向校内教学实践的校本活动效果最佳。在这样的专业发展活动中，本校的优秀教师或骨干教师对青年教师、初任教师、特岗教师进行的符合本校实际、基于个人经验、有针对性地传、帮、带，对于特岗教师教学经验积累和凝练、专业能力形成和提高的积极作用，已为国内外教育学界所公认。

第三节　乡村教师专业发展的问题审视

《国家中长期教育改革和发展规划纲要（2010—2020年）》明确提出："以农村教师为重点，提高中小学教师队伍整体素质。"《国务院关于加强教师队伍建设的意见》（国发〔2012〕41号）进一步强调要深化教师教育改革，全面提高教师教育质量，培养造就高素质专业化教师队伍。为此，我们必须理性地审视乡村教师专业发展过程中存在的突出问题，并寻找相应的改进对策。

一、教师教育资源配置的均衡问题

近年来，随着教育改革与择校热的兴起，教育资源配置不公问题也成为大家关注的热点。高翔等[①]指出教育不公平首先表现在教育物质资源不公与教学不公。肖俊勇[②]指出，教育不公平现象主要表现为教育起点不公，教育过程不公与教育结果不公。本研究调查发现教育不公现象主要表现在教师教育资源配置不公问题，具体表现为：地区之间教师教育资源配置不公、学校之间教师教育资源配置不公、教师之间教育资源配置不公。

与省会城市学校相比，普通地级市的学校享受的教师教育资源相对较少。首先，主要表现在特级教师与名师工作室方面，省城示范性高中提供物质与相应的政策以保障自己学校的名师工作室与特级教师引领的教研团队的成立，同时以这些优秀教师为中心营造良好的教师专业发展氛围。但是普通地级市很少有学校成立名师研究工作室。其次，在财政投入方面，省城为了提高本地区的教师水平，以保障教师参与教师专业发展活动的条件与机会，投入了大量的人力与物力资源。在优秀教师资源方面，省城各学校以高薪和良好的福利待遇引进全国各地优秀的教师，相比之下，普通地级市优秀教师比较少，特别是优秀外籍口语教师比较缺乏。教师教育资源不公平现象还表现在学校之间。示范性学校一直是各级政府财政投入的重点，师资力量、各项配套措施都比普通学校好，因此示范性学校的优秀教师与高级职称的教师比较多。本校的教师教学教育水平也相对较高，教师参与教师专业发展活动机会多，途径、方式也多样，遇到经费困难的情况比较少。然而，普通学校因财政投入不足，教师出去进修培训的机会少，教学质量较差，优秀教师比较少，教师自我提高动机不强，再加之优质生源少，从而导致本校优秀教师流失严重。随着这样的恶性循环，普通学校与示范性学校的教师教育资源不公现象也越来越严重。

① 高翔，张伟平. 对教学公平若干问题的思考 [J]. 上海师范大学学报（基础教育版），2009（3）：7-12.

② 肖俊勇. 关于我国教育公平问题的思考 [J]. 警官教育论坛，2005（1）：171-177.

教师之间教育资源配置不公。根据统计结果分析，拥有研究生学历的教师参与教师专业发展活动的机会多，学校为其提供的进修机会多、条件好，同时，遇到的经费不足等困难少；而大专及以下学历的教师相比之下参与专业发展活动机会较少。由于受社会环境中性别歧视的影响，调查中发现大部分学校的校长与行政人员都是男教师，男教师受学校重用机会多，所以参与教师专业发展活动的机会也多。由于教师教育资源分配不公，导致学生受教育机会不公平，大部分学生想进入示范性学校，但示范性学校的教育资源有限，所以只有部分学生能享受到优质的教育资源。如何在有限的教师教育资源中高效地利用教育资源，使教育公平得到体现，值得我们深思。

二、校本培训方面存在的若干问题

校本教师培训的确有助于乡村教师专业发展活动的展开，但目前校本培训中存在的问题相当突出。叶立军[1]指出，目前校本培训主要问题是校本培训评价体系不健全、教师积极性不高、地域发展不平衡，不少学校缺乏校本培训的有利条件等等。代蕊华[2]讨论了校本培训应该坚持知识导向还是能力导向、注重补偿性还是发展性、坚持以校为本还是以师为本、崇尚简单运用还是追求创新等根本问题。然而本研究根据实地调查与访谈发现部分学校校本培训开展不力，校本培训缺乏发展规划，校本培训实践简单化，校本培训内容没有针对性。

（一）校本培训缺乏发展规划

校本培训的主体虽然是以教师为本，在全校范围内开展，但是由于缺乏有力的监督与评估体系，部分学校校本培训没有落实，常常由于工作繁忙和学生升学就应付了事。由于校本培训缺乏计划性、系统性和执行性，培训时间和质量难以得到保证。在调查中发现，部分高中学校缺乏长远的校本培训发展规划，当教育部门要求学校开展校本培训时，部分学校就随意应付上级领导，简单组织全校教师，请教育专家采取座谈培训形式，对全体教师进行先进教育理念培训。培训

① 叶立军.中小学教师校本培训存在的问题及对策 [J].教育探索，2008（7）：101-102.
② 代蕊华.对教师校本培训的反思 [J].高等师范教育研究，2003（2）：55-58.

完后学校的工作重点又转向中考、高考升学上，由于没有相应的校本培训规划，所以校本培训很难持续下去，校本培训往往流于形式。同时，由于缺乏强有力的监督，各学校校本培训制度不健全，发展也不均衡。

（二）校本培训实践的简单化倾向

校本培训作为教师专业发展活动的重要方式，其一切培训活动都是围绕学校与教师开展的。但是在调查中，28.7% 教师认为校本培训太过刻板，没有什么灵活性。校本培训途径单一，主要是学校开会、听课、评课、教育教研，很少与师范性院校联合，在教育专家指导下开展。校本培训主要是以完善教师知识结构、提高专业能力为基本目标。但是部分学校在注重知识与注重能力之间，没有很好地把这两种目标结合起来，而是在简单运用于校本培训流程中，盲目模仿其他学校的校本培训模式进行操作，鼓励本校教师进行科研创新，从而导致部分教师在参与校本培训后对科研创新更加迷茫，不知如何进行教育教学创新。

（三）校本培训内容缺乏针对性

对于校本培训的内容，其立足点存在补偿导向或是发展导向的问题。补偿导向的校本培训就是"缺什么、补什么"，主要是基于本校教师的知识或能力不足采取的培训方式，其培训内容就是面向教师补偿现代教育所需要的新的教学理念、新知识、新的教学方法和技能。发展导向的校本培训则是追求教师个体发展与科研创新，根据教师需要、能力水平选择培训的内容与方法，从而促进教师专业发展。但是在调查中发现，很多学校的校本培训的内容既是补偿导向又是发展导向，没有把这两个立足点很好地结合起来，从而导致培训内容笼统、空洞、缺乏针对性。没有结合教师本身需求和本校实际情况，生搬硬套其他学校的校本培训内容，从而导致培训质量不高，教师参与校本培训的积极性不高。夏绍能[①]指出校本培训存在的主要问题，与上述观点相符。

---

① 夏绍能.当前中小学教师校本培训问题调查分析 [J]. 教学与管理（理论版），2006（5）：60-61.

三、教师的职业倦怠问题

教师专业发展活动是一个动态过程，贯穿教师职业整个生涯，在这漫长而复杂的过程中，教师不可避免地会产生低效行为、职业倦怠现象等。职业倦怠严重影响教师身心健康，同时也阻碍了教师专业发展活动[①]。正如美国学者巴利·法伯将教师职业倦怠视为"教育中的危机"，国内外诸多研究也讨论教师职业倦怠这一问题。毛晋平等[②]指出教师职业倦怠是教师职业生涯中不可避免的一种职业现象，同时教师职业倦怠与教师教学效能感、繁重教学任务、社会过高的期望有关。张丽华等[③]指出，国外教师职业倦怠主要影响因素与社会比较方式、集体自尊、应对方式、创造性等有关。而本书根据以上数据分析，中小学教师反映目前教师专业发展活动困难主要还是教学任务繁重，工作压力大。这是导致教师职业倦怠的主要因素之一。这与傅道春[④]指出的"教师是经受压力最多的职业之一"观点相符合。经过访谈和查阅相关文献与资料，中小学教师职业倦怠主要与社会过高的期望、升学压力与繁重的教学任务、教师工作的心态有关。

教师这一职业是神圣的，是太阳下最光辉的职业，由于教师这一职业本身的特点，社会各界人士对教师，特别是高中教师持有很高的期望。社会期望教师用尽毕生心血教书育人；学校与教育部门期望教师完成教学任务的同时，还要科研创新以提高本校的师资水平；学生期望教师关心自己的成绩与生活。然而，毕竟教师的精力有限，面对这些过高的期望与繁重的教学任务时难免会感到身心疲惫，情绪低落，工作热情丧失。

---

① 桑国元.教师作为学习者：教师学习研究的进展与趋势 [J].首都师范大学学报（社会科学版），2017（1）：142-148.

② 毛晋平.气质性乐观与教师职业倦怠、教学效能感的关系 [J].心理研究，2009，2（1）：64-68.

③ 张丽华，王丹，白学军.国外教师职业倦怠影响因素研究新进展 [J].心理科学，2007，30（2）：492-494.

④ 傅道春.教师的成长与发展 [M].北京：教育科学出版社，2001.

我国古代教育中"学而优则仕"的观念流传至今，为了"选仕"而高考成为家长、学生、社会关注的焦点。由于承受着高考升学压力，高中教师是中小学教师中压力最大的一个群体。在当今的社会环境中，高考成为各高中工作的重心，学校的一切工作都是为高考展开的，为了在高考中取胜，学校加大教师的工作量与教学任务量，颁布一系列规章制度，教师的工资、奖金、职称与高考升学率、教学成绩直接相关。在高负荷工作量与繁重的教学任务下，教师会从心理上、行为上呈现出情绪衰竭、去个性化、个人成就感低等职业倦怠现状。

国内许多研究表明教师职业倦怠与工作压力、应对方式、社会支持、教学效能感有关，但是经过调查发现教师职业倦怠心理与其长期工作的心态有关，这一点与毛晋平等人[①]的观点相符合。已有研究表明，乐观的心态有助于个体对环境进行有效地分析，促进心理机能、认知技能的发展，有效地应对压力、适应环境等。教师长期处于乐观心态下，教师自我效能感高，并能建立一种积极、自信、相信未来的态度，正是因为这种态度降低了工作中低成就感、情绪衰竭的滋生。拥有悲观心态的人容易在工作中体验到消极情绪，引起自信心不足，工作热情降低，常采取消极回避的态度来对待工作，也使其出现去个性化及自我效能感低等负面情绪和消极心态的可能性增大。此外，这类人往往缺乏专业发展动机，专业发展活动意识不强，在专业发展活动中困惑较多，同时在工作上表现出较低的成就感。为了促进教师专业发展，应追溯教师职业倦怠的根源，依据原因采取必要的策略预防和缓解教师的职业倦怠。

第四节　乡村教师专业发展的改进对策

国家、政府、社会和学校应积极寻找对策，构建乡村教师专业发展保障体系，为教师提供优良的学习与专业发展机会和条件，以促进他们的良性发展和整体素

---

① 毛晋平，文芳 . 气质性乐观与教师职业倦怠、教学效能感的关系 [J]. 心理研究，
　2009，2（1）：64-68.

质的提升。

一、整合资源以提升教师发展的积极性

（一）着力于完善教育政策保障

在调查中发现，由于没有法律强制措施，部分学校没有落实教师专业发展活动，因此建立法律保障体系对教师专业发展活动是必需的。李明善[1] 指出"教师终身发展的一个重要内容就是教师专业发展，而教师专业发展是传统的师范教育与教师在职进修的整合与延伸。发达国家在推动教师专业化进程中，常以法律的形式规定接受教师专业发展是中小学教师应尽的义务；同时又创造各种条件与机会，采取各种激励措施，保障促进教师专业发展成为教师应有的权利。"由于教师专业发展直接影响教师的培养和任用，所以我们应效仿发达国家，根据本地区教师特色，通过立法、建立规章制度的形式，把接受教师专业发展规定为教师必须完成的义务，从而使教师专业发展法律化、制度化，并在实践中得到贯彻和落实。

在教师专业发展中除了需要政府在政策、法规方面的支持外，更需要政府提供一定的经济支持，使教师专业发展活动得以顺利进行。例如美国政府对教师专业发展有专门的资金资助。根据美国多项法律，联邦政府资助各州和学区教师专业发展的主要经费来源于美国《初等和中等教育法》第二款的"艾森豪威尔专业发展计划"资金，该资金用来资助所有核心学科的教师专业发展活动。我国教师专业发展遇到的困难之一就是缺少教育经费，所以需要建立专项教师专业发展资金项目，同时要监督经费合理使用情况。因此加大教育经费投入，对于解决目前这一困境是有效的。

建立教师激励机制有助于促进教师专业发展[2]。教师专业发展是一个持续的过程，在这一过程中，教师难免会遭遇困难。根据前文的调查分析，大部分教师

---

① 李明善 . 教师专业发展论纲 [M]. 长春：吉林大学出版社，2011.

② 赵冬梅 . 论我国中小学校教师专业发展的功能及其实现机制 [J]. 当代教育科学，2016（8）：3-6.

参与教师专业发展的动机不强，原因是缺少促进参加教师专业发展活动的激励政策。因此政府部门采取相应的激励措施，建立合理的激励机制是必要的。我们应效仿发达国家，把参与教师专业发展活动与教师晋职加薪结合起来，建立完善的激励考核制度，把教师在参与教师专业发展活动中取得的成绩或证书作为教师业务成绩考核、职称评聘、工资晋升以及各种奖励与福利待遇的参照依据。

（二）发挥学校的专业发展平台支撑作用

发挥师范大学的专业引领作用，实现职前教育与在职教育一体化。根据前文的数据分析，目前教师专业发展途径多样，但是很少有学校与综合性师范大学合作，对本校教师进行专业培养。因此，充分发挥师范大学的主导作用，实现大学与中学合作，把大学先进的教育理念与教育资源引入本校，实现教师职业前教育、入职教育和职后教育的一体化，这是促进教师专业发展的有力保障。李明善[①]指出，高等学校与中小学应当重新进行职能分工和沟通衔接，使教师专业发展活动有效进行。

注重本校的"校本"功能，重视教研团队建设，学校应该从教师专业发展的角度建立教研与科研团队，组织教师开展有效的教育科研活动。

在教师专业发展过程中，教师个人和教研团队可以相辅相成。优秀教师可以带领整个团队进行科研创新，优秀教师个人优秀的品质影响整个团队，为团队树立榜样，同时团队的协作可以激发教师个体各施所长。个人的自我专业发展可以贯穿整个职业生涯，在很多情况下，它成为教学工作必不可少的一部分。

在教学中，科研团队可以有多种形式，学科教学小组是一种常见的形式。同一科目的不同年级的教师常常组成一个教学小组，在这个小组中还可以成立教研小组。同一科目的同一年级教师也可成为一个备课小组，定时组织本年级教师进行教学研讨与经验交流。此外，年级组也是一种重要的形式，它集中了同一年级的教师，可以协同解决学生发展中所遇到的问题。在整个学校中也可以在学科带头人的引领下，成立专门的教育教研小组，专门对本校教育教学进行研究。

---

① 李明善.教师专业发展论纲 [M].长春：吉林大学出版社，2011.

除了创立教研团队，建立教师协作制度与教师专业发展评价制度也是必要的。教师协作是指教师之间为相互交流、学习创新、相互竞争提升而共同进行的教育教学、科研实践活动，以更好地合理配置、开发教师资源[①]。对于教师专业发展来说，协作是一种十分重要的形式，甚至是主要的形式，必须鼓励教师在所有教育教学活动中有协作意识。

教师协作制度的关键是充分发挥教科研专家、名教师、特级教师和各类优秀教师的骨干带头作用，充分发挥教科室、课题组、教研组和各类教育教学科研团队的组织协调作用，促使不同层次、不同学科、不同教龄的教师交流学习，取长补短，努力探索，积极创新，从而全面提升教师的职业素养，提高其教学水平，促进教师群体的共同发展。将教师专业发展的内容纳入学校对教师的考评过程中，建立完善的教师专业评价制度，要恰如其分地设置教师专业发展目标，要以教师为本开展评价，要强调教师的自我评价与反思，评价内容要体现教师专业发展的各方面，评价的目的就是要使教师在专业上有所提高，评价的宗旨就是要体现教师全面和谐发展的要求。

（三）教师应发挥个人积极作用

促进教师参与教师专业发展，除了外在的条件与政策支持，还需要教师本人发挥个人积极作用，加强教学反思，树立终身学习的观念。教学反思是教师成长的必要条件和有效途径。美国心理学家波斯纳曾提出这样一个教师的成长公式：经验＋反思＝成长。教学反思是指教师将自己的教育教学活动作为认知的对象，对教育教学行为和过程进行回顾、审视、评价，有意识地分析与再认知，从而实现自身专业发展的过程。反思在教师专业发展中越来越被认同，它不是为了理论的产生，而是为了提高和改进教育教学质量。教学反思同时也可以进一步激发教师终身学习的动机。

经济增长与社会竞争决定了未来社会不仅是一个知识型的社会，更是一个

---

① 赵冬梅.论我国中小学校教师专业发展的功能及其实现机制[J].当代教育科学，2016（8）：3-6.

学习型的社会。在学习型的社会中，知识更新很快，需要教师树立终身学习理念。教师要适应教育与学生的发展，必须不断充实和发展其知识结构，不断吐故纳新。教师的专业素养要随着社会知识的更新而发展，而不是用陈旧的教学观念审视现在的教学工作。

如今知识型社会要求教师不仅是一个学习者，更重要的是一个研究者。教师个人要注重行动研究，注重在教学实践行动中研究，为了行动而研究。教师成为研究者并不意味着教师本人离开教师的本职工作去做另外一件事情。教师成为研究者的使命就在于实现教育意义。教师将教育、研究、学习融于一体，这是未来教师的发展趋势。

二、完善校本培训体系及营造发展氛围

根据教师专业发展困难的维度分析，教师专业发展目前面对的困难是教育经费投入不足，但是如何高效地利用有限的经费成功地开展教师专业发展活动却是一个难题。根据多名研究学者的研究与实践结果，校本培训是一种高效利用本校资源开展教师专业发展活动的方式。校本培训主要是以教师为本，在全校范围内开展，以中小学课堂为实践基地开展教师专业发展活动。张素玲[1]指出"因为教师专业发展最根本的落脚点是实践：只有把教育实践与学校的日常生活相联系、把教师专业发展与身边的教学相联系、与生动活泼的学生相联系才能真正促进教师的专业发展。"

（一）学校重视校本培训发展规划

校本培训是教师专业发展的主要途径，但是目前校本培训缺乏相应的发展规划，大部分学校的校本培训开展是阶段性的，进行一段时间后，学校的工作重心就转移到中考、高考升学的任务上。因为校本培训没有科学合理地规划，所以近几年校本培训没有取得很大的进展。为了解决校本培训存在的问题，首先，学校应根据本校特色制定校本培训规划，规划可以分为长期规划与短期规划。其次，

① 张素玲.教师专业发展的特点与策略 [J].辽宁教育研究，2003（8）：80-82.

制定与校本培训相关的政策与制度，强有力的政策是校本培训得以顺利推行的重要保障。最后，学校应根据本校特色，建立校本培训教研团队，结合当今先进的教学理念与本校教师专业发展活动缺乏的内容，进行校本培训内容研讨。效仿发达国家或者与不同的学校进行校本交流，实现校本培训的规范化、制度化。

（二）加强校本培训内容的针对性

在调查中发现，大部分教师反映教师专业发展课程设置不合理，内容不实用、没有针对性，不能解决教学中的实际问题。这些反馈强调研发校本培训课程刻不容缓。首先，学校的教研团队可以根据本地、本校教育特色，因地制宜结合当今先进教育理念研发校本课程。其次，学校可以考虑教师的实际情况与需求，请教育专家针对本校的教学实际问题对教师进行培训和研讨，调查本校教育教学问题的特征，从而寻找更好的解决办法。最后，形成本校特级、高级教师牵头的教研共同体，建立"特级教师工作室"，根据教学中存在的实际问题，吸引教师积极参与教学研究活动。以特级教师为中介，组织开展多样、有效的教师专业发展活动[1]。

（三）营造良好的教师专业发展氛围

教师专业发展仅依靠教师的个人力量，效果甚微，还需要相关群体和环境的积极影响。假设教师有专业发展需要，但是学校不提倡教师专业发展，周围同事更是忙于自己的教学工作，无暇顾及，久而久之教师的专业发展便会受到阻碍。因此学校应鼓励教师积极上进、大胆探索，以营造一个良好的专业发展氛围。对于乐于参加教师专业发展活动，并通过此活动取得一定成就的教师进行奖励表扬，倡导全校教师向其学习。根据班杜拉的观察学习理论，在观察过程中替代效应有重要的学习意义，当被观察者因为某种活动受到表扬奖励时，观察者进行此项行动的可能性就越大。所以当身边的同事由于参加专业发展活动受到表扬时，其他教师也会积极参加此活动。随着学习型社会到来，教师专业发展关系到教师职业素养和专业水平。因此，学校要以教师专业发展为重点开展工作。据笔者调

① 刘要悟，韩维东.特级教师长效引领实践要略 [J]. 中国教育学刊，2012（8）：68-71.

查，大部分地区的中小学校在课程改革引导下，每学期开展形式多样的教师专业发展活动。有微型磨课、听课评课、教研组研发课程、师范大学与中小学合作、探究式与个人反思等途径。学校已经形成教师专业发展的良好氛围，每学期期末，学校鼓励教师参与大学教授学术讲座，以期提高本校的教师专业发展水平。

三、缓解职业倦怠与形成良好职业心态

乡村中小学教师长期处于中考、高考升学压力之下，在工作量大、教学任务繁重等情况下，其身心疲倦，对教师职业认同感越来越低，很容易对教师这一职业产生倦怠，为了促进教师参与教师专业发展活动，除了必要的外界力量帮助，还需要引导教师形成良好的职业心态。

（一）努力切实帮助教师解决个人困难

教师专业发展过程中面临一系列困难，造成这些困难的原因来自多个方面。这些困难积累成多，如果不能及时帮助教师解决，将会导致教师长期处于矛盾与冲突的煎熬中，此时教师会对教师职业失去热情，对工作比较冷漠等。因此社会和学校要重视教师的个人困难，帮助教师克服职业生涯中遇到的职业倦怠。此外，社会和学校还要积极解决教师个人在专业发展中遇到的困难。教师个人在专业发展过程中遇到的困难是复杂多样的，其中一部分教师想参加教师专业发展活动，但是学校事情多，总是没有时间与精力。因此，学校要因人而异，对于这类教师要适当减少教学任务，不要过多地安排其他事情占用教师的时间。其次，个别教师还存在新旧教学观念的冲突困难。有些老教师习惯以前老套的教学观念方法，很难接受新的思想，认为现在已经取得了一定的教学成就，没有必要进行教师专业活动。因此，学校在开展教师专业发展活动之前，要对教师做思想动员工作。

（二）缓解工作压力，减轻教学任务的繁重程度

根据调查，某些中学教师工作时间长，工作量大。任课教师不仅要承担平常的教学任务，还要承担奥赛培训辅导任务，要想两者都兼顾，需要花费教师大量的时间与精力。因此为了减轻教学任务，促进教师积极参与教师专业发展活动，

首先，要因地制宜，根据每个学校的实际情况，减少教师的工作量，缩短工作时间。例如，班主任工作量大，压力大，建议每个班配用两个班主任，一个是主班主任，主要负责本班学生成绩、德育等方面的工作，另外一个是副班主任，主要监管学生生活、卫生、纪律等方面；其次，根据教师个人特色，适当安排教学任务与奥赛辅导工作，高效地发挥教师长处。让兼有奥赛、音体美培训的教师的日常教学课时量少一些，没有兼有其他教学任务的教师课时量相对多一些；最后，减少非必要的会议与占用教师休息时间的活动，以缓解其身心疲倦。

（三）引导教师形成良好职业心态

教育是一项伟大的事业，教师自古以来是平凡却伟大的，教书育人这一宗旨贯穿教师的整个职业生涯。近年来，随着社会经济的发展，知识不断更新，教师这一职业不再一劳永逸。每一个职业都会经历"危机"阶段，教师这一职业也不例外。当教师处于职业危机期时，首先，要引导教师拥有乐观的心态去面对，正确认识到危机是客观存在的，每个人都会遇到；危机只是暂时的，自己能克服的；危机会过去的，只要采取正确的方式解决。如果教师个人认知水平有限，学校可以请相关专家帮助教师解决目前这一职业危机。其次，教师职业危机的存在与教师个人职业心态有关。培育教师良好的心态不仅有助于缓解教师职业倦怠，还能帮助教师增加工作幸福感。所以当很多教师感觉到工作压力大，占用自己休息时间多，教学任务繁重，课堂管理难度大等一系列的因素导致教师对自己的工作失去热情，基本上趋于疲惫状态时，要及时引导教师形成良好的职业心态，让教师认识到工作的价值。教师专业发展是一个持久的过程，贯穿教师的整个教学生涯，随着教师专业发展到不同阶段，教师的工作心态是不一样的，因此培养教师良好的职业心态有助于提高教师参与教师专业发展活动的积极性。

第二章　自我学习与终身学习

埃利奥特·W.艾斯纳（Elliot W. Eisner）[①]认为教育是一门艺术，教师应当在教学过程中不断学习和创新。他强调教师的专业发展是一个动态的过程，需要持续地自我学习和专业提升。马克斯·范梅南（Max van Manen）[②]强调反思性实践的重要性，认为教师应当在教学过程中不断进行反思和改进。他认为教师的专业成长是一个持续的过程，需要不断进行自我学习和终身学习。艾斯纳[③]还指出："教师的自我学习和终身学习，是实现教学艺术化和专业化的关键。通过持续学习，教师可以不断提升自己的教育智慧和教学艺术"。教育家们普遍认为，教师的自我学习与终身学习是教育事业发展的基础。通过持续地学习和反思，教师不仅可以提升自己的专业素养和教学能力，还能够更好地适应教育改革和发展的需求，为学生提供更高质量的教育服务。这些教育家的观点和论述，为教师的自我学习与终身学习提供了理论依据和实践指导。

① 埃利奥特·W.艾斯纳.教育想象：学校课程设计与评价[M].李雁冰，译.北京：教育科学出版社，2008.

② 马克斯·范梅南.教学机智：教育智慧的意蕴[M].李树英，译.北京：教育科学出版社，2014.

③ 埃利奥特·W.艾斯纳.教育想象：学校课程设计与评价[M].李雁冰，译.北京：教育科学出版社，2008.

第一节　教师的自我学习策略

在当今快速发展的社会，自我学习已成为每个人不断进步和成长的关键。约翰·杜威（John Dewey）[1] 认为教育是生活的一部分，而非单纯的预备。教师应当在日常生活中不断学习和成长。保罗·弗莱雷（Paulo Freire）[2] 认为，教师需要具备批判性意识，通过反思和自我学习不断提高自身的专业素养和教学能力。他主张教育不仅是传授知识，更是解放思想的过程。教师的自我学习是实现这种解放的关键途径。

一、自我学习

（一）自我学习的定义

关于"自我学习"的定义，目前主要有两种：一种是着重从"过程"的角度来定义"自我学习"的。自我学习，也称自主学习，是指个体在没有外界直接指导或干预的情况下，通过自主计划、自我驱动和自我管理来获取知识和技能的过程。另一种是着重从"模式"的角度来定义自我学习的，认为自我学习是一种以学习者为中心的学习模式，指学习者根据自身的需求、兴趣和目标，自主选择学习内容、制定学习计划、实施学习过程，并通过自我评价和调整来实现学习目标[3]。二种定义的视角虽然不同，但是都认同是一种学习方式，这种学习方式强调学习者的主动性和自主性，是个人成长和终身学习的重要途径；而且都认同自我学习不仅限于课堂内的学术学习，还包括工作中的实践学习和生活中的兴趣学习。

---

① 约翰·杜威.民主主义与教育 [M].王承绪，译.北京：人民教育出版社，2001.

② 保罗·弗莱雷.被压迫者的教育学 [M].顾建新，张屹，译.上海：华东师范大学出版社，2020.

③ 陈静.终身学习理念下的成人自我学习 [D].太原：山西大学，2013.

（二）自我学习的种类

自我学习可以根据不同的标准进行分类，主要包括以下几种：

（1）根据学习形式分类，自我学习可以分为阅读型自我学习、观摩型自我学习、实践型自我学习和交互型自我学习。阅读型自我学习是指通过阅读书籍、期刊、文章等文字材料进行知识获取和技能提升的一种自我学习。观摩型自我学习是指通过观看教学视频、纪录片、在线讲座等视觉材料进行学习的一种自我学习。实践型自我学习是指通过实际操作和实践活动，如实验、制作、演练等来掌握技能和知识的一种自我学习。交互型自我学习则是指通过参与讨论、社交媒体互动、线上论坛等与他人交流来获取知识和反馈的一种自我学习。

（2）根据学习目的分类，自我学习可以分为学术型自我学习、职业型自我学习和兴趣型自我学习。学术型自我学习强调学习者以提升学术知识和研究能力为目的，如进行课程学习、论文写作、学术研究等。职业型自我学习强调学习者以提升职业技能和专业能力为目的，如职业培训、技能认证、专业阅读等。兴趣型自我学习则强调学习者以满足个人兴趣和爱好为目的，如学习乐器、绘画、烹饪等。

（3）根据学习工具分类，自我学习可以分为书本型自我学习、电子型自我学习和多媒体型自我学习。书本型自我学习主要依赖于书籍和印刷材料进行学习。电子型自我学习主要依赖于电子设备和网络资源（如电脑、手机、平板、在线课程、电子书等）进行学习。多媒体型自我学习则利用多种媒体形式（如视频、音频、动画等）进行综合性学习。

（4）根据学习环境分类，自我学习可以分为独立型自我学习和群体型自我学习。独立型自我学习是指在个人独立的空间和时间里进行的自我学习。群体型自我学习是指在学习小组或社区中进行的自我学习，通过与他人交流和合作来促进学习效果。

（三）自我学习的优势与挑战

自我学习具有如下优势。

（1）自主性强。学习者可以根据自己的兴趣和需求自主选择学习内容和方式，提高学习动机和积极性。

（2）灵活性高。学习时间和地点灵活，不受外界限制，适应性强。

（3）针对性强。学习者可以有针对性地学习自己需要的知识和技能，提高学习效率。

自我学习具有上述优势的同时，也具有以下挑战。

（1）自律性要求高。需要学习者具备较强的自我管理和自我约束能力。

（2）资源获取有难度。在某些情况下，获取高质量的学习资源可能存在一定的困难。

（3）缺乏反馈和指导。自我学习过程中可能缺乏及时的反馈和专业指导，需要学习者善于自我反思和调整。

（四）自我学习的路径

自我学习的路径有很多，以下将从目标设定与规划、信息搜集与筛选、学习方法探索、知识理解与吸收、实践应用与检验、学习成果总结以及反思与调整策略等方面，全面探讨自我学习的有效路径。

（1）目标设定与规划。自我学习的第一步是明确学习目标。目标应该具体、可衡量，并符合个人的兴趣和发展方向。在设定目标时，要充分考虑自己的实际情况和能力水平，确保目标的可实现性。同时，制定详细的学习计划，包括学习时间表、任务分解以及阶段性目标，以确保学习过程的有序进行。

（2）信息搜集与筛选。在自我学习过程中，信息搜集与筛选至关重要。学习者需要广泛搜集与学习目标相关的资料和信息，包括书籍、文章、视频、课程等。同时，要学会筛选信息，去除冗余和无关内容，保留对实现目标有价值的信息。这要求学习者具备一定的信息鉴别能力和批判性思维。

（3）学习方法探索。学习方法的选择对于学习效果具有重要影响。学习者应根据自己的学习特点和目标，探索适合自己的学习方法。例如，有些人喜欢通过阅读来学习，而有些人则更擅长通过实践来掌握知识。此外，还可以尝试使用学习工具和技术，如思维导图、记忆法等，以提高学习效率。

（4）知识理解与吸收。知识理解与吸收是自我学习的核心环节。学习者需要深入理解所学知识的内涵和逻辑，将其与已有知识相联系，形成完整的知识体系。同时，要注重知识的实际应用，将理论知识与实际问题相结合，加深对知识的理解和记忆。

（5）实践应用与检验。学习成果的检验往往需要通过实践来完成。学习者应积极将所学知识应用到实际情境中，通过解决问题和完成任务来检验自己的学习成果。实践应用不仅有助于巩固所学知识，还能让学习者发现知识的局限性和不足之处，从而进一步完善自己的知识体系。

（6）学习成果总结。在学习过程结束后，对学习成果进行总结是非常必要的。学习者可以回顾整个学习过程，梳理所学知识的脉络和重点，形成系统的知识框架。同时，还可以对学习过程中的经验教训进行总结，为今后的学习提供借鉴和参考。

（7）及时反思与调整。自我学习是一个持续迭代和优化的过程。学习者需要不断反思自己的学习方法和效果，发现存在的问题和不足，并及时调整学习策略。例如，如果发现某种学习方法效果不佳，可以尝试更换其他方法；如果发现学习进度滞后，可以调整学习计划，增加学习时间或优化任务分配。通过反思和调整，学习者可以不断提高自我学习的效率和质量。

综上所述，自我学习是一项系统而复杂的过程，涉及目标设定、信息搜集、学习方法探索、知识理解与吸收、实践应用与检验、学习成果总结以及反思与调整策略等多个方面。只有全面把握这些环节，才能有效地提升自我学习能力，实现个人成长和发展。

二、中小学教师的自我学习

中小学教师的自我学习是其职业成长和专业发展的重要组成部分。通过不断地学习、实践和反思，中小学教师可以提升自己的教育教学水平，为学生提供更高质量的教育服务。

（一）中小学教师自我学习的方法与路径

中小学教师自我学习的方法有很多，主要有以下8种。

（1）阅读与研究法。阅读与研究法是指教师通过阅读专业书籍、期刊论文和研究政策文件的方式来进行自我学习的方法。阅读专业书籍是指阅读教育学、心理学、教学方法等相关专业书籍，提升教师的理论素养。教师通过订阅或查阅教育类期刊和学术论文，可以了解最新的教育研究成果和教学案例。同时，教师应该关注教育政策和法规文件，了解国家和地方教育改革的方向和要求。

（2）在线课程学习法。在线课程学习法是指教师通过大规模开放在线课程（MOOCs）、教育网站与平台和参与网络研讨会与讲座等方式来进行自我学习的方法[①]。教师可以利用 Coursera、edX、慕课等平台，选修教育类课程，获取系统的知识。教师也可以访问教师培训网站，如国家教师研修网，参加各种在线培训和讲座。教师还可以参加各类在线教育研讨会和专家讲座，学习前沿教育理念和教学方法。

（3）教学方法研究法。教学方法的选择和运用直接影响学生的学习效果。因此，中小学教师需要不断研究和实践新的教学方法，以提高学生的学习兴趣和积极性。这包括探索项目式学习、合作学习、翻转课堂等新型教学模式，以及利用现代科技手段辅助教学。通过不断尝试和改进，中小学教师可以找到更适合学生的教学方法，提高教学效果。

（4）反思记录法。反思记录法是指教师主要通过教学反思日志和自我评估的方式来进行自我学习的方法。弗莱雷[②]强调，教师应当持续进行自我反思和批判性思考，只有这样，才能真正理解和应对教育过程中遇到的各种问题。他指出："没有教学和学习的持续反思，教育过程将变得机械和无生命"。教师通过教学反思日志，每天记录教学过程中的经验和问题，通过反思改进教学策略。同时，定

① 周楠，周建设.语言智能场景下在线课程学习行为情感语义分析与效果评价[J].现代教育技术，2023，33（8）：96-106.

② 保罗·弗莱雷.被压迫者的教育学[M].顾建新，张屹，译.上海：华东师范大学出版社，2020.

期进行自我评估，分析教学效果，制定改进计划。

（5）教学实践创新法。教学实践创新法是指教师通过教学实验和项目学习等方式来进行自我学习的方法[1]。杜威认为教育是生活的一部分，而非单纯的预备。教师应当在日常生活中不断学习和成长[2]。他强调通过实践和经验进行学习，认为教师应不断更新和扩展自己的教学经验。教师可以在课堂上尝试新的教学方法和教学策略，进行小规模的教学实验，促成自己的专业成长，也可以通过设计和实施项目学习，达成深度学习，在实践活动过程中实现不断成长。

（6）跨学科知识拓展法。跨学科知识拓展有助于中小学教师开阔视野，丰富教学内容和手段。中小学教师可以学习与自己专业相关的其他学科知识，了解不同学科之间的联系和融合点，为学生提供更广阔的知识视野。此外，跨学科知识还可以帮助中小学教师更好地应对教学中出现的新问题和挑战。

（7）参与社区与合作学习法。这种学习方法主要是指教师通过参加教师学习共同体和线上教育社区等方式来进行自我学习的方法。教师可以加入学校或区域的教师学习共同体，定期交流教学经验和资源。教师也可以参与在线教育论坛、微信群等，分享教学资源和心得，互相支持，从而实现专业发展的共同提高。

（8）专业发展活动法。这种学习方法主要是指教师通过参加工作坊和培训班或者通过教学观摩与交流等方式来进行自我学习的方法。通过参加各类教育工作坊和培训班，教师可以学习新技术和新方法；通过观摩优秀教师的课堂教学，可以学习先进的教学理念和教学技巧。

教师个体可以通过合理利用上述自我学习方法，持续提升自身的知识和技能，实现个人成长和职业发展。中小学教师还可以通过以下自我学习的路径，不断提升自己的专业素养和教学能力，从而更好地适应教育改革的需求，提高教学质量，推动教育事业的发展。中小学教师自我学习的路径主要有以下8种。

---

[1] 李亚荣.北师大任丘附属学校初中美术教学实践创新研究 [D].武汉：华中师范大学，2021.

[2] 约翰•杜威.民主与教育 [M].俞吾金，孔慧，译.上海：华东师范大学出版社，2019.

（1）规划与目标设定。教师通过规划与目标设定的路径主要是规划与设定个体发展的短期目标和长期目标。短期目标的规划与设定是指规划和设定教师个体发展具体可行的短期目标，如每月阅读一本专业书籍，完成一门在线课程的学习。长期目标的规划与设定则是指教师个体规划与制定长期职业发展目标，如三年内拿到教育硕士学位，或者五年内成为高级教师。

（2）时间管理与安排。教师自我学习的时间管理主要是安排好定期学习时间和高效地利用好碎片时间。安排好定期学习时间，是指教师每天或每周安排固定的时间用于自我学习，确保学习的持续性和稳定性。教师高效利用零散时间进行自我学习也很重要，可以利用上下班通勤、课间等时间，进行阅读或在线学习。

（3）资源整合与利用。中小学教师可以整合和利用的资源主要有图书馆与电子资源和各种专业组织与协会。中小学教师可以充分利用学校图书馆和电子图书资源，查阅相关资料，也可以加入教育专业组织或协会，获取更多的学习资源和机会。

（4）自我激励与反馈。中小学教师可以通过奖励机制和外部反馈机制的路径有效促成自我学习。中小学教师为自己设定学习奖励机制，如完成某个学习目标后给予自己适当奖励，也可以主动寻求同事和学生的反馈，不断改进自己的教学和学习方法。

（5）技术工具与平台。中小学教师可以利用的技术工具和平台主要有各种教育软件和在线教学资源平台。他们可以使用如 Evernote、OneNote 等工具记录学习笔记，进行知识管理，也可以利用学科网、教学资源网等，获取丰富的教学素材和资源。

（6）持续进修与培训。持续进修与培训是中小学教师保持专业水准和跟上时代发展步伐的重要途径。中小学教师可以通过参加各种专业培训、研讨会和学术会议，不断更新自己的知识和技能。同时，中小学教师还可以通过在线学习、远程教育等方式，进行自主学习和充电，提高自己的专业素养和能力水平。

（7）科技与教育结合。现代科技的发展为教育带来了许多新的可能性和机遇。中小学教师应积极学习和掌握现代科技手段，如多媒体教学、在线教育等，将其运用到教学中，提高教学的互动性和趣味性。同时，中小学教师还应关注科技对教育的潜在影响，不断探索科技与教育结合的新模式和新方法。

（8）教育情怀培养。教育情怀是中小学教师自我学习的内在动力和精神支柱。中小学教师应始终保持对教育事业的热爱和追求，关注学生的成长和发展，为学生的未来贡献自己的力量。通过培养教育情怀，中小学教师可以更加坚定自己的教育信念，以更加饱满的热情和责任心投入教育工作中。

（二）中小学教师自我学习的规律与效果

中小学教师自我学习的规律与效果是衡量教师专业发展的重要指标。通过了解和把握自我学习的规律，中小学教师可以更有效地规划和实施学习活动，从而达到更好的效果。中小学教师自我学习的规律主要有以下5条。

（1）持续性与长期性规律。自我学习是一个持续的过程，需要长期坚持，不断积累和更新知识。教师应制定长期学习计划，逐步提升专业素养和教学能力。

（2）自主性与主动性规律。自我学习依赖于个人的主动性和自主性，教师需主动寻找学习资源和机会。同时，自主设定学习目标和计划，灵活调整学习内容和进度。

（3）反思性与实践性规律。自我学习过程中应注重反思，教师将所学知识应用于实际教学中，并进行总结和改进，同时，通过教学实践验证学习效果，不断调整和优化教学方法。范梅南[1]指出："教师的反思性实践不仅是专业成长的关键，更是实现教育质量提升的重要手段。教师通过自我学习和终身学习，可以不断优化教学策略，提升教学效果"。

（4）多样性与灵活性规律。中小学教师自我学习的方式和内容应多样化，教师可以结合个人兴趣和需求，选择适合的学习途径，还可以利用多种学习资源和工具，如书籍、在线课程、研讨会等，灵活安排学习时间。

（5）互动性与合作性规律。自我学习不仅是个体的活动，还应注重与同行、

---

[1] 马克斯·范梅南，李树英.教育的情调 [M].李树英，译.北京：教育科学出版社，
2019.

专家的互动和合作。教师个体通过参加教师学习共同体、教育论坛等，与其他教师分享经验，互相学习和相互支持，促成专业的共同成长。

中小学教师自我学习的效果主要表现在如下5个方面。

（1）知识更新与专业提升。自我学习能够帮助教师及时更新教育理论和教学方法，掌握最新的教育研究成果。同时，有效地提升教师的专业知识和技能，增强教学的科学性和有效性。

（2）教学质量的提高。通过自我学习，教师可以不断改进教学方法，提升课堂教学效果，激发学生的学习兴趣和积极性。同时，提高教师的课堂管理能力和教学创新能力，优化教学流程和教学设计。

（3）职业发展与自我实现。自我学习促进教师的职业发展，增加职业竞争力和发展机会，如晋升高级教师或获得专业认证。同时，帮助教师实现自我价值和职业理想，增强职业荣誉感和成就感。

（4）学生成长与教育质量的提升。教师的自我学习直接影响学生的学习效果，促进学生的全面发展和成长。通过教师高质量的教学，提高教育质量和学校的整体教学水平。

（5）提高心理健康水平与工作满意度。自我学习有助于缓解教师的职业压力，提升工作满意度和心理健康水平。通过不断学习和进步，教师能够保持积极的心态和工作热情，避免职业倦怠。

中小学教师的自我学习是其专业发展的核心环节，通过遵循持续性、主动性、反思性、多样性和互动性的自我学习规律，教师可以有效提升自己的专业素养和教学能力。自我学习不仅对教师个人的发展具有重要意义，还对提高教育质量和促进学生成长具有深远影响。教师应充分利用各种学习资源和工具，制定科学的学习计划，不断自我提升，实现更高水平的教育目标。

第二节　教师的终身学习策略

加德纳[①]提出："教师的终身学习，是了解和应用多元智能理论的前提。通过持续学习，教师可以更好地理解学生的多样性，实施有效的个性化教学"。范梅南[②]认为教师的专业成长是一个持续的过程，需要不断进行终身学习。

一、终身学习

终身学习（Lifelong Learning）是指个体在其一生中持续不断地进行学习和自我发展的一种行为和过程[③]。这种学习不仅限于学校教育，还包括职业培训、个人兴趣、社会活动等多种形式，涵盖了正式、非正式和非正规学习。终身学习是一种积极主动的学习理念，强调个体在整个生命过程中，通过多样化的学习途径和形式，持续获取知识、技能和能力，以适应社会变化、实现个人发展和提升生活质量。

（一）终身学习的特点

终身学习的特点主要表现在如下5个方面。

（1）持续性特点。学习是贯穿个体一生的过程，从出生到老年，不断进行。

（2）广泛性特点。学习内容广泛，涵盖了学术知识、职业技能、生活技能、文化素养等各个方面。

（3）多样性特点。学习途径和形式多样，既包括正式的学校教育和职业培

---

① 陈杰琦，玛拉·克瑞克维斯基，朱莉·维恩斯.多元智能的理论与实践：让每个儿童在自己强项的基础上发展 [M].方钧君，译.北京：北京师范大学出版社，2015.

② 马克斯·范梅南.教学机智：教育智慧的意蕴 [M].李树英，译.北京：教育科学出版社，2014.

③ 保罗·朗格让.终身教育导论 [M].滕星，滕复，王箭，译.北京：华夏出版社，1988.

训，也包括非正式的自学、工作中的学习和社会参与中的学习。

（4）自主性特点。个体在学习过程中具有高度的自主性和主动性，自主选择学习内容、方式和进度。

（5）适应性特点。学习内容和方式灵活多变，能够适应个体在不同生命阶段和不同环境中的需求。

（二）终身学习的类型

终身学习可以分为如下3种类型。

（1）正式学习。这种类型的学习是指通过正规教育体系（如学校）进行的系统性和有组织的学习，通常会有明确的课程设置、学习目标和评价标准。

（2）非正式学习。这种类型的学习是指通过工作培训、社区教育、在线课程等途径进行的学习，具有灵活性和实用性，常常没有固定的课程和评估体系。

（3）非正规学习。这种类型的学习是指通过日常生活中的自我学习和社会活动（如读书、兴趣班、志愿活动）进行的学习，是一种自发性的学习，注重个人兴趣和需要，没有固定的学习框架。

（三）终身学习的意义

终身学习的意义主要表现在个人发展意义、社会进步意义和经济发展意义。

终身学习的个人发展意义表现在：通过终身学习，个体可以不断提升自己的知识和技能，适应职业发展的需要，增强就业竞争力；同时，有助于培养个人的兴趣和爱好，提高生活质量和幸福感。

社会进步意义表现在：终身学习促进社会的全面进步，提高全社会的文化素质和创新能力；帮助构建学习型社会，推动社会和谐发展。

经济发展意义表现在：提高劳动者的技能水平和适应能力，促进经济增长和产业升级；为国家和企业提供持续的创新动力和人力资源保障。

（四）终身学习的策略

终身学习的策略主要有如下4个。

（1）制定学习计划。根据个人的兴趣、职业目标和发展需求，制定科学合理的学习计划。而后，定期评估和调整学习计划，确保学习的持续性和有效性。

（2）利用多样化资源。学习者充分利用图书馆、互联网、在线课程、工作培训等多种学习资源。同时，积极参加社会活动、社区教育和职业培训，拓宽学习途径。

（3）培养学习习惯。学习者养成每天阅读、学习的习惯，保持学习的热情和动力。同时，注重反思和总结，不断优化学习方法和策略。

（4）建立学习网络。学习者加入学习共同体或学习小组，与他人分享学习经验和资源。同时，积极利用社交媒体和在线平台，扩大知识面和交流圈。

终身学习是现代社会快速发展和变化的必然要求，是个体实现自我成长和社会进步的重要途径。通过终身学习，个体可以不断提升自身素质，适应社会变化，实现更高水平的个人和社会发展目标。

二、中小学教师的终身学习

终身学习，对于教师而言，既是一种职业责任[①]，也是个人成长的必由之路。在快速发展的教育领域中，教师必须不断充实自己的知识库，提升教育教学能力，以适应时代的变化和学生的需求。中小学教师的终身学习是指中小学教师在其职业生涯中，通过不断地学习和专业发展活动，持续提升教育教学能力、专业素养和综合素质，以适应教育发展的需求和学生成长的需要。教师的终身学习不仅包括教师在职期间的继续教育，还涵盖个人职业生涯中的各个阶段，通过持续学习实现全面发展[②]。

（一）中小学教师终身学习的必要性

中小学教师的终身学习是提升教师专业素养、适应教育改革和创新、提高教学质量的关键。中小学教师终身学习的必要性主要表现在如下几个方面。

（1）适应教育改革的需要。教育理念、课程标准和教学方法不断更新，教

① 兰岚.中国终身教育立法研究[D].上海：华东师范大学，2017.
② 原左晔，尚瑞茜.终身学习时代的教师角色转变：逻辑向度与实现进路[J].终身教育研究，2024，35（1）：25-32，65.

师需要持续学习以适应变化。

（2）提升教学质量的需要。通过终身学习，教师可以不断改进教学方法，提高教学效果和学生学习效果。

（3）满足学生需求的需要。学生的需求和背景多样化，教师需要不断学习新的教育技术和方法，以有效应对不同的教育情境。

（4）教师职业发展的需要。持续学习有助于教师职业生涯的发展和提升，为职称晋升和专业认证提供支持。

（二）中小学教师终身学习的内容

中小学教师终身学习的内容主要包括：

（1）专业知识。专业知识的学习主要是指学科知识的更新和扩展，保持对所教学科的深度理解。中小学教师的专业知识是其教学工作的基础。随着学科知识的不断更新和拓展，中小学教师必须不断学习最新的研究成果和学术动态，以保持与时俱进。通过阅读专业书籍、参加学术研讨会、与同行交流等方式，中小学教师可以不断更新自己的专业知识，确保教学内容的准确性和前沿性。

（2）教育理论及教育心理学知识。了解和掌握最新的教育理论和教育心理学知识尤其重要。学习教育心理学可以帮助中小学教师更好地把握学生的心理变化，了解学生的学习困难和需求，从而更有针对性地进行教学。中小学教师可以通过阅读相关书籍、参加专业培训等方式，掌握教育基本理论和方法，并将其应用到教学实践中。

（3）教育技术应用。现代教育技术在教学中的应用日益广泛，为中小学教师提供了更多的教学手段和资源。因此，中小学教师必须积极学习和掌握新的教育技术，如多媒体教学、在线教学平台等，以提高教学效果和学生的学习体验。同时，中小学教师还应关注教育技术的最新发展，如信息技术在教学中的应用，在线教育平台的使用，不断探索其在教学中的应用潜力。

（4）跨学科学习。跨学科学习有助于中小学教师打破学科壁垒，拓宽教学视野。通过学习其他学科知识，中小学教师可以更好地理解和把握学科之间的联系和融合点，为学生提供更全面的知识体系。同时，跨学科学习还可以激发中小学教师的教学创新灵感，促进教学方法的多样化。

（5）教育理念提升。教育理念是指导教师教学工作的核心思想。随着教育改革的深入推进，中小学教师需要不断更新自己的教育理念，以适应新的教育形势和要求。这包括了解国家和地方的教育政策和法规，关注教育改革动态，适应教育改革的要求，学习先进的教育理论等。通过提升教育理念，中小学教师可以更好地理解教育的本质和目的，为学生的全面发展提供更有力的支持。

（6）综合素质。培养中小学教师的沟通能力、管理能力、心理健康等综合素质，提升中小学教师的个人修养。

（三）中小学教师终身学习的途径

中小学教师终身学习的途径主要包括：

（1）正式学习。正式学习包括继续教育和学历提升。教师通过参加教育学院或培训机构提供的继续教育课程，提升专业水平，也可以攻读教育硕士、博士学位，进一步深造和研究。

（2）非正式学习。非正式学习主要包括在线学习和自我阅读。教师通过在线学习，利用网络课程、慕课等在线学习平台，自主学习和获取新知识。教师也可以通过自我阅读，如阅读专业书籍、学术期刊、教育研究论文等，自我学习和提升。

（3）实践学习。实践学习主要包括教学反思和课堂研究。教师在日常教学中，进行教学反思和总结，改进教学策略和方法，也可以开展课堂教学研究，通过观察、实验和分析，提高教学效果。

（4）合作学习。合作学习主要包括参与教师共同体、研讨会以及工作坊等。教师加入教师专业学习共同体，与同行分享经验和资源，共同进步，也可以参加各类教育研讨会、讲座和工作坊，学习前沿教育理念和实践经验。

（5）校际交流。校际交流主要包括教师交流和校际合作。教师通过参加城乡教师交流项目，学习不同学校的优秀教育经验和方法，也可以通过学校间的合作项目和交流活动，拓宽视野，提升教学水平。

（四）中小学教师终身学习的策略

中小学教师终身学习的策略主要包括以下5个方面。

（1）制定个人学习计划。教师根据个人职业发展目标和需求，制定短期和长期学习计划，明确学习目标和步骤。

（2）时间管理。教师合理安排工作和学习时间，确保有足够的时间进行持续学习。

（3）利用多样化资源。教师充分利用图书馆、网络平台、教育培训机构等，获取丰富的学习资源。

（4）建立学习支持系统。教师寻求学校和教育管理部门的支持，参加专业培训和继续教育项目。

（5）自我激励和反馈。教师建立自我激励机制，通过设定阶段性目标和自我评估，保持学习的积极性和动力。

中小学教师的终身学习是提升教师专业素质、适应教育变革和满足学生需求的关键途径。通过持续学习，教师可以不断更新知识、改进教学方法、提升教育质量，实现个人和职业的全面发展。中小学教师应积极利用各种学习资源和途径，制定科学合理的学习计划，持续进行专业发展，成为学习型教师，为学生提供更优质的教育服务。

第三节　教师自我学习与终身学习的关系

教师自我学习是指教师在没有外界直接指导或干预的情况下，自主计划、驱动和管理学习过程，以提升自己的专业素养和教学能力，强调个体的自主性、主动性和自我管理。教师终身学习是指个体在整个生命过程中，通过多样化的学习途径和形式，持续获取知识、技能和能力，以适应社会变化、实现个人发展和提升生活质量，强调学习的持续性、广泛性和灵活性。

教师自我学习是教师终身学习的核心组成部分。教师通过自我学习不断提升自身的专业素养和教学能力，从而实现终身学习的目标。终身学习为自我学习提供了广阔的背景和目标，强调学习的持续性和全面性，而自我学习则是实现这一目标的重要手段。教师自我学习与终身学习密切相关，两者互为补充，共同促进教师的专业发展和个人成长。

一、教师自我学习与终身学习的共同点

教师自我学习与终身学习的共同点主要表现在如下3点。

（1）二者都强调学习的自我导向。教师自我学习和终身学习都强调教师作为学习者的主动性和自主性，要求教师个体根据自身需求、兴趣和目标，自主选择学习内容和方式。

（2）二者都强调学习的持续性。两者都注重学习的持续性，认为学习是一个长期、持续的过程，不应止步于某一阶段或特定时间段。

（3）二者都强调学习的灵活性与多样性。教师自我学习和终身学习都强调学习形式和内容的多样性和灵活性，鼓励个体根据自身情况选择适合的学习方法和途径。

二、教师自我学习与终身学习的区别点

教师自我学习与终身学习的区别主要表现在：自我学习更多地侧重于个人在特定时间段内的学习行为和过程，通常以短期目标和具体技能提升为主。终身学习则是更广泛和长期的概念，涵盖了个人在整个生命过程中的学习需求和发展目标，不仅包括专业学习，还包括生活技能、文化素养等多方面的内容。

三、教师自我学习与终身学习的结合点

教师自我学习与终身学习虽然有区别，但是并不影响二者在实践中的结合。

（1）制定长期学习计划。教师应在职业生涯的各个阶段制定长期学习计划，结合自我学习和终身学习的理念，设定不同阶段的学习目标和发展路径。

（2）多渠道获取学习资源。教师可以通过多种途径，如阅读专业书籍、参

加在线课程、参与学术研讨会、加入教师学习共同体等，持续进行自我学习和终身学习。

（3）反思与总结。在自我学习过程中，教师应不断进行反思和总结，评估学习效果，调整学习策略，为终身学习奠定基础。

（4）保持学习动力。终身学习强调学习的持续性，教师应保持学习的积极性和动力，通过设定学习奖励机制、寻求外部支持等方式，激励自己不断前进。

杜威[①]提出，教师的自我学习和终身学习是促进教育改革的核心，"教育即成长，教育即生活，教师应当在教育过程中不断成长和学习，以适应不断变化的教育环境"。教师自我学习和终身学习相互依存、相互促进。自我学习是终身学习的具体体现和重要手段，而终身学习则为自我学习提供了方向和目标。通过结合自我学习和终身学习，教师可以持续提升自己的专业素养和综合能力，实现个人和职业的全面发展，为教育事业作出更大的贡献。

第四节　乡村教师自我学习与终身学习的特点

乡村教师的自我学习和终身学习有其鲜明的特点，这些特点与乡村教育环境的特殊性、资源的有限性以及教师自身的多重角色密切相关。以下是乡村教师在自我学习与终身学习方面的详细特点分析。

一、学习资源的有限性

乡村地区的图书馆、书店、培训机构等文化资源相对缺乏，教师在自我学习和终身学习过程中面临资源不足的挑战[②]。乡村教师需要善于利用和挖掘本地可用资源，如当地的文化传统、自然环境等，进行学习和研究。乡村教师可以利用学校或社区的图书馆，尽管书籍的种类和数量有限，但仍可以通过积极借阅和交

① 约翰·杜威.民主主义与教育 [M].王承绪，译.北京：人民教育出版社，2001.

② 郝家齐.中国乡村教师队伍建设问题研究 [D].长春：吉林大学，2023.

换图书进行学习。借助互联网，乡村教师可以访问电子书籍、在线课程、教育论坛等，弥补本地资源的不足。

二、学习动机的内在性

乡村教师常常依靠内在动机推动自我学习和终身学习，因为外部激励和培训机会相对较少。教师需要具备较强的自我激励和自我管理能力，以保持持续学习的动力。教师通过设定明确的学习目标和计划，激励自己不断进步和提升，还可以通过反思教学实践中的问题和挑战，激发自我学习的需求和动力。

三、学习方式的多样性

由于正式培训的机会有限，乡村教师需要通过多种方式进行学习，如自主阅读、在线学习、参与教研活动等。乡村教师往往将学习与教学实践紧密结合，通过实践中的问题和反馈进行反思和改进。乡村教师可以通过参加网络教育平台的课程，如慕课，获取新的教育理念和方法，还可以通过参加学校或地区的教研活动，与同事分享和交流教学经验，互相学习和提高。

四、学习内容的实用性

乡村教师的学习内容通常更加注重实际应用，直接服务于教学实践和学生发展。教师会根据学生的具体需求和教学中的实际问题，有针对性地进行学习和研究。乡村教师通过学习新的教学方法和策略，如合作学习、探究式学习等，提升课堂教学效果。乡村教师针对学生的具体学习困难，如阅读理解、数学应用等，进行专题学习和研究，找到有效的解决方案。

五、学习环境的特殊性

乡村教师的学习环境常常与自然环境和地方文化紧密结合，这为他们提供了独特的学习资源和视角。乡村教师在学习过程中，可能会更多地依赖于社区和家长的支持与参与。利用乡村的自然环境，乡村教师可以进行生态学、农业科学等方面的学习和教学研究，也可以通过学习和挖掘当地的传统文化，将文化传承融入教学内容，丰富学生的学习体验。

六、教师角色的多样性

乡村教师通常扮演多重角色，不仅是教师，还可能是学校管理者、社区工作者等，这要求他们具备广泛的知识和技能。由于角色多样，乡村教师在自我学习和终身学习中需要不断提升综合素养，包括管理能力、沟通能力、组织能力等。乡村教师可以参加教育管理和领导力方面的培训，提升学校管理和组织能力。通过参与社区活动和服务项目，乡村教师可以学习如何更好地与社区合作，提升社会服务能力。

乡村教师的自我学习与终身学习具有其鲜明的特点，这些特点既带来挑战也提供了机会。通过充分利用本地资源、发挥内在学习动机、采用多样化的学习方式、注重学习内容的实用性、结合自然和文化环境，以及提升综合素养，乡村教师能够在自我学习和终身学习的过程中不断提升专业能力和教学水平，促进乡村教育的持续发展和学生的全面成长。

第三章 行动研究与反思实践

约翰·杜威认为教育应当是行动实践与反思的结合。他强调教师在教学过程中不断反思自己的教学行为，通过经验总结和理论指导，改进教学实践。他曾说过"我们所做的每一件事都有待反思的价值。反思使得行动有意义，并通过不断调整行动达成最佳的教育效果"①。他提倡实验主义教育，认为教师应当在实际教学中进行实验，通过不断地尝试和改进，找到最有效的教学方法。

第一节　教师的行动研究策略

一、行动研究

行动研究（Action Research）是一种旨在解决实际问题、改善实践效果的研究方法，通常由教育工作者、研究人员或实践者在实际工作环境中进行②。它强调在实践中进行反思和实验，通过系统地观察和数据收集，结合理论与实践，促进问题的解决和实践的改进③。

----

① 约翰·杜威.我们怎样思维·经验与教育 [M].姜文闵，译.北京：人民教育出版社，1991.
② 江萍.大学教师专业学习社群建设的行动研究：基于 A 大学的研究个案 [D].南京：南京大学，2018.
③ 克雷格·A.莫特勒.行动研究方法：全程指导 [M].王凌峰，叶剑涯，译.重庆：重庆大学出版社，2022.

（一）行动研究的特征

行动研究是一种参与式的研究方法，研究者在解决具体问题的过程中，既是研究者也是实践者，旨在通过不断地实践、观察、反思和调整，逐步改进和优化实践活动，以提高工作效果和解决实际问题的研究过程。整个研究过程呈现出如下主要特征。

（1）实践导向特征。行动研究紧密结合实际工作和生活中的问题，注重解决实际问题。

（2）参与性特征。行动研究过程中，研究者通常是参与者，强调参与者的主动性和合作性。

（3）循环性特征。行动研究往往采用循环的研究过程，包括计划、行动、观察和反思四个阶段，不断进行迭代改进。

（4）反思性特征。行动研究强调对行动的反思，研究者通过反思来调整和改进自己的实践活动。

（5）数据驱动特征。行动研究通过系统的数据收集和分析，确保研究的客观性和科学性。

（二）行动研究的种类

行动研究涉及社会科学研究的许多领域，有很多种类，常见的有如下几种。

（1）教育行动研究。这种研究主要在教育领域进行，关注如何改善教学方法、提高教学质量、解决学生问题等。例如，教师在课堂教学中进行的教学方法改进研究，学校在提升教育质量方面的实践研究。

（2）社会行动研究。这种研究关注社会问题的解决，涉及社区发展、社会服务、政策制定等领域。例如，社区发展项目中居民参与的环境改善研究，社会工作者在社区服务中的实践研究。

（3）组织行动研究。这种研究主要在企业、组织或团体中进行，旨在解决组织内部管理、团队合作、流程改进等问题。例如，企业在团队管理、流程优化方面的研究，组织在提升员工满意度方面的实践研究。

（4）职业发展行动研究。这种研究关注教师、医生、工程师等专业人员在职业发展中的问题，旨在提升专业能力和职业素养。例如，教师在教学方法创新中的研究，医生在临床实践中的技能提升研究。

（三）行动研究的步骤

行动研究要取得成功，遵循其固有的基本步骤和研究流程很关键。

第一步：确定问题。第一步很关键，首先要明确研究的核心问题或目标，选择需要解决的实际问题。研究者应根据实践中的困惑、挑战和兴趣点，提出具有实际意义和研究价值的问题。同时，结合社会发展需求，确定具体、可操作的研究目标。

第二步：文献综述与收集数据。行动研究的第二步的主要任务是查阅相关文献和进行数据收集，了解已有的研究成果和理论背景，为研究提供理论支持和参考。明确问题与目标后，研究者需要通过观察与收集数据来了解研究现状。研究者可以运用现场观察、作品分析、问卷调查等多种方法，全面、客观地收集与问题相关的数据。同时，研究者要注意保护研究对象的隐私和权益，确保数据的合法性和有效性。

第三步，制定计划。这一步需要制定详细的研究计划，研究计划应明确研究目标、研究方法、研究措施、研究步骤和研究时间安排，确保计划的可行性和有效性。

第四步：实施行动。制定好行动计划后，研究者需要将其付诸实践。根据行动计划，开展具体的实践活动或干预措施，收集相关数据和信息。在实施过程中，研究者应密切关注研究的进展情况和客观需要，及时调整计划中的不足和偏差。同时，研究者还应积极寻求同事、专家等外部支持，共同推动计划的顺利实施。

第五步：观察与记录。在实施行动研究的过程中，系统地观察和记录实践过程中的变化和效果，收集数据和证据。

第六步：反思与分析。行动计划实施一段时间后，研究者应对收集的数据和观察结果进行反思和分析，评估实践的效果，找出问题和改进的方向。

第七步：调整与改进。研究者可以回顾整个研究过程，分析改进措施的效果和不足，根据反思和分析的结果，调整和改进实践方案，进行下一轮的行动研究。

第八步：总结与报告。这一步是行动研究的最后一步，也是重要的一步，其主要任务是总结研究的过程和结果，撰写研究报告，分享研究成果和经验，促进理论与实践的结合。

（四）行动研究的优点

行动研究作为社会科学研究的一个种类，或者是作为一种研究方法，比较而言，具有明显的研究优势。

（1）解决实际问题。行动研究紧密结合实际问题，具有较强的现实指导意义和应用价值。

（2）促进实践改进。行动研究通过循环的研究过程，促进实践的不断改进和优化。

（3）增强参与感。行动研究强调参与者的主动性和合作性，增强研究的参与感和认同感。

（4）提高研究者能力。行动研究通过实践和反思，能够快速提高研究者的专业能力和研究水平。

行动研究是一种有效的实践研究方法，广泛应用于教育、社会工作、组织管理等领域。它通过循环的研究过程，结合理论与实践，帮助研究者解决实际问题，促进实践的改进和发展。教师和实践者可以通过行动研究，不断提升自身的专业素养和解决问题的能力，为改善工作和生活质量作出贡献。

二、教育行动研究

教育行动研究是一种由教育工作者在实际教育环境中进行的研究方法，旨在解决教育实践中的具体问题，提升教学质量和学生学习效果[①]。研究者通过系统地观察、反思和调整教学策略，结合理论与实践，不断改进教育实践。斯蒂芬·科里（Stephen Corey）指出"教育行动研究的力量在于它的实用性和直接性，教师

① 朱洪翠.行动研究与教师专业发展[M].北京：中国轻工业出版社，2021.

通过自身的研究和反思，能够迅速发现问题并找到解决方案"①。他认为教育行动研究是最实用的研究方法之一，因为它直接针对教师在教学中遇到的问题，能够迅速应用于实践中并见效。他提倡教师应当在行动研究中发挥自主性，自主发现问题、设计研究方案和实施改进措施。

（一）教育行动研究的特征

教育行动研究呈现出如下研究特征。

（1）实践导向特征。教育行动研究以解决实际教学问题和改进教育实践为目标。

（2）参与性特征。教育行动研究过程中，教师和其他教育工作者积极参与研究过程，既是研究者又是实践者。

（3）反思性特征。教育行动研究强调在行动中反思，通过反思来改进教学实践。

（4）循环性特征。教育行动研究采用循环反复的研究过程，包括计划、行动、观察和反思四个阶段。

（5）合作性特征。教育行动研究通常是集体合作的过程，教师与同事、学生、家长等利益相关者合作。

（二）教育行动研究的种类

教育行动研究作为行动研究的一个亚研究种类，根据研究的主体，可以划分成如下研究种类。

（1）个人行动研究。个人行动研究是由个别教师针对自己教学中的具体问题进行的研究。教师根据自身教学经验和观察，发现问题并通过系统的研究过程进行改进。例如，一位教师发现学生在理解某个概念时有困难，便进行个别化教学策略的研究和调整。

（2）团队行动研究。团队行动研究是由一个教师团队或学科组共同进行的

---

① W. 詹姆斯·波帕姆，安德鲁·P. 约翰逊，詹姆斯·莱文，等 . 教育评估、行动研究与课堂管理 [M]. 王加强，译 . 上海：上海教育出版社，2021.

研究。团队成员共同确定研究问题，制定计划，实施行动，并通过合作和讨论进行反思和改进。例如，一个学校的数学教研组共同研究如何提高学生的数学思维能力，通过合作设计和实施新的教学活动。

（3）学校行动研究。学校行动研究是由整个学校或特定年级的教师和管理人员共同进行的研究，旨在解决学校层面的问题，如改进学校管理、提升整体教学质量、促进学生全面发展。例如，一所学校通过研究改进学校的德育工作，制定并实施全校范围内的德育计划。

（4）社区行动研究。社区行动研究是由教师与社区成员（如家长、社区组织等）合作进行的研究，关注学校与社区互动的问题，旨在通过社区的参与和支持，提升教育效果。例如，教师与社区组织合作研究如何通过课外活动和社区资源，丰富学生的学习经历。

（5）课程行动研究。课程行动研究是针对特定课程或教学内容进行的研究，旨在改进课程设计和教学方法，提高教学效果和学生学习体验。例如，教师对新课程标准进行研究，通过不断调整教学内容和方法，确保课程方案的有效实施。

（三）教育行动研究的意义

教育行动研究是一种有效的教育研究方法，能够帮助教师在实践中发现和解决问题，提升教学质量和学生学习效果。通过个人、团队、学校和社区等多种类型的行动研究，教师可以不断改进教学实践，推动教育改革和创新，实现教育的持续发展。教育行动研究的意义集中表现在如下4个方面。

（1）有助于提升教育教学质量。教育行动研究通过解决实际教育教学问题，有助于改进教育教学方法，提高教育教学效果和学生的学习质量。

（2）有助于促进教师专业发展。通过教育行动研究和反思，有助于教师不断提升自己的专业素养和教学能力。

（3）有助于推动教育创新。教师在参与教育行动研究过程中不断探索新的教学方法和教学策略，有助于推动教育创新。

（4）有助于加强教师合作。教师通过教育行动合作研究，可以有效地分享经验和教育资源，有助于促进教师集体成长和共同发展。

三、中小学教师的教育行动研究

（一）中小学教师参与教育行动研究的方法

中小学教师参与教育行动研究有助于提高教学质量，解决实际教学问题，促进教师的专业发展。以下是教师参与教育行动研究的步骤和方法。

（1）确定研究问题的基本步骤与方法。中小学教师如何准确确定研究的基本问题？首先是观察和反思教学，即通过日常教学中的观察和反思，识别教学中存在的问题或需要改进的领域。其次，抓学生反馈的环节，即收集和分析学生的反馈，了解学生的学习需求和困难。再次，抓同行交流的环节，与同事交流教学经验，发现共同关注的问题或改进方向。最后，抓数据分析环节，分析学生的成绩数据和表现，识别教学中的薄弱环节。

（2）进行文献综述的基本步骤与方法。第一步，查阅相关文献。中小学教师利用学校图书馆、教育期刊和在线数据库，查阅与研究问题相关的文献，了解已有的研究成果和理论背景。第二步，参加专业培训。中小学教师参加教育研讨会、培训班和讲座，获取最新的教育研究动态和理论知识。第三步，阅读教育书籍。中小学教师阅读与研究问题相关的教育书籍，扩展理论知识和研究视野。

（3）制定研究计划的基本步骤与方法。中小学教师制定教育行动研究计划，首先，要明确研究目标，确定研究的具体目标和期望达到的效果。其次，设计研究方法，选择合适的研究方法，如课堂观察、问卷调查、实验教学等。再次，制定详细的研究时间表，安排每个阶段的任务和时间节点。最后，准备研究工具，设计和准备好数据收集的工具，如观察记录表、问卷、访谈提纲等。

（4）实施行动的基本步骤与方法。第一步，开展教学实验。中小学教师在课堂上实施新的教学方法或策略，并记录教学过程和学生反应。第二步，进行观察和记录。中小学教师应该系统地观察和记录教学过程中的关键现象和变化。第三步，收集数据。中小学教师通过问卷调查、访谈和成绩分析等方法，收集学生的反馈和表现数据。

（5）观察与记录的基本步骤与方法。中小学教师首先是进行课堂观察，系统地观察课堂教学过程，记录教学中的关键事件和学生的反应。其次是撰写教学日志，中小学教师每天记录教学过程中的心得体会、遇到的问题和改进措施。最后是分析学生作业和评估，即分析学生的作业和评估结果，记录学生的学习进展和问题。

（6）反思与分析的基本步骤与方法。第一步，数据分析。对收集的数据进行整理和分析，找出问题的原因和改进的方向。第二步，撰写反思日记。中小学教师撰写反思日记，记录教学中的成功经验和失败教训。第三步，同事讨论。与同事分享研究成果和反思，共同讨论改进措施和策略。

（7）调整与改进的基本步骤与方法。第一步，修改教学计划，中小学教师根据反思和分析的结果，调整和改进教学计划和策略。第二步，再次实施。在下一轮教学中实施改进后的计划，继续观察和记录效果。第三步，循环改进。不断进行观察、反思和改进，逐步优化教学方法和策略。

（8）总结与报告的基本步骤与方法。首先是撰写研究报告，总结研究过程和结果，撰写详细的研究报告。其次是分享研究成果。中小学教师在教研组会议、教育研讨会和专业期刊上分享研究成果和经验。最后是反思与展望，反思整个研究过程的经验教训，展望下一步的研究方向和改进措施。

（二）中小学教师主要参与的两种教育行动研究

如前所述，教育行动研究按照研究的主体来划分，可以分为个人行动研究、团队行动研究、学校行动研究、社区行动研究、课程行动研究等几个种类，就中小学教师而言，参加得较多的是学校行动研究和课程行动研究。所以，下文将就中小学教师如何有效地参与学校行动研究和课程行动研究展开具有针对性的阐述。

1. 中小学教师参与的学校行动研究

学校行动研究是一种由学校中的教育工作者（包括教师、行政人员、思想教育工作者或者辅导员等）共同进行的研究方法，旨在解决学校层面的问题，改进学校的教学和管理实践，提升整体教育质量和学生发展。通过系统地观察、反思和调整，学校行动研究推动教育实践的不断改进和创新。

中小学教师参与学校行动研究的目的主要有4个。

（1）为了提升教学质量，通过研究和改进教学方法和策略，提高教师的教学水平和学生的学习效果。

（2）为了改进学校管理，研究和优化学校的管理机制和流程，提升学校的整体运作效率。

（3）为了促进学生发展，通过研究学生的需求和发展特点，制定和实施有针对性的教育措施，促进学生的全面发展。

（4）为了推动教育创新，探索和尝试新的教育理念和方法，推动学校教育的创新和发展。

中小学教师参与的学校行动研究主要有4个种类。

（1）教学改进研究。关注具体学科或课程的教学方法和策略的改进，提升教学效果。例如，一所学校进行数学教学改革研究，通过新的教学方法和工具提高学生的数学思维能力。

（2）学生发展研究。主要研究学生的学习习惯、心理健康、行为规范等，制定和实施有助于学生发展的教育措施。例如，学校开展学生心理健康教育研究，制定心理健康课程和辅导方案。

（3）管理效能研究。主要研究和优化学校的管理机制、流程和策略，提升学校的整体管理效能。例如，学校进行教职工绩效考核制度的研究和改进，提高教师的工作积极性和教学质量。

（4）校园文化研究。主要研究和提升学校的校园文化建设，营造良好的教育环境和氛围。例如，学校开展校园文化活动的研究，增强学生的归属感和学校的凝聚力。

2. 中小学教师参与的课程行动研究

课程行动研究是指教育工作者（如教师、课程设计者）在其具体的教学环境中，针对课程设计、实施和效果进行的研究。其目的是通过系统地观察、反思和调整，优化课程内容、教学方法和评估手段，提高课程的教育质量和学生的学习效果。

课程行动研究具有以下特征。

（1）实践导向特征。紧密结合具体课程的实际问题和改进目标。

（2）参与性特征。教师、课程设计者和学生等相关人员积极参与研究过程。

（3）反思性特征。强调在课程实施过程中进行反思，基于反思调整和改进课程设计和教学方法。

中小学教师参与课程行动研究主要有5个目的。

（1）改进课程设计。通过研究和反思，优化课程内容和结构，提高课程的科学性和适用性。

（2）提升课程教学效果。研究并改进课程教学方法和课程实施策略，提高学生的课程学习效果和参与度。

（3）完善课程评估手段，改进课程评估体系，确保课程评估方法的多样性和科学性。

（4）促进教师专业发展。通过研究和反思，提升教师的课程领导能力和实施水平，从而促进教师专业发展。

（5）推动课程创新。探索和尝试新的课程理念和方法，推动课程的不断创新和发展。

中小学教师参与的课程行动研究主要有5个种类。

（1）课程内容研究。针对课程内容的选择、组织和呈现方式进行研究，旨在优化课程内容的科学性和适用性。例如，研究如何在数学课程中更好地融入实际应用案例，增强学生的数学应用能力。

（2）课程教学方法研究。研究和改进课程的教学方法和策略，提升教学效果和学生的学习体验。例如，研究在英语课程中应用互动教学法的效果，提升学生的口语表达能力。

（3）课程评估手段研究。研究和改进课程的评估体系和方法，确保课程评估的多样性和科学性。例如，研究如何在历史课程中引入项目评估，提升学生的历史研究能力。

（4）学生课程学习研究。研究学生在课程中的学习过程和效果，了解学生的学习需求和困难，提供有针对性的支持和改进措施。例如，研究学生在科学课程中的实验操作技能，改进实验教学环节。

（5）跨学科课程研究。研究和设计跨学科的课程，促进学科间的融合和学生综合能力的提升。例如，研究如何在STEAM（科学、技术、工程、艺术和数学）课程中实现各学科的有机融合。

（三）中小学教师参与教育行动研究的支持策略

教育行动研究是一种有效的教育研究方法，通过集体参与、系统观察、反思和调整，帮助教师解决教育过程中的实际问题，提升教育质量和学生的学习效果。但实施过程中可能面临一些挑战，需要取得多方的大力支持，通过科学的研究方法和团队合作，教育行动研究才能够不断改进和创新，取得预期的研究效果，为学校教育质量提升提供有力支持。

教师参与教育行动研究的支持策略主要有：

（1）学校支持。学校管理层应为教师提供必要的时间、资源等方面的支持，鼓励教师参与行动研究。

（2）专业培训。尽可能为参与教育行动研究的中小学教师提供研究方法和数据分析等方面的专业培训，提升教师的研究能力。

（3）团队合作。组建研究团队，促进教师之间的合作和交流，共享研究资源和成果。

（4）激励机制。建立和健全教育行动研究激励机制，奖励在行动研究中取得显著成果的中小学教师，激发他们的研究热情。

中小学教师通过参与教育行动研究，可以有效提升教学质量，解决实际教学问题，促进自身的专业发展。通过系统地观察、反思和调整，教师能够不断改进教学方法和策略，推动教育实践的不断创新和发展。

第二节　教师的反思实践策略

"在教学实践中，教师不仅是知识的传授者，更是反思的实践者。通过反思，教师不断改进和创新，提升教学的有效性"[①]。唐纳德·A. 舍恩（Donald A. Schön）提出"反思性实践"理论，认为教师应当在教学过程中进行"在行动中的反思"和"对行动的反思"，通过这些反思不断提升自己的专业能力。他强调反思不仅是个体行为，还应当通过与同事和学生的对话进行，以获得多方面的视角和反馈。

反思是教师专业发展的关键过程之一，通过反思实践，教师可以提升教学质量，改进教学策略，并促进自身的专业成长。教师反思实践是指教师在教学过程中，通过对自己的教学行为、学生的学习表现、教学环境等因素进行深入分析和思考，识别教学中的问题和成功经验，从而不断改进教学方法，提高教学效果的过程。

一、教师反思实践的类型

（1）日常反思。在每天的教学结束后，中小学教师可以通过写教学日志或反思日记，总结当天的教学过程和效果。日常反思的主要内容包括教学目标的达成情况、教学方法的效果、学生的表现和反馈等。

（2）阶段性反思。在完成一个教学单元或学期后，中小学教师可以进行系统的总结和反思。阶段性反思的主要内容包括评估教学目标的达成情况、分析教学策略的有效性、总结学生的学习成果和问题。

（3）专题反思。中小学教师进行专题反思的方法是针对某一特定的教学问题或主题进行深入的反思和研究。专题反思的主要内容包括反思如何提升课堂互

----

① 唐纳德·A. 舍恩. 反映的实践者：专业工作者如何在行动中思考 [M]. 夏林清，译. 北京：北京师范大学出版社，2018.

动、如何改进评估方式、如何应对学生的个体差异等。

（4）集体反思。通过教研组活动、集体备课、同伴互助等形式，中小学教师开展集体反思和讨论。集体反思的主要内容是分享教学经验和问题，集思广益，共同探讨解决方案。

二、教师反思实践的方法[①]

（1）写反思日记。中小学教师每天记录教学过程中的成功和不足，反思改进策略。这种反思方法的优点是便于积累教学经验，随时查阅和总结。

（2）学生反馈。中小学教师通过问卷调查、课堂讨论、个别谈话等方式，收集学生对教学的反馈。这种方法的优点是容易了解学生的学习体验和需求，有针对性地改进教学。

（3）教学录像。中小学教师录制课堂教学视频，课后观看和分析自己的教学行为和学生反应。这种方法的优点是能够比较直观地发现教学中的问题，便于细节分析。

（4）同伴互助。中小学教师可以邀请同事听课并要求听课同事给予反馈，或参与同事的课堂并进行观察和讨论。这种方法的优点是容易借鉴他人的教学经验，获得客观的评价和建议。

（5）专业学习。中小学教师参加教育研讨会、培训班、阅读专业书籍和期刊等，学习新的教育理念和方法，有助于拓宽教育视野，提升自己的专业素养。

三、教师反思实践的步骤

通常，教师反思实践遵循以下6个基本步骤。

（1）确定反思目标。明确反思的具体目标和问题，如某一节课的教学效果、某一教学策略的有效性等。

（2）收集和分析数据。收集教学过程中产生的各种数据，如学生的作业和评估结果、课堂观察记录、学生反馈等。对数据进行分析，找出教学中的问题和

---

① 王春光.反思型教师教育研究[D].长春：东北师范大学，2007.

成功之处。

（3）进行深度反思。根据数据分析结果，深入思考教学中的问题和成因。反思自己的教学行为和策略，寻找改进的途径。

（4）制定改进计划。根据反思结果，制定具体的改进计划和措施。设定明确的改进目标和时间表，准备必要的教学资源。

（5）实施改进措施。在后续的教学过程中，实施改进计划和措施。及时观察和记录改进措施的效果，调整和优化。

（6）持续反思和改进。不断循环反思和改进，形成持续的专业发展机制，定期总结反思成果，积累教学经验。

四、教师反思实践的行动策略

反思实践是中小学教师提升自身教学水平和实现专业成长的重要途径。通过反思实践，教师可以深入了解自身的教学优点和不足，从而有针对性地改进教学方法和策略，提高教学效果。以下是中小学教师展开反思实践的参考性策略。

（1）教学过程与效果反思。在教学过程中，教师应时刻关注自己的教学行为及其对学生的影响。课后，教师应对教学过程进行全面反思，包括教学目标是否达成、教学内容是否清晰、教学方法是否得当等方面。同时，教师还需关注教学效果，分析学生的学习成果及存在的问题，以便制定针对性的改进措施。

（2）学生反馈与互动分析。学生是教师教学反思的重要参考对象。教师应主动收集学生的反馈意见，了解学生对教学内容、教学方法以及课堂氛围等方面的看法。通过与学生互动交流，教师可以发现教学中的不足，进而调整教学策略，提高教学质量。

（3）教学方法与策略调整。在反思实践过程中，教师应根据教学过程与效果反思以及学生反馈与互动分析的结果，对教学方法和策略进行调整。教师可以尝试采用多种教学方法，如启发式、探究式、合作式等，激发学生的学习兴趣和主动性。同时，教师还应根据学生的特点和需求，制定个性化的教学策略，以满足不同学生的学习需求。

（4）观摩学习与借鉴经验。观摩其他优秀教师的教学活动是中小学教师进行有效反思实践的重要途径。教师可以观摩校内外的公开课、示范课等，学习借鉴其他教师的教学方法和经验。通过观摩学习，教师可以拓宽教学视野，提升自己的教学水平和专业素养。

（5）反思工具与技巧应用。为了更好地进行反思实践，教师可以借助一些反思工具和技巧。例如，教师可以利用教学日志记录自己的教学过程和感受，以便日后回顾和总结；也可以采用问卷调查、访谈等方式收集学生的反馈意见；还可以利用思维导图等工具对教学过程进行梳理和分析。

（6）教学案例与论文撰写。撰写教学案例和论文是中小学教师将反思实践成果进行系统化、理论化表达的重要方式。教师可以结合自己的教学实践，撰写具有针对性的教学案例，分析教学过程中的成功经验和存在问题。同时，教师还可以将反思实践的成果进行提炼和总结，撰写学术论文，与同行分享自己的教学心得和体会。

（7）建立教学档案袋。建立教学档案袋是中小学教师进行有效反思实践的又一重要手段[1]。教师可以将自己的教学设计、教学反思、学生作品、教学案例等资料整理成档案袋，以便日后查阅和回顾[2]。教学档案袋不仅可以作为教师个人成长的见证，还可以作为评价教师教学效果的重要依据。

（8）持续学习与专业成长。反思实践是一个持续不断的过程，需要教师具备终身学习的理念[3]。中小学教师应不断更新教育观念，关注教育领域的最新动态和研究成果。通过参加培训、研讨会等活动，教师可以不断提升自己的专业素养和教学能力，实现个人专业成长。

····································

[1] 于青青，冯菲. 构建高校教师教学发展的综合体系：北京大学教师教学档案袋建设初探 [J]. 中国大学教学，2020（8）：65-70.

[2] 冯晓艳. 教学档案袋在美国教师教育计划中的应用探究 [J]. 山西档案，2018，（6）：111-113.

[3] 联合国教科文组织国际教育发展委员会. 学会生存：教育世界的今天和明天 [M]. 北京：教育科学出版社，1996.

总之，中小学教师有效进行反思实践需要关注多个方面，包括教学过程与效果反思、学生反馈与互动分析、教学方法与策略调整、观摩学习与借鉴经验、反思工具与技巧应用、教学案例与论文撰写、建立教学档案袋以及持续学习与专业成长等。通过不断反思和实践，教师可以提升自身的教学水平和专业素养，为学生的成长和发展提供更好的教育支持。

五、教师反思实践的意义

"教育的真正力量在于教师和学生共同的批判性反思，通过反思，教育才能真正成为解放的力量"[1]。保罗·弗莱雷强调教师进行批判性反思的意义，强调不仅反思教学方法，还要反思教育目的和教育过程中的社会不公问题。他提倡教师与学生之间应建立合作与对话关系，通过共同反思实践实现教育的变革。

教师反思实践的意义集中体现在四个方面。首先，有助于提升教学质量。通过反思实践，教师可以及时发现和解决教学中的问题，不断改进教学方法和策略，提高教学效果。其次，有助于促进教师专业发展。反思实践帮助教师不断学习和进步，有助于提升专业素养和教学能力。再次，有助于提高学生学习效果。通过改进教学方法和策略，满足学生的学习需求，促进学生全面发展。最后，有助于推动教育创新。教师通过反思实践，不断探索和尝试新的教学理念和方法，推动教育的不断创新和发展。

教师的反思实践是提升教学质量和促进专业发展的重要途径。通过日常反思、阶段性反思、专题反思和集体反思等多种形式，教师可以深入分析和改进教学过程中的问题，不断优化教学策略和方法。在实际操作中，教师可以采用写反思日记、收集学生反馈、录制教学视频、同伴互助和专业学习等多种方法，进行系统的反思和改进。反思实践不仅有助于教师自身的成长，也能有效提升学生的学习效果，推动教育的创新和发展。

---

[1] 保罗·弗莱雷.被压迫者的教育学 [M].顾建新，张屹，译.上海：华东师范大学出版社，2020.

第三节　教师行动研究与反思实践之间的关系

迈克尔·阿普尔（Michael Apple）非常看重行动研究的重要性和教师的研究者角色。"教育行动研究使教师成为自己教学实践的研究者，通过研究和反思，教师能够不断提升教学质量，实现教育的变革"[①]。阿普尔认为教育行动研究对于理解和改进教学实践至关重要。教师通过参与行动研究，可以将理论与实践结合起来，更好地应对教学中的实际问题。他强调教师不仅是教育的实践者，更是研究者。通过研究，教师可以发现和解决教学中的问题，推动教育的发展。教育家们普遍认为，教育行动研究和反思实践是提升教师专业能力和教学质量的重要方法。他们强调，教师应当在实践中不断反思，通过研究和对话，持续改进教学方法和策略。这些观点为教师的专业发展提供了重要的理论指导和实践支持，促进了教育的不断创新和进步。

教师参与教育行动研究与反思实践密切相关，二者相辅相成，共同促进教师的专业发展和教学质量的提升。以下是它们之间关系的详细阐述。

一、教师的教育行动研究与反思实践相互促进

（一）教育行动研究促进反思实践

教育行动研究通过系统地观察、数据收集和分析，帮助教师进行更有深度和结构化的反思。这种系统化的反思使教师能够更全面地了解教学过程中的问题和改进方向。

教育行动研究提供了实证数据，教师可以根据具体的数据和事实进行反思，而不是仅凭主观感受。这种基于数据的反思更具科学性和客观性。

教育行动研究通常结合教育理论，帮助教师在反思时有更明确的理论框架和指导，从而提升反思的质量和效果。

[①] 迈克尔·阿普尔. 官方知识：保守时代的民主教育（第二版）[M]. 曲囡囡，刘明堂，译. 上海：华东师范大学出版社，2004.

（二）反思实践支持教育行动研究

反思实践帮助教师在日常教学中识别和明确研究问题，确定行动研究的方向和目标。通过反思，教师能够发现教学中的具体问题和改进需求，为行动研究奠定基础。

反思实践为教育行动研究提供了持续的反馈机制[①]。通过不断地反思和调整，教师能够在行动研究的各个阶段进行改进，提升研究的有效性和实践价值。

反思实践激发教师的创新思维，促使他们在行动研究中不断尝试新的教学方法和策略，从而推动教育创新。

（三）教育行动研究与反思实践相互促进的案例分析

案例：课堂管理的改进

反思实践：一位教师在日常教学中发现课堂管理存在问题，通过反思学生的行为和课堂纪律状况，决定进行改进。

教育行动研究：该教师设计了一项行动研究，实施新的课堂管理策略，如增加小组活动、引入奖励机制等。通过观察和记录，分析新的管理策略的效果。

研究与反思结果：在研究过程中，教师不断反思和调整管理策略，根据学生的反馈和表现进行优化，最终形成了一套有效的课堂管理方法。

二、实践过程中教育行动研究和反思实践的结合

（一）教育行动研究中的反思环节

教育行动研究中涉及的反思环节包括反思设计、反思实施、反思分析和反思调整。

（1）反思设计。在制定教育行动研究计划时，教师需要反思自己的教学实践，明确研究的核心问题和目标。

（2）反思实施。在实施研究行动时，教师要进行实时反思，观察和记录教学过程中的变化和效果。

---

① 曹媛媛，郭卉，储昭卫.反思性实践：国外专业学位博士生教育高质量发展的启示 [J].研究生教育研究，2023（6）：90-97.

（3）反思分析。在分析研究数据和结果时，教师通过反思找出教学中的成效和不足，提出改进措施。

（4）反思调整。根据反思结果，教师调整和优化教学方法和策略，进行下一轮的研究和实践。

（二）反思实践中的研究元素

教师在反思实践中，通过系统地观察和记录，积累研究数据和证据。反思实践中，教师对收集的数据进行分析，找出教学中的问题和改进方向，这一过程本身就是一种小规模的行动研究。基于反思的改进措施，教师在日常教学中进行试验和调整，并不断反思和优化，这与行动研究的循环改进过程相似。

（三）教育行动研究和反思实践相结合的实例分析

案例：阅读教学的提升

反思实践：一位语文教师在反思中发现学生的阅读理解能力不足，决定改进阅读教学方法。

教育行动研究：该教师开展行动研究，设计并实施了一系列新的阅读教学策略，如增加阅读讨论、引入多媒体资源等。通过学生的阅读成绩和课堂表现进行评估。

研究与反思结果：在研究过程中，教师通过反思不断调整教学策略，发现有效的方法和技巧，提升了学生的阅读理解能力。

三、教育行动研究与反思实践具有共同的目标

教育行动研究与反思实践具有共同的目标，这个共同目标首先是提升教育教学质量。无论是教育行动研究还是反思实践，最终目标都是提升教育教学质量，促进学生的学习和发展。其次是实现教师专业成长。通过教育行动研究和反思实践，教师不断提升自身的专业能力和教学水平，实现专业成长。再次是共同推动教育创新。教育行动研究与反思实践共同推动教育理念和教学方法的创新，为教育实践注入新的活力和动力。

教师参与教育行动研究与反思实践之间的关系密切，二者相辅相成，共同

促进教师的专业发展和教学质量的提升。教育行动研究为反思实践提供了系统化、科学化的框架和工具，而反思实践则为教育行动研究提供了实际问题和改进的方向。通过二者的结合，教师能够更有效地识别和解决教学中的问题，推动教育实践的不断创新和进步。

第四节　乡村教师行动研究与反思实践的特点

在乡村教育的广袤天地中，乡村教师作为教育改革与发展的中坚力量，承担着重要使命。他们不仅需要教书育人，更要关注乡村教育的特殊性，并积极进行教育行动研究与反思实践。乡村教师的教育行动研究与反思实践具有独特的特点，这些特点与乡村教育的特殊环境和条件密切相关。乡村教师进行教育行动研究与反思实践具有其特殊性。在面对乡村教育环境的挑战时，乡村教师需要充分发挥自身的主观能动性，结合实际情况进行有针对性的研究与实践，为乡村教育的发展贡献自己的力量。以下是对乡村教师在这方面的特点所进行的详细阐述。

一、教育资源的有限性

乡村教育面临着教育资源匮乏的挑战，如教学设施不足、图书资料缺乏、信息化水平低等[1]。这限制了教师在行动研究和反思实践中使用多种工具和方法。由于资源有限，乡村教师需要在行动研究和反思实践中表现出更高的创新性和创造力，利用现有资源开展研究和教学改进。例如，关于"利用自然资源"主题的教育行动研究中，教师创造性地利用"本地化材料"。乡村教师可以利用周围的自然环境开展实践性教学活动，如野外观察、农田实习等，进行生态教育和农业科学研究。教师也可以利用当地的文化和历史资源，设计教学内容和活动，如地方历史研究、民间故事收集等。同时，乡村教师还需要积极争取外部支持，与政府部门、社会组织等合作开展研究，共同推动乡村教育的发展。

---

[1] 段俊霞.城乡教育一体化的文化生态研究 [M].成都：四川大学出版社，2018.

二、社区与家长的关系

乡村教师与当地社区和家长有更密切的联系，这为教育行动研究和反思实践提供了支持和资源。例如，通过家访和社区调查，乡村教师可以了解学生的家庭背景和学习环境，为教育行动研究提供丰富的数据和信息。

家长和社区成员更容易参与到教育行动研究中，提供实践支持和反馈，增强教育效果。教师可以与家长和社区合作，开展家庭教育和社区教育项目，如农民培训、社区文化活动等，结合研究和反思改进教育实践。

三、教育问题的特殊性

乡村学生群体具有鲜明的特性，如家庭经济条件普遍较差、文化背景多元、学习基础薄弱等。这些特性使得乡村教师在进行教学时，需要更加关注学生的个体差异，注重因材施教。同时，乡村学生也具备坚韧不拔、吃苦耐劳等优秀品质，为教师进行教育行动研究提供了宝贵的素材。

乡村学校学生的学习水平和背景差异较大，这要求教师在行动研究和反思实践中更加关注个体"教育问题的特殊性"，制定个性化研究策略。例如，教师根据"学生差异"展开"个性化教学"。针对学习困难学生，教师可以进行个案研究和反思，制定个性化辅导计划，提升学生的学习能力和自信心。

乡村地区可能面临一些特殊的社会问题，如留守儿童、贫困家庭等，这需要教师在研究和反思中考虑这些因素，制定相应的教育对策。例如，教师根据"社会问题"展开"关爱教育"行动。乡村教师可以开展关于留守儿童心理健康的研究，通过反思实践，设计关爱活动和心理辅导，改善学生的心理状态，增强学生的学习动力。

四、乡村教师的多重角色

乡村教师"多职多责"的角色扮演要求乡村教师的综合素养可以更高[①]。乡

---

① 麦金太尔，奥黑尔.教师角色 [M].丁怡，马玲，李莉，等译.北京：中国轻工业出版社，2002.

村教师往往承担多重角色，不仅是教育者，还可能是管理者、辅导员、社区工作者等，这对他们的时间和精力提出了更高的要求[①]。由于角色的多样性，乡村教师在行动研究和反思实践中需要具备更广泛的知识和技能。教师可以将多种角色结合起来，在研究和反思中设计综合性活动，如组织体育比赛、文化节、科学展览等，丰富学生的学习经历。教师在行动研究中，可以探索多元化的教育内容和形式，如职业教育、技能培训等，促进学生的全面发展。

五、教育环境的独特性

乡村教育环境具有其独特性，如地域广阔、人口分散、交通不便等。这些特点使得乡村教育面临着诸多挑战，如教育资源匮乏、信息传递不畅、师资力量薄弱等。然而，乡村教育环境也蕴含着丰富的自然与文化资源，为教师进行教育行动研究提供了广阔的舞台。

乡村教育环境的独特性主要体现在自然环境和文化传统上。乡村学校往往位于自然环境优美的地方，教师可以将自然资源融入教育行动研究和反思实践中，开展生态教育和实践活动。例如，教师可以设计生态课程，带领学生进行野外观察和实践，研究当地的动植物和生态系统，通过反思不断改进课程内容和教学方法。

乡村地区有丰富的传统文化资源，教师可以在研究和反思中挖掘和利用这些资源，开展本土化的教育活动。例如，在反思实践中，教师可以结合当地的民间故事、传统手工艺、节庆活动等，设计文化传承课程，培养学生的文化自信和认同感。

六、教育自主性与灵活性

乡村教师在教学和研究中有较大的自主性，可以根据实际情况灵活调整教学方法和研究计划。教师可以根据学生的学习情况和兴趣，灵活调整教学内容和方式，如开展项目式学习、小组合作学习等，通过反思不断改进教学策略。

---

① 张贝贝 . 乡村教师社会角色的田野研究 [D]. 桂林：广西师范大学，2018.

由于面对多变的教学环境，乡村教师需要在行动研究和反思实践中表现出较强的适应能力，及时应对各种挑战。在行动研究中，教师可以快速调整研究计划和实施步骤，根据反思结果进行及时的改进和优化，提升研究的实效性。

七、行动研究的难度与实效性

在乡村环境中进行教育行动研究，研究方法的选择与实施难度都具有一定的特殊性。乡村教师需要结合实际情况，灵活运用观察、调查、实验等多种方法，收集真实、有效的数据。然而，由于乡村教育的复杂性和多样性，研究方法的实施往往面临诸多困难，如研究对象难以确定、数据收集不全面等。因此，乡村教师需要不断提高自身的研究能力，克服实施难点，确保研究的顺利进行。

乡村教师进行教育行动研究的特殊性还体现在其实效性上。由于乡村教育环境的特殊性，教育行动研究成果的推广和应用往往受到一定限制。然而，乡村教师仍然可以通过积极参与学校内部的改革实践、与同事分享经验、参加学术交流等方式，推动研究成果的转化和应用。同时，乡村教师还可以结合实际情况，调整研究策略，确保研究成果的针对性和实效性。

八、反思实践的深度

乡村教师进行反思实践的深度也是其特殊性的体现。在乡村教育的实践中，教师面临着诸多挑战和困境，如学生基础薄弱、教学资源有限等。这些挑战促使乡村教师更加深入地反思自己的教学实践，探寻解决问题的有效途径。通过反思实践，乡村教师可以不断总结经验教训，完善自己的教学策略和方法，提升自己的教学水平和专业素养。

乡村教师的教育行动研究与反思实践具有鲜明的特点，这些特点既是挑战也是机遇。通过充分利用本地资源、增强社区合作、关注个体差异、发挥多重角色、融入自然和文化资源，乡村教师能够在教育行动研究和反思实践中不断提升教学质量和专业能力，促进学生的全面发展。同时，乡村教师的自主性和灵活性也为他们在研究和反思中创新和改进提供了广阔的空间。乡村教师进行教育行动研究与反思实践的特殊性最终体现在其专业成长与提升上。通过积极参与教育行动研究与反思实践，乡村教师可以不断提升自己的教育理念和教学能力，实现个人专业成长。同时，这些活动也有助于推动乡村教育的整体发展，提升乡村教育的质量和水平。

第四章 专业社群与网络建立

第一节 教师专业社群的建立

一、专业社群

专业社群是指一群拥有共同专业兴趣或领域背景的人员组成的社交网络。这些社群通常旨在促进成员之间的交流互动、知识分享、资源共享和合作，从而推动相关领域的专业发展和品质提升[①]。

（一）专业社群的特点

（1）共同专业兴趣或领域。专业社群的成员通常有相似的专业兴趣或从事相同的行业或学术领域，比如教育、医疗、科技、艺术等。

（2）知识分享和交流。成员在专业社群中分享行业内的最新发展、研究成果、实践经验、问题讨论等，促进知识的传播和交流。

（3）资源共享和合作。社群成员可以共享有用的资源，如文件、工具、案例分析等，也可以在项目、研究或教学设计等方面展开合作。

（4）专业发展和学习机会。专业社群为成员提供学习和成长的平台，通过定期举办研讨会、工作坊、在线课程等活动，提升成员的专业技能和知识水平。

（5）互动和建立联系。成员可以通过社群建立有意义的人际关系和网络，与同行、专家、行业领袖或相关机构进行交流和联系。

----

① WANG T. Contrived Collegiality Versus Genuine Collegiality : Demystifying Professional Learning Communities in Chinese Schools[J]. Compare: A Journal of Comparative and International Education, 2015, 45(6): 908-930.

（二）专业社群的功能与作用

（1）促进行业创新和进步。通过知识分享和合作，促进行业内的创新和进步，推动新理念和实践的发展。

（2）支持专业发展。提供持续学习和发展的机会，帮助成员跟上行业发展的步伐，提升职业竞争力。

（3）解决问题和挑战。成员可以在社群中讨论和解决面临的各种问题和挑战，从而提升解决问题的能力和效率。

（4）建立信任和合作关系。通过长期的互动和合作，建立信任关系，增强成员之间的合作意愿和能力。

（5）推广最佳实践。社群成员可以分享和推广最佳实践，帮助他人解决类似的问题，促进整个行业的提升和发展。

总体而言，专业社群在现代社会中扮演着重要角色，不仅帮助个人职业发展，还推动了整个行业的创新和进步。通过积极参与和贡献，社群成员可以获得多方面的收益，共同推动相关领域的改善和发展。

二、教师专业学习社区

教师专业学习社区（Professional Learning Community，PLC）是为教育工作者而设的特定社群，旨在促进教师们的专业发展、知识分享和教学实践的提升。这些社区通常由教育机构、非营利组织、行业协会或在线平台组织和运营，为教师们提供交流、合作和学习的平台①。

教师专业学习社区有以下几种别称。

（1）教师专业发展平台。教师专业学习社区作为教师专业发展平台，是为教师提供的专业发展和学习的在线或实体社区，旨在通过知识分享、资源共享和合作，支持教师提升教学技能和教育质量。

（2）教育实践交流平台。教师专业学习社区作为教育实践交流平台，提供

① 尹弘飚，孙漪. 中国学校情境中的教师专业学习社群：特点、成效与性质 [J]. 西北师大学报（社会科学版），2024，61（4）：91-99.

了一个教育实践交流的空间，教师可以分享自己的教学经验、教学策略和课程设计，从而相互学习和提升。

（3）教师专业学习网络。教师专业学习社区作为教师专业学习网络，构成了一个由教育专业人士组成的网络，通过互动和合作，支持教师在教学和学习方面的长期发展。

理查德·杜福尔（Richard DuFour）是 PLC 概念的主要倡导者之一，他对 PLC 的理论和实践作出了重要贡献。杜福尔认为，PLC 的核心在于教师的集体责任和持续改进，通过定期的协作和反思，教师们能够不断提升教学实践。他强调，PLC 应以学生学习为中心，所有的活动和讨论都应围绕如何提升学生学习效果进行。杜福尔[1]还指出，领导层的支持和参与对 PLC 的成功至关重要，学校领导应积极创建和维护支持性环境，促进教师的专业学习。

（一）教师专业学习社区的种类

（1）在线教育平台。如 Coursera、edX 等在线教育平台提供了大量与教育相关的课程和资源，教师可以通过这些平台参与在线学习和专业发展。

（2）教育专业协会。教育领域的专业协会通常会组织会议、研讨会和在线社区，为会员提供交流、合作和专业学习的机会，如美国教育研究协会（AERA）[2]、国际学校领导力协会（ISL）等。

（3）教育组织和基金会。一些教育组织和基金会致力于支持教师的专业发

---

[1] 理查德·杜富尔，小罗伯特·马尔扎诺. 学习引领者：学区、学校和教师如何提升学生成绩 [M]. 王牧华，傅芳，万子君，译. 重庆：西南师范大学出版社，2016.

[2] 1915年，8位来自公立学校的男性督导就一些共同面临的问题举行圆桌会议，并最终自发成立了一个新的组织——美国教育研究主任协会（National Association of Directors of Educational Research，NADER）。8位创始人分别是白金汉（Burdette R. Buckingham）、希尔斯（Albert Shiels）、艾尔斯（Leonard P. Ayres）、巴卢（Frank W. Ballou）、柯蒂斯（S. A. Courtis）、赫布登（Edwin Hebden）、梅尔彻（George Melcher）、赫恩（P. O' Hern）。1922年，该组织更名为美国教育研究协会（the Educational Research Association of America，ERAA）。1928年，ERAA 再次更名为美国教育研究协会（the American Education Research Association，AERA）。

展和学习社区，提供培训、资源和支持，如教育部门的专业发展计划、盖茨基金会（Gates Foundation）等。

（4）在线社交平台和社区。社交媒体和在线社区（如 LinkedIn、Twitter、Facebook 的教育群组等）为教师提供了一个互动和分享经验的平台，教师可以在这些平台上建立联系、参与讨论和获取资源。

（5）学校和地方教育社区。学校内部或地方教育社区组织的专业发展活动和研讨会，如学校内部的教研活动、地方教育局组织的教师研修等，为教师提供了面对面的交流和学习机会。

（二）教师专业学习社区的特征

尽管教师专业学习社区的称呼略有不同，但都呈现出以下几个核心特征。

（1）集体合作。教师们定期聚集，分享教学经验、探讨教育问题，共同制定和实施教学改进计划。

（2）持续反思。通过对教学实践的持续反思和反馈，教师们不断改进和提升自己的教学能力。

（3）共同目标。教师们围绕共同的教育目标和愿景，协作努力，实现学生的全面发展和学术进步。

（4）数据驱动。通过对学生学习数据的分析，教师们能够更有针对性地制定教学策略和干预措施，提升教学效果。

（三）教师专业学习社区的理论基础

教师专业学习社区的理论基础涉及多个教育和社会学理论。这些理论强调协作学习、持续专业发展和实践反思的重要性，旨在提升教学质量和学生学习效果。

（1）社会建构主义理论。维果茨基（Lev Vygotsky）是社会建构主义理论的代表人物。社会建构主义理论的主要观点可以概括为：知识是通过社会互动和合作建构的[①]。教师在教师专业学习社区中通过合作与互动，共同探讨和解决教学问题，构建新的教学知识和技能。通过集体反思和讨论，教师们可以更好地理解

---

① 列夫·维果茨基. 思维与语言 [M]. 李维，译. 北京：北京大学出版社，2010.

和内化新的教育理念和方法。

（2）实践共同体理论。埃蒂纳·温格（Etienne Wenger）是实践共同体理论的代表人物。实践共同体理论的主要观点可以概括为：学习是通过参与实践共同体实现的[①]。教师专业学习社区可以看作是一个实践共同体，教师们通过共同的实践和互动，逐渐形成共同的信念、价值观和实践。通过参与共同体的活动，教师不仅学习新的知识和技能，还发展出强烈的归属感和专业身份认同。

（3）反思性实践理论。唐纳德·A. 舍恩（Donald A. Schön）是反思性实践理论的代表人物。反思性实践理论的主要观点可以概括为：有效的教学实践需要持续的反思和改进[②]。教师专业学习社区鼓励教师对自己的教学实践进行持续反思，从中发现问题并探索改进的方法。通过反思性对话和反馈，教师能够不断调整和优化自己的教学策略，提升教学效果。

（4）变革管理理论。迈克尔·富兰（Michael Fullan）是教育变革的专家，他强调教师专业学习社区在学校变革中的核心作用[③]。富兰指出，PLC 是促进教师持续专业发展的有效途径，通过集体学习和合作，教师可以更好地适应教育变革的要求。他认为，PLC 不仅能提升个体教师的教学能力，还能推动整个学校的系统变革，使学校成为一个学习型组织。变革管理理论的主要观点可以概括为：组织变革需要系统的计划和实施策略。教师专业学习社区作为学校变革的重要工具，通过教师的协作学习和共同进步，推动学校整体教学质量的提升。变革管理理论强调教师在变革过程中发挥关键作用，通过教师专业学习社区的支持和激励，教师可以更有效地实施和推动教育变革。

（5）学习型组织理论。彼得·圣吉（Peter Senge）是学习型组织理论的提

① 埃蒂纳·温格，理查德·麦克德马，威廉姆·M. 施耐德. 知识社群：将个体知识融汇成集体智慧 [M]. 边婧，译. 北京：机械工业出版社，2020.

② 唐纳德·A. 舍恩. 反映的实践者：专业工作者如何在行动中思考 [M]. 夏林清，译. 北京：北京师范大学出版社，2018.

③ Michael Fullan. 变革的6个秘密：杰出领导人如何帮助组织生存和强盛 [M]. 朱丽，译. 上海：华东师范大学出版社，2011.

出者，他的理论也适用于学校和教育系统。学习型组织理论的主要观点可以概括为：组织应不断学习和适应，以应对外部环境的变化[①]。学校作为学习型组织，通过教师专业学习社区促进教师的持续学习和专业发展，适应教育环境的变化和需求。教师专业学习社区鼓励教师之间的知识共享和集体学习，提升学校整体的教学能力和创新能力。

教师专业学习社区的理论基础丰富多样，涵盖了社会建构主义、实践共同体、反思性实践、变革管理和学习型组织等多种理论。这些理论共同强调教师的协作学习、持续专业发展和实践反思的重要性，旨在通过教师的专业成长，提升整体教学质量和学生学习效果。PLC 为教师提供了一个支持性和协作性的学习环境，有助于教师不断提升自己的专业素养和教学能力，实现教育的持续改进和创新。

（四）教师专业学习社区的功能与作用

教师专业学习社区在现代教育中扮演着重要角色，为教师提供了一个互动、学习和专业发展的重要平台，促进了教育质量的提升和教师能力的持续发展。教师专业学习社区主要具有如下功能与作用。

（1）知识分享与交流。教师专业学习社区能够促进教师之间的知识分享和交流，包括教学经验、教学资源、课程设计等。

（2）专业发展与学习。教师专业学习社区支持教师在教学技能、课程内容和评估方法等方面的专业发展和学习。

（3）资源共享与合作。教师专业学习社区提供资源共享平台，教师可以获取和共享教学材料、工具和实践经验。

（4）实践反思与改进。通过反思教学实践，帮助教师改进教学方法和策略，提升教学效果和学生学习成果。

[①] 彼得·圣吉. 第五项修炼：学习型组织的艺术与实践 [M]. 张成林，译. 北京：中信出版社，2009.

（五）中小学教师参加教师专业学习社区的必要性

中小学教师参加教师专业学习社区有多重重要原因，教师专业学习社区为他们提供了发展和成长的宝贵机会，有助于提升其教学水平和促进职业发展。以下是几个主要的"必要性"理由。

（1）提升教学质量。教师专业学习社区通过分享最新的教学方法、有效的教学策略和课程设计，帮助教师们更好地理解和应用教育理论和实践。这些社区中的资源和经验可以帮助教师改进教学技能，提升教学质量，从而更有效地促进学生的学习和发展。

（2）持续学习和专业发展。参与教师专业学习社区可以使教师保持学习的动力和习惯，不断更新自己的教育知识和技能。这对于适应快速变化的教育环境和新兴教育趋势至关重要，有助于教师的个人和职业发展。

（3）社区互动与支持。教师专业学习社区提供了一个与同行互动和合作的平台，教师可以在这里建立有意义的专业联系和人际网络。通过分享经验、讨论教育挑战、共享资源，教师们可以互相支持、激励和启发，增强工作满意度和教学成效。

（4）资源共享和获取。社区成员可以共享教学资源、课程设计、教学工具和评估方法等，这些资源对于教师的日常教学和备课非常有帮助。教师可以从社区中获取新的教学素材和灵感，节省时间并提升教学效果。

（5）实践反思和改进。在教师专业学习社区中，教师们经常会进行教学实践的反思和交流。这种反思有助于教师识别和解决教学中的问题，改进教学方法和策略，提升学生的学习成效和教学效率。

（6）跟进教育政策和趋势。通过参与教师专业学习社区，教师可以了解和跟进最新的教育政策、研究成果和行业趋势。这有助于他们在教学实践中更好地适应和应对变化，为学生提供符合时代需求的教育服务。

综上所述，参与教师专业学习社区对于中小学教师来说是一种必要且有益的行为。这不仅有助于提升个人教学能力和专业发展，还能够通过共享和合作推动整个教育行业的进步。

（六）中小学教师参加教师专业学习社区的方法与技巧

中小学一线教师普遍认为，参与教师专业学习社区使他们感受到更多的支持和鼓励，能更好地解决教学中的实际问题，并有助于职业成长和满足感的提升。许多校长和教育行政领导也支持中小学教师加入或建立教师专业学习社区。他们认为，教师专业学习社区不仅能提升中小学教师的专业能力，还能促进学校文化的变革，使学校成为一个更加合作和创新的学习共同体。中小学教师要有效地参加教师专业学习社区，可以采取以下方法与技巧。

（1）确定学习目标和需求。在参加任何教师专业学习社区之前，中小学教师应当明确自己的学习目标和需求。这些学习目标和需求可以包括：提升特定学科教学能力；学习新的教学方法和技术；解决特定的教学挑战；跟进最新的教育政策和趋势。

（2）选择适合的社区和平台。中小学教师可以根据自己的学习目标和需求，选择适合的教师专业学习社区或平台。这些社区可以是：在线教育平台，如 Coursera、edX、FutureLearn 等，提供大量的在线课程和资源；教育专业协会和组织，例如地方教育局或学科协会的会员专区；社交媒体和在线社区，如 LinkedIn 群组、教育专业论坛等。

（3）积极参与和互动。一旦选择了合适的社区或平台，教师应积极参与和互动。这包括：参与讨论和交流：分享自己的教学经验、问题和解决方案，与其他教师互动交流；提出问题和寻求帮助：如果遇到困难或问题，及时在社区中提问并寻求其他成员的帮助和建议；参加活动和研讨会：参加线上或线下的专业发展活动、研讨会和工作坊，与专家和同行交流学习。

（4）分享和贡献。除了从社区中获取知识和资源，中小学教师也应该积极分享自己的经验和见解。这有助于建立专业声誉和影响力，即通过分享优秀的教学实践和成果，树立自己在教育领域的专业形象；也有助于回馈社区，通过分享有价值的教学资源、课程设计或教学工具，帮助其他教师提升教学质量。

（5）持续学习和反思。参与教师专业学习社区不仅是获取新知识和技能的途径，也是持续学习和教学实践反思的机会。坚持持续学习和反思，教师应该尽量做到：定期反思自己的教学实践，识别和改进教学中的不足之处；持续学习和跟进行业的最新发展和趋势，保持专业的教育知识和技能更新。

（6）建立联系网络。在教师专业学习社区中，建立有意义的联系和网络也非常重要。这些联系可以是：与同行教师的合作和共同研究；与教育领域的专家和行业领袖的联系，获取行业内部的见解和建议。

通过以上方法与技巧，中小学教师可以更加有效地参与教师专业学习社区，不仅提升个人的教学能力和职业发展，还能为整个教育行业的发展贡献力量。

（七）中小学教师参加教师专业学习社区实现专业发展的经典案例

教育家们普遍认为教师专业学习社区（PLC）对于教师专业发展和学校整体教学质量提升具有重要意义。他们从多个角度论述了中小学教师加入或建立 PLC 的必要性和益处。

琳达·达林 - 哈蒙德（Linda Darling-Hammond）是著名的教育研究学者，强调教师专业发展的重要性。哈蒙德指出，PLC 为教师提供了一个支持性和协作性的学习环境，有助于教师在实践中不断反思和改进。她认为，通过参与 PLC，教师能够更好地掌握新知识和教学技能，提升专业能力，并最终改善学生的学习成果[1]。

约翰·哈蒂（John Hattie）以其对教学效果的广泛研究而著称，强调教师合作对学生学习的重要影响。哈蒂的研究表明，教师之间的有效合作和集体反思是提升学生学习效果的关键因素之一。他认为，PLC 为教师提供了一个平台，通过分享和讨论教学实践，教师能够相互学习和借鉴，从而提升整体教学效果[2]。

教育家们一致认为，教师专业学习社区对于教师的专业发展和学校教学质量的提升具有重要意义。他们强调，PLC 通过集体学习、合作、反思和实践，为教师提供了一个持续发展的平台，有助于实现教育的持续改进和创新。学校领导

① 琳达·达林 - 哈蒙德，布里基·巴伦，P. 大卫·皮尔森，等 . 高效学习：我们所知道的理解性教学 [M]. 冯锐，等译 . 上海：华东师范大学出版社，2010.
② 约翰·哈蒂 . 可见的学习：对 800 多项关于学业成就的元分析的综合报告 [M]. 彭正梅，邓莉，高原，等译 . 北京：教育科学出版社，2015.

和教育行政部门的支持，对于 PLC 的成功实施和长期发展至关重要。通过积极参与和建立 PLC，教师不仅能提升个人教学能力，还能为整个教育系统的进步作出贡献。以下是中小学教师参加教师专业学习社区学习实现专业发展的经典案例。

案例一：线上专业学习社区中的教师协作

背景：李老师是一名小学语文教师，在教学过程中，她发现学生对传统的阅读和写作教学方法兴趣不高，且教学效果不理想。她希望找到新的教学方法来激发学生的阅读兴趣和提升写作能力。

行动：李老师加入了一个知名的在线教育平台（如 Coursera 或 edX）上的教师专业学习社区，专注于语文教学的课程和研讨会。她参加了由教育专家主持的关于"探究式阅读教学"的在线课程，并积极参与课程讨论和作业分享。

结果：（1）获得新知识和方法：通过在线课程，李老师学习了探究式阅读教学的方法，包括如何设计开放性问题，如何引导学生进行深度阅读和批判性思考。（2）实践新方法：她在自己的课堂上应用这些新方法，发现学生的阅读兴趣和参与度显著提高，写作能力也有了明显的提升。（3）反思和改进：李老师通过社区中的讨论和反馈，不断反思和改进自己的教学方法，进一步提升了教学效果。

总结：李老师通过参与在线教师专业学习社区，不仅获得了新的教学方法，还在实际教学中取得了显著成效，体现了教师专业学习社区在教师专业发展中的重要作用。

案例二：本地教育研讨会中的实践反思

背景：王老师是一名初中数学教师，任教多年，教学经验丰富。然而，他发现随着教育技术的发展，自己在利用技术手段提升教学效果方面相对滞后，急需提升这一方面的能力。

行动：王老师参加了由地方教育局组织的"信息技术与数学教学融合"专题研讨会。在研讨会上，他与其他教师一起听取了专家的报告，参与了小组讨论，并进行了实践操作。

结果：（1）学到新技术：王老师学会了如何使用多种教育技术工具，如互动白板、数学应用软件和在线作业平台。（2）实际应用：他在课堂上开始使用这些技术工具，设计了互动性更强的数学课程，学生的学习兴趣和课堂参与度大幅提升。（3）持续改进：通过研讨会建立的联系，王老师定期与同事交流使用技术的经验和心得，不断改进和优化自己的教学方法。

总结：王老师通过参加本地的教育研讨会，学习并应用了新的教育技术，显著提升了教学效果。这一案例显示了本地教育社区在教师专业发展中的实际价值。

案例三：跨学科教师学习社区的合作项目

背景：张老师和刘老师分别是中学的科学教师和英语教师，他们发现学生在跨学科的项目中表现较弱，缺乏综合运用不同学科知识的能力。

行动：两位教师加入了一个跨学科教师学习社区，该社区鼓励不同学科的教师合作，设计和实施跨学科的教学项目。他们在社区的帮助下，设计了一系列结合科学和英语的项目活动，例如"科学实验报告的英语写作"。

结果：（1）设计新课程：通过社区的合作和讨论，张老师和刘老师设计并实施了跨学科的项目课程，学生在实验过程中不仅学到了科学知识，还提升了英语写作能力。（2）提高学生综合能力：学生在项目中表现出更高的学习积极性和参与度，综合运用不同学科知识的能力显著提高。（3）教师成长：两位教师通过合作和反思，开拓了新的教学思路和方法，提升了自身的专业水平。

总结：张老师和刘老师通过跨学科教师学习社区的合作项目，不仅实现了学生综合能力的提升，还促进了自身的专业发展。这一案例展示了跨学科合作在教师专业发展中的独特价值。

通过上述经典案例可以看出，中小学教师通过参加各种形式的教师专业学习社区，可以实现显著的专业发展。这些社区提供了宝贵的学习资源、合作机会和反思平台，帮助教师不断提升教学质量和职业素养。

第二节　教师社交媒体的利用

一、社交媒体

社交媒体（Social Media）是指一类利用互联网和移动技术，通过网络平台进行信息交流和社交互动的数字媒介[①]。社交媒体允许用户创建、分享和交换信息、观点、图片和视频等内容，并通过各种形式的互动建立社交网络。社交媒体也是一种基于互联网的应用平台，通过它，用户可以生成和分享内容，并进行社交互动。它涵盖了广泛的应用和平台，包括社交网络、博客、维基、视频分享网站等。

（一）社交媒体的种类

（1）社交网络（Social Networks）。社交网络的代表平台主要有：Facebook、LinkedIn、Twitter、Weibo。社交网络的功能主要表现在：用户可以创建个人档案，添加朋友或关注者，分享状态更新、照片、视频和链接，参与话题讨论。

（2）图片和视频分享平台（Photo and Video Sharing Platforms）。图片和视频分享平台的代表平台主要有：Instagram、YouTube、TikTok、Snapchat。图片和视频分享平台的功能主要表现在：用户可以上传和分享图片及视频内容，进行评论和点赞，追踪内容创作者。

（3）博客和微型博客（Blogs and Microblogs）。博客和微型博客的代表平台主要有：WordPress、Tumblr、Twitter。博客和微型博客的主要功能是：用户可以发布长篇文章或短消息，分享观点和信息，互动评论。

（4）在线社区和论坛（Online Communities and Forums）。在线社区和论坛的代表平台主要有：Reddit、Quora、百度贴吧。在线社区和论坛的主要功能是：用户可以在特定话题的讨论板上发布问题和答案，参与社区讨论。

---

① 孙悦.社交媒体平台用户参与行为谱构建与行为强度测度研究 [D].长春：吉林大学，2023.

（5）即时通讯和聊天应用（Instant Messaging and Chat Applications）。即时通讯和聊天应用的代表平台主要有：WhatsApp、WeChat、Messenger。即时通讯和聊天应用的主要功能有：用户可以通过文本、语音和视频聊天进行即时通信，分享文件和图片。

（6）专业网络（Professional Networks）。专业网络的代表平台主要是LinkedIn。专业网络的主要功能是：用户可以创建职业档案，建立专业联系，寻找工作机会，分享职业信息和资源。

（二）社交媒体的功能

（1）信息传播功能。社交媒体是快速传播信息的有效工具，用户可以实时分享新闻、事件和个人动态。

（2）社交互动功能。社交媒体平台提供了丰富的互动功能，如点赞、评论、分享和私信，用户可以通过这些功能建立和维护社交关系。

（3）内容创造和分享功能。用户可以创建和分享多种形式的内容，如文字、图片、视频和直播，表达自己的观点和创意。

（4）社区和网络建立功能。社交媒体帮助用户建立和加入兴趣相投的社区和网络，参与特定话题的讨论和活动。

（5）品牌和营销功能。企业和个人可以利用社交媒体进行品牌推广和营销活动，扩大影响力和市场覆盖面。

（三）社交媒体在教育中的应用

（1）教师专业发展。社交媒体应用于教师专业发展主要是通过两种方式。第一种：交流与合作。教师可以通过社交媒体平台参与专业学习社区（PLC），分享教学经验、资源和最佳实践，进行协作和反思。第二种：在线研讨会和培训。利用社交媒体直播和视频分享功能，教师参加或组织在线研讨会和培训，提升专业能力。

（2）学生学习支持。社交媒体应用于学生学习支持主要是通过两种方式。第一种：互动学习。学生可以通过社交媒体与教师和同学互动，讨论学习问题，分享学习资源和作业。第二种：在线课程和资源利用。教师可以利用社交媒体平台发布和分享在线课程、学习资料和教学视频，丰富学生的学习资源。

（3）家校沟通。社交媒体应用于家校沟通主要是通过两种方式。第一种：即时沟通。社交媒体提供了便捷的即时通讯工具，家长和教师可以通过这些工具进行即时沟通，及时了解学生的学习情况和学校动态。第二种：家长参与。通过社交媒体平台，学校可以发布重要通知和活动信息，家长可以积极参与学校活动，增进家校合作。

（4）教育推广与宣传。社交媒体应用于教育推广与宣传主要是通过两种方式。第一种：学校品牌建设。学校可以通过社交媒体展示校园生活、教育成果和特色活动，提升学校的知名度和影响力。第二种：招生宣传。社交媒体平台是学校进行招生宣传的有效渠道，通过发布招生信息、校园介绍和师生风采，吸引更多的学生和家长。

社交媒体作为一种强大的信息传播和社交互动工具，在现代教育中扮演着重要角色。通过有效利用社交媒体平台，中小学教师和学校能够提升教学质量、促进学生学习、加强家校沟通和推广教育品牌，从而实现教育的全面发展。

二、教师专业网络平台

教师专业网络平台是专门为教师提供的在线空间，旨在促进教师的专业发展、合作和资源共享。这些平台利用互联网和社交媒体的优势，帮助教师提升教学技能、分享经验和参与专业学习社区（PLC）。教师专业网络平台也是专门为教育工作者设计的在线平台，提供专业发展资源、交流合作机会和教学工具支持，帮助教师在一个互相支持的环境中持续学习和成长。

（一）教师专业网络平台的种类

（1）专业发展平台。教师专业发展平台的代表平台有：Coursera for Teachers、edX for Teachers、Teacher Training Videos。教师专业发展平台的主要功能是：提供在线课程、专业认证和教师培训项目，帮助教师提升专业能力和教学技能。

（2）资源共享平台。资源共享平台的代表平台有：Teachers Pay Teachers、

TES Resources、Share My Lesson。资源共享平台的主要功能是：提供丰富的教学资源库，教师可以上传和下载课件、教材和教学计划，分享和获取教学资源。

（3）社交与协作平台。社交与协作平台的代表平台有：Edmodo、Teach Connect、Classroom 2.0。社交与协作平台的主要功能是：提供社交网络和讨论组，促进教师之间的交流和协作，组织线上、线下的教育研讨会和活动。

（4）教学支持平台。教学支持平台的代表平台有：Google Classroom、Microsoft Teams for Education、Schoology[①]。教学支持平台的主要功能是：提供课堂管理、在线评估和学生数据分析工具，支持教师的教学设计和课堂管理。

（二）教师专业网络平台的功能

（1）资源共享功能。教师专业网络平台提供教学资源库，包括课件、教材、教案、视频和评估工具，允许教师上传和下载教学资源，分享最佳教学实践。例如：Teachers Pay Teachers 是一个资源共享平台，教师可以上传和下载教学资源，购买和出售教学资料。通过 Teachers Pay Teachers，教师可以获取优质的教学资源，丰富课堂教学内容，提升教学效果。

（2）专业发展功能。教师专业网络平台提供在线课程、研讨会、培训和认证项目，帮助教师提升专业能力，也提供专家讲座、教育研究报告和最新教育趋势资讯。

（3）协作与交流功能。教师专业网络平台提供论坛、讨论组和社交媒体功能，促进教师之间的交流和协作，还可以组织专题研讨会和小组讨论，帮助教师解决教学问题，分享教学经验。

（4）教学支持功能。教师专业网络平台提供课堂管理工具、在线评估工具和学生数据分析工具，提供教学设计和教学计划指导，帮助教师优化课堂教学。例如，Edmodo 是一个社交学习平台，教师可以创建课堂群组，与学生和家长交流，分享学习资料，布置和评估作业。通过 Edmodo，教师能够更有效地管理课堂，

---

① 吕艳娇. 美国一流大学教师在线教学能力发展外部保障研究 [D]. 哈尔滨：哈尔滨师范大学，2022.

促进学生的参与和互动，提高教学效果。

（5）反馈与反思。教师专业网络平台提供在线反思日志和同行评估功能，帮助教师记录和反思教学实践，提供学生和家长反馈工具，帮助教师改进教学策略。例如，Google Classroom 是一个综合的课堂管理平台，提供课件分享、作业布置、在线评估和学生反馈等功能。通过 Google Classroom，教师可以简化教学管理，提高教学效率，促进学生的自主学习和合作学习。

（三）教师专业网络平台在教育中的应用

（1）提升专业能力。教师可以通过在线课程和培训项目，学习最新的教育理论和教学方法，提升专业能力。教师参加在线研讨会和专家讲座，了解教育领域的最新研究和趋势，持续更新专业知识。

（2）丰富教学资源。利用资源共享平台，教师可以获取丰富的教学资源，节省备课时间，提高教学效果。通过分享自己的教学资源和经验，教师可以获得同行的反馈和建议，改进教学实践。

（3）促进协作与交流。教师可以通过社交与协作平台，与全球各地的教育工作者交流和合作，分享教学经验和最佳实践。参与专题讨论和小组研讨，教师可以解决教学中的实际问题，提升教学质量。

（4）支持教学实践。利用教学支持平台的课堂管理和评估工具，教师可以更有效地组织课堂教学，监控学生的学习进度和表现。通过学生数据分析工具，教师可以根据学生的学习情况调整教学策略，提供个性化的教学支持。

教师专业网络平台为教师提供了丰富的资源、专业发展的机会和协作交流的空间，帮助教师在一个支持性和互动性的环境中持续学习和成长。通过有效利用这些平台，中小学教师能够提升专业能力、丰富教学资源、促进教学实践和提高教学质量，从而实现更好的教学效果。

第三节　教师利用社交媒体与专业网络的方法

一、中小学教师利用社交媒体与专业网络的重要性与必要性

中小学教师利用社交媒体和专业网络对其职业发展和教育质量的提升具有重要性和必要性。

（一）中小学教师利用社交媒体和专业网络的重要性

（1）提升专业发展。社交媒体和专业网络平台提供丰富的在线课程、研讨会、教育博客和学术资源，帮助教师持续更新专业知识和教学技能。教师可以参与专业学习社区，通过协作和交流，共享教学经验和最佳实践，促进集体智慧的形成和应用。

（2）实现资源共享。教师可以通过社交媒体和专业网络平台获取各种教学资源，如课件、教案、教学视频和评估工具，丰富课堂教学内容，提高教学质量。资源共享平台节省了教师备课时间，使其能够更专注于教学和学生个体化指导。

（3）推动教学创新。通过社交媒体和专业网络，教师可以了解和引入最新的教育技术和教学方法，如翻转课堂、混合式学习和个性化学习，促进教学创新。教师可以获取创意教学活动的灵感和建议，设计更有趣和互动的课堂，提高学生的参与度和学习兴趣。

（4）增强教师合作。教师可以通过社交媒体和专业网络与其他学科的教师合作，设计和实施跨学科教学活动，提升学生的综合素质和能力。教师能够与全球各地的教育工作者交流，了解不同国家和地区的教育实践，拓宽国际视野，提升教学水平。

（5）促进教育研究。教师可以通过专业网络平台获取最新的教育研究成果和数据，提升教育研究能力。教师可以参与或发起教育研究项目，与其他教育研究者合作，推动教育实践和理论的发展。

（二）中小学教师利用社交媒体和专业网络的必要性

（1）应对教育变革。首先，中小学教师利用社交媒体和专业网络可以很好地适应新时代需求。现代教育环境和学生需求不断变化，教师必须通过持续的专业发展和学习，适应这些变化，提供高质量的教育。其次，中小学教师利用社交媒体和专业网络能够有效满足教育政策要求。许多教育政策和标准要求教师不断提升专业能力和教学质量，通过社交媒体和专业网络平台，教师能够更好地满足这些要求。

（2）提高教学效果。实施个性化教学并进行实时反馈和改进是提高教学效果的关键。利用社交媒体和专业网络这些平台，教师可以获取更多的个性化教学资源和策略，更好地满足学生的个体需求，提升教学效果。社交媒体和专业网络提供了快速交流和反馈的渠道，教师可以及时获取同行和专家的建议和意见，改进教学实践。

（3）促进学生发展。为了促进学生发展，首先，必须为他们提供多样化学习资源。通过社交媒体和专业网络这些平台，教师可以为学生提供多样化的学习资源和活动，激发学生的学习兴趣和主动性，促进全面发展。其次，必须培养学生的社交技能。教师可以利用社交媒体和专业网络平台进行课堂外的互动和交流，帮助学生发展社交技能和数字素养，适应现代社会的需求。

（4）提升教师职业满意度。教师可以通过社交媒体与专业网络平台获得同行的支持和鼓励，分享教学中的成功和挑战，提升职业满足感。通过这些平台，教师可以了解和参与更多的职业发展机会，如培训、讲座、研究项目和教育会议，拓展职业发展空间。

中小学教师利用社交媒体和专业网络对于其职业发展和教育质量的提升具有重要性和必要性。通过这些平台，教师能够持续学习和专业发展，获取丰富的教学资源和策略，进行教学创新和跨学科合作，参与教育研究和国际交流，提升职业满足感和增加职业发展机会，从而更好地适应现代教育环境和学生需求，提供高质量的教育。

二、中小学教师利用社交媒体与专业网络的原则与方法

中小学教师在利用社交媒体和专业网络时，应遵循一些原则和方法，以确保能够有效地提升自身的专业发展和教育质量。

（一）中小学教师利用社交媒体与专业网络的原则

（1）专业性和可信度原则。确保参与的社交媒体和专业网络平台具有良好的专业性和可信度。选择经过教育专家或同行认可的平台，确保获取的信息和资源是准确和权威的。

（2）互动和合作原则。社交媒体和专业网络平台的核心是互动和合作。教师应积极参与讨论、评论和分享，与其他教育工作者建立合作关系，共同解决教学中的问题和挑战。

（3）持续学习和更新原则。教师应将社交媒体和专业网络作为持续学习的平台，定期浏览和参与，了解最新的教育趋势、教学方法和技术应用，保持专业知识的更新和扩展。

（4）尊重隐私和保密原则。教师在社交媒体上分享教学经验和个人见解时，要注意尊重他人的隐私和保密要求，避免透露学生和同事的个人信息，确保信息安全和合法性。

（5）品牌和影响力原则。教师可以利用社交媒体和专业网络平台建立个人品牌和教育影响力。分享成功的教学实践和创新思维，吸引更多关注和交流，提升个人和学校的声誉。

（二）中小学教师利用社交媒体与专业网络的方法

（1）选择适合的平台。教师根据自身的教育需求和兴趣选择适合的社交媒体和专业网络平台。比如，教学资源分享可以选择 Teachers Pay Teachers，教学讨论和合作可以选择 Edmodo 或 Classroom 2.0。

（2）设定明确的目标。教师在参与社交媒体和专业网络之前，设定明确的学习和发展目标。例如，提升特定学科教学技能、引入新的教育技术、改进课堂

管理等，确保每次参与都有明确的学习收获。

（3）积极参与和互动。教师积极参与平台上的讨论和互动，回复评论、分享资源、提出问题，与其他教育从业者建立联系和交流。通过分享自己的经验和观点，促进共同学习和成长。

（4）分享和交流经验。教师不仅是接收信息，还要积极分享自己的教学实践和经验。分享成功的案例、教学方法和课程设计，向其他教师提供帮助和灵感，建立起互惠互助的教育社区。

（5）反思和调整。教师参与社交媒体和专业网络后，定期进行反思和调整。审视自己的参与效果和学习成果，根据反馈调整学习方法和平台选择，持续优化个人的专业发展路径。

（6）保持专业和礼貌。教师在线交流要保持专业和礼貌，尊重他人的观点和意见，避免争论和冲突。通过建设性的讨论和合作，共同促进教育的进步和发展。

中小学教师利用社交媒体和专业网络，不仅能够拓展专业知识和教学技能，还能够促进教学创新、提升教学质量和建立教育影响力。关键在于遵循适当的原则和方法，选择合适的平台，设定明确的学习目标，并通过积极的参与和互动，实现个人和教育社区的共同发展。

三、教师专业学习社区与教师社交媒体和专业网络平台的关系

教师专业学习社区和教师社交媒体与专业网络平台在教师专业发展中有着不同的定位和功能，它们之间的关系可以从以下几个方面来理解。

（一）定位和功能不同

教师专业学习社区通常是专门为教育工作者设计的平台，旨在提供专业发展的机会和资源，如教学研讨会、在线课程、专家分享等。这些社区更加注重教育理论、实践经验的交流和教师专业能力的提升。

教师社交媒体和专业网络平台则是社交和信息分享平台，内容涵盖广泛，不仅限于教育，还包括社交互动、娱乐等内容。教师在这些平台上可以分享教学

经验、课程设计、教育技术应用等，与全球的教育从业者进行交流。

（二）资源和内容的差异

教师专业学习社区提供的资源和内容更专业化、针对性更强，通常由教育专家或相关领域的从业者提供，涵盖教育理论、最佳实践、研究成果等，有助于教师深入学习和专业成长。

教师社交媒体和专业网络平台的内容更加多样化和开放，教师可以从中获取更广泛的教学资源和观点，但信息的质量良莠不齐，需要教师具备一定的辨别能力，正确判断信息的真实性和可信度。

（三）互动方式和效果不同

教师专业学习社区通常支持结构化的学习和专业发展计划，参与者可以通过课程学习、论坛讨论等与其他教育专业人士深入交流和合作，获得及时的反馈和支持。

教师社交媒体和专业网络平台更注重开放的交流和社群互动，教师可以自由分享和评论，与广大的教育社区建立联系，但可能缺乏结构化的学习路径和个性化的支持。

（四）相辅相成的关系

尽管在功能和定位上有所不同，但教师专业学习社区和教师社交媒体与专业网络平台可以相辅相成。教师可以通过专业学习社区获得系统化的专业知识和发展机会，同时通过社交媒体平台与更广泛的教育群体分享实践经验、获取灵感和支持。

综上所述，教师专业学习社区和教师社交媒体与专业网络平台在教师的专业发展过程中各有其独特的作用和优势，教师可以根据自身的学习目标和需求，灵活选择和整合这些平台，以促进个人和教育实践的持续进步。

第四节 乡村教师利用社交媒体与网络的特点

一、乡村中小学教师加入或建立教师专业学习社区的利弊分析

乡村中小学教师加入或建立教师专业学习社区有利有弊。

（一）利的方面

（1）专业知识和资源的获取。加入专业学习社区可以让乡村教师获得更多的教学资源、教育理论和最佳实践。这些资源可以帮助教师提升教学质量，尤其是在乡村地区资源匮乏的情况下，能够弥补一些教育资源的不足。

（2）交流和合作机会。通过加入或建立教师专业学习社区，教师可以与来自不同地区、不同背景的教育同行交流经验和见解。这种跨区域的交流可以拓宽教师的视野，了解不同教育环境下的挑战和解决方案。

（3）教学创新和改进。通过社区分享和讨论，乡村教师可以获取更多创新的教学方法和策略。这有助于他们在教学中尝试新的教学技术，提升学生的参与度和学习效果。

（4）职业发展和认可。通过分享优秀的教学案例和经验，乡村教师能够在教育界建立起个人品牌和影响力。这不仅有助于提升个人的职业发展，还能为乡村学校带来更多的认可和资源支持。

（二）弊的方面

（1）技术和网络限制。乡村地区可能存在网络覆盖不足或技术设备落后的问题，这会限制教师参与在线学习和社区交流的能力。

（2）时间和精力投入不足。乡村教师通常面临工作量大、时间紧张的情况，加入专业学习社区需要额外的时间和精力投入，可能会对教学工作产生一定影响。

（3）文化和语言差异。如果专业学习社区跨文化、跨语言，乡村教师需要适应不同的文化和语言环境，这可能会增加理解和交流的难度。

（4）信息可信度和安全性不明。在社区中获取的信息和资源来源广泛，乡村教师需要具备辨别信息可信度和安全性的能力，以避免被误导或受到不实信息的影响。

乡村中小学教师加入或建立教师专业学习社区，在拓宽教育视野、提升教学质量和个人发展上带来了诸多好处。然而，也要注意技术和网络的限制、时间管理的困难、文化差异以及信息安全等问题。因此，教师在参与社区时应权衡利弊，选择适合自己和学校实际情况的参与方式，以达到最佳的教学效果和个人发展目标。

二、乡村中小学教师利用社交媒体和专业网络平台的特点

乡村中小学教师利用社交媒体和专业网络平台有其特点和优势，这些特点包括：

（1）资源获取和共享。社交媒体和专业网络平台为乡村教师提供了丰富的教学资源获取渠道。教师可以从平台上获取各种课程设计、教学活动、教案、教学视频等资源，丰富课堂教学内容，提升教学质量。

（2）跨地区交流和合作。社交媒体和专业网络平台打破了地理隔阂，使得乡村教师能够与来自全国甚至全球的教育工作者进行交流和合作。通过分享教学经验、探讨教育问题，乡村教师可以获得更多的教学策略和解决方案，丰富自己的教育视野。

（3）专业发展机会。社交媒体和专业网络平台提供了丰富的专业发展机会，如在线课程、研讨会、专家讲座等。乡村教师可以利用这些机会学习最新的教育理论和教学方法，不断提升自己的专业能力。

（4）教学创新与实验。社交媒体和专业网络平台上经常分享教学创新的案例和实验性的教学方法，乡村教师可以借鉴这些经验，尝试新的教学策略和技术，以提升教学效果和激发学生的学习动机。

（5）建立教师个人品牌和影响力。通过积极参与社交媒体和专业网络平台，乡村教师可以分享自己的成功教学案例和专业见解，逐步建立起自己的个人品牌

和教育影响力。这不仅有助于提升教师的职业发展，还能为乡村教育带来更多的认可和支持。

（6）灵活性和便捷性。社交媒体和专业网络平台具有灵活性和便捷性，乡村教师可以根据自己的时间和需求随时访问和参与。无论是在课余时间还是节假日，教师都能够通过手机或电脑获得所需的教学资源和信息。

（7）社区支持和互动。社交媒体和专业网络平台上形成了一个教育专业社区，乡村教师可以在这个社区中寻找到支持和帮助，与同行们互相鼓励、交流经验，共同解决教学中的问题和挑战。

综上所述，乡村中小学教师利用社交媒体和专业网络平台具有丰富的资源获取、跨地区交流与合作、专业发展机会、教学创新与实验等特点，有助于提升他们的教学能力和职业发展。

三、乡村中小学教师利用社交媒体和专业网络平台的困难与局限性

乡村中小学教师利用社交媒体和专业网络平台的过程中，确实存在一些困难和局限性，主要包括以下几个方面。

（1）技术设施和网络问题。首先是网络覆盖和速度不足。乡村地区的网络覆盖和带宽可能较为有限，这会影响教师访问和使用社交媒体和专业网络的效率和体验。其次是设备老化和兼容性问题，部分乡村学校可能缺乏更新的计算机设备或移动设备，这对教师在平台上的参与和操作造成阻碍。

（2）时间和工作压力。首先是教学工作量大。乡村中小学教师通常面临较重的教学工作量，包括备课、批改作业等，可能导致他们没有充足的时间参与到社交媒体和专业网络的学习和交流中。其次是时间管理困难。社交媒体和专业网络的使用可能需要教师抽出额外的时间，对于已经很繁忙的工作日程来说，可能会增加时间管理的难度。

（3）信息可信度和隐私保护。社交媒体上的信息质量参差不齐，可能存在不准确或者不专业的信息，教师需要具备辨别信息可信度的能力，以避免被误导。在开放的社交媒体平台上，教师需要注意保护自己和学生的个人隐私信息，避免

泄漏敏感数据或受到不必要的关注。

（4）文化和地域差异。教师参与的社交媒体和专业网络可能涉及跨文化和跨地域的交流，不同地区的教育背景和文化差异可能增加理解和交流的难度。

（5）缺乏个性化支持和反馈。虽然社交媒体和专业网络提供了广泛的教育资源和讨论平台，但缺乏面对面的个性化支持和实时反馈，教师可能会感到孤立或无法及时获得所需的帮助和指导。

综上所述，尽管社交媒体和专业网络平台为乡村中小学教师提供了许多教育资源和学习机会，但面临的困难和局限性也不可忽视。为了更好地利用这些平台，教师需要克服技术、时间、信息质量等方面的挑战，同时选择适合自己和符合学生实际需求的参与方式和内容，以提升教学质量和个人专业发展水平。

第五章　教学创新与项目学习

第一节　教师的教学创新

杜威说"如果我们教今天的学生用昨天的教育方法，我们剥夺了他们的明天"[①]。他强调"教育即生活"，认为教育应与实际生活紧密相连，强调教学创新应该使学习与学生的现实生活经验相结合，促进学生的主动学习和社会参与。他提倡"做中学"（Learning by Doing），强调通过实际操作和体验来学习知识[②]。蒙台梭利（Maria Montessori）说"帮助我自己做这件事"[③]。她强调"以儿童为中心"的教育理念，认为教育应根据儿童的自然发展规律来设计。她主张创设一个自由、尊重和激励的学习环境，让儿童自主探索和学习。布鲁纳（Jerome Bruner）主张"学习的目的是更好地思考，不仅仅是掌握知识"[④]，他提出"发现学习"（Discovery Learning）理论，认为学习者通过发现和探究来获取知识。他强调课程设计应使学生能够主动发现和构建知识，鼓励创新思维和问题解决能力。教育家们对"教学创新"还有许多重要的论述，这些观点都强调了教育改革的重要性以及如何通

----

① 约翰·杜威. 我的教育信条：杜威论教育 [M]. 彭正梅，译. 上海：上海人民出版社，2017.

② 凯瑟琳·坎普·梅休，安娜·坎普·爱德华兹. 杜威学校 [M]. 王承旭，赵祥麟，顾岳中，等译. 上海：华东师范大学出版社，1991.

③ 帕特里夏·斯皮内利，凯伦·本谢特里. 你是孩子最好的守护者：0~6岁儿童蒙台梭利教育指南 [M]. 吴云凤，译. 北京：中国青年出版社，2021.

④ 杰罗姆·布鲁纳. 布鲁纳教育文化观 [M]. 宋文里，黄小鹏，译. 北京：首都师范大学出版社，2011.

过教学创新提升教育质量。

一、国内外对教学创新的界定

国内外对教学创新的界定虽然有所不同，但总体上都强调在教育过程中引入新的方法、技术和理念，以提升教学效果和学生的综合素质。

（一）国内对教学创新的界定

教育部定义的"教学创新"强调教学模式、方法、内容、手段的创新，注重培养学生的创新精神和实践能力，提倡应用现代信息技术，推动教学资源共享和教学方式的变革[①]。

学术界定义的"教学创新"普遍强调"以学生为中心"的教学理念，注重学生的主动学习和个性化发展，注重将理论与实践结合，鼓励学生通过项目和实际问题解决来学习知识[②]。

教育实践中将"教学创新"视为提升教学效果、激发学生学习兴趣的重要手段，包括翻转课堂、混合式学习、跨学科课程等具体实践。

（二）国外对教学创新的界定

美国定义的"教学创新"强调科技在教学中的应用[③]，如在线教育、虚拟现实（VR）和增强现实（AR）等技术的使用，注重多元化的教学方法，如项目式学习（Project-Based Learning）、探究式学习（Inquiry-Based Learning）等，强调"全人教育"（Whole Person Education），注重学生的全面发展，包括社交、情感和认

① 中华人民共和国教育部.教育部关于印发《基础教育课程改革纲要（试行）》的通知 [EB/OL].（2001-06-08）[2024-08-01].http://www.moe.gov.cn/srcsite/A26/jcj_kcjcgh/200106/t20010608_167343.html.

② 郭嘉欣.教师专业学习共同体对教学创新的影响机制研究 [D].上海：华东师范大学，2022.

③ NIELSEN W, HOBAN G. Designing a Digital Teaching Resource to Explain Phases of the Moon: A Case Study of Preservice Elementary Teachers Making a Slowmation[J]. Journal of Research in Science Teaching, 2015, 52(9): 1207-1233.

知能力。

欧洲定义的"教学创新"强调教师进行跨学科和综合性的课程设计，注重学生的批判性思维和创造力培养，强调终身学习理念，鼓励在不同教育阶段和职业生涯中持续学习和创新[①]。

澳大利亚主张的"教学创新"强调以学生为中心的教学方法，注重学生的自主学习和个性化发展。鼓励教师进行教学研究和反思，不断改进教学方法和内容。

（三）国内外对教学创新界定的共同点

无论是国内还是国外，对教学创新的界定都包含以下5个共同点。

（1）以学生为中心。注重学生的需求和发展，鼓励自主学习和个性化学习。

（2）技术应用。积极引入现代信息技术和工具，提高教学效率和效果。

（3）多样化的教学方法。强调教师在教学过程中采用多元化的教学策略和方法，满足不同学生的学习需求。

（4）理论与实践结合。作为教学创新主体的教师注重理论知识的应用，通过实际问题和项目提升学生的实践能力。

（5）持续改进。鼓励教师不断反思和改进教学方法，适应不断变化的教育环境和需求。

通过以上界定可以看出，教学创新不仅仅是技术的应用，更是教育理念和方法的全面变革，旨在提升教学质量，促进学生的全面发展。

二、教学创新的具体内容

教学创新是指在教育过程中采用新方法、新技术和新策略，以提高教学质量和效果，满足学生多样化的学习需求。教学创新的目的是提高教育质量，激发学生的学习兴趣和创造力，培养学生的综合能力和素养，适应现代社会对人才的多样化需求。具体来说，教学创新主要包括以下几个方面。

....

[①] CACHIA R, FERRARI A, ALA-MUTKA K, et al. Creative Learning and Innovative Teaching Final Report on the Study on Creativity and Innovation in Education in the EU Member States[R]. Spain: European Union, 2010.

（1）教学方法创新。教学方法创新主要体现在翻转课堂、项目式学习和探究式学习方式的采用。翻转课堂强调学生在课前通过视频等资源进行自学，课堂上则进行讨论、实践和应用。项目式学习是以项目为导向，让学生通过解决实际问题来学习和应用知识。探究式学习则鼓励学生主动探索和发现，通过提出问题、实验和研究来学习。

（2）教学技术创新。教学技术创新主要体现在在线教育、虚拟现实（VR）和增强现实（AR）、人工智能（AI）等方式或者手段的采用。在线教育强调教师利用互联网平台提供课程和资源，使学生能够随时随地学习。虚拟现实（VR）和增强现实（AR）通过沉浸式技术，让学生体验更加直观和生动的学习过程。人工智能（AI）则通过智能导师和个性化学习系统，根据学生的需求提供定制化的学习路径和反馈。

（3）课程设计创新。课程设计创新主要体现在跨学科课程、课程实施与社会实践结合和个性化学习路径的采用。跨学科课程重视将多个学科的知识融会贯通，设计综合性的课程内容。课程实施与社会实践相结合则强调课程实施过程中将课堂学习与社会实践结合，让学生在实际环境中应用所学知识。个性化学习路径的采用则是指根据学生的兴趣和能力，设计个性化的学习计划和内容。

（4）评估方式创新。评估方式创新主要体现在多元化评估和即时反馈方式的采用。多元化评估强调采用多种评估方式，如项目展示、论文、口头报告等，而不仅仅依靠考试成绩。即时反馈则强调通过技术手段及时收集和反馈学生的学习情况，帮助学生及时调整和改进。

（5）师生互动创新。师生互动创新主要体现在采用互动教学方式和导师制的实施。互动教学强调通过小组讨论、角色扮演、案例分析等方式增强师生之间的互动。导师制实施为学生配备导师，提供个性化的指导和支持。

三、中小学教师教学创新的意义

中小学教师进行教学创新具有重要的意义和必要性，主要表现在以下几个方面。

（1）适应教育环境变化。首先是适应信息技术的迅猛发展。随着信息技术的发展，教育方式发生了巨大变化。传统的教学模式已不能满足现代教育的需求，教学创新可以充分利用信息技术，提高教学效率和效果。如在线教育平台、虚拟现实（VR）、增强现实（AR）等新技术，可以丰富教学内容，增强学生的学习体验。其次是适应学生需求的多样化。现代学生具有多样化的学习需求和个性化的发展需求。教学创新可以根据学生的兴趣和能力，提供个性化的教学内容和方法，激发学生的学习兴趣。例如，通过翻转课堂、项目式学习等创新方法，可以满足不同学生的学习需求，促进学生的全面发展。

（2）提高教学质量和效果。首先，激发学生学习兴趣。创新的教学方法可以增加课堂的趣味性和互动性，激发学生的学习兴趣和主动性。例如，使用游戏化学习、探究式学习等方法，可以让学生在轻松愉快的环境中学习，增强学习动机。其次，促进学生综合能力发展。教学创新可以培养学生的批判性思维、创造力、合作能力等综合素质，适应现代社会对人才的需求。如项目式学习和跨学科课程设计，能够培养学生解决实际问题的能力和团队合作精神。

（3）促进教师专业成长。第一，有助于教师更新教学理念。教学创新促使教师不断学习和更新教育理念，提升专业素养和教学能力。通过参加培训、研讨会和学术交流，教师可以掌握最新的教育理论和实践方法。第二，提高职业成就感。教学创新带来的教学效果提升和学生进步，能够增强教师的职业成就感和自信心。同时，创新教学方法的成功实施和学生的积极反馈，会激励教师不断探索和改进教学方式。

（4）满足教育政策要求。首先是国家教育改革的推动。国家和地方政府不断推动教育改革，强调创新教育的重要性。教师进行教学创新是响应政策号召，提升教育质量的重要途径。教育部等相关部门出台的教育政策和指南，鼓励和支持教师进行教学创新。其次是学校发展需要。学校在竞争中需要不断提升办学水平和教学质量，教学创新是学校发展的重要手段。通过引入新的教学模式和方法，学校可以提升教育质量，吸引更多优秀的学生和教师。

（5）应对教育挑战的需要。第一，解决传统教学弊端的需要。传统的填鸭式教学和应试教育模式已不能适应现代教育的需求，教学创新可以克服这些弊端，促进学生的全面发展。创新的教学方法可以培养学生的自主学习能力和创造力，减轻学生的学业负担。第二，应对全球化挑战的需要。在全球化背景下，学生需要具备国际视野和跨文化交流能力，教学创新可以引入国际先进的教育理念和方法，培养具有全球竞争力的人才。通过国际合作和交流，教师可以学习和借鉴国际教育的成功经验，提升教学水平。

总之，中小学教师进行教学创新是提升教学质量、适应教育环境变化、促进学生全面发展和教师专业成长的必要举措。通过教学创新，教师可以更好地满足学生的多样化需求，提升教育效果，促进教育的可持续发展。

四、中小学教师教学创新的策略与方法

中小学教师进行教学创新需要系统地规划和实施，以下是一些有效的策略和方法。

（1）持续专业发展。第一，参加培训和研讨会。定期参加由教育部门或专业机构组织的培训课程，学习最新的教育理念和教学方法。通过参与学术研讨会，中小学教师与同行交流分享教学经验，了解教育前沿动态，激发创新思维。第二，自主学习和反思。阅读专业书籍和期刊，保持学习热情，通过阅读教育学、心理学等相关书籍和期刊，不断更新知识储备。同时，在教学过程中不断反思，记录教学中的成功和不足，持续改进教学方法。

（2）运用现代信息技术[①]。第一，利用在线教育平台。使用在线课程和资源，利用 Coursera、Khan Academy 等在线平台，丰富教学资源，提升课堂教学效果。创建和管理在线课程，使用 Moodle、Google Classroom 等工具，创建在线课程，促进学生自主学习。第二，引入虚拟现实和增强现实。利用虚拟现实和增强现实技术，提供沉浸式学习体验，增强学生的理解和记忆。利用虚拟实验室进行科学实验，突破现实条件限制，提高实验教学效果。

---

① 雷蕾.面向教学创新的学校数字化教学资源建设实践研究[D].武汉：华中师范大学，2018.

（3）实施多样化教学方法。第一种：翻转课堂。翻转课堂还强调课前自学，学生通过观看教学视频、阅读材料等进行课前自学，掌握基础知识。翻转课堂强调课堂互动，课堂时间用于讨论、实践和答疑，增强学生的参与度和互动性。第二种：项目式学习。以项目为导向，设计基于实际问题的项目，让学生通过项目活动学习和应用知识。团队合作，鼓励学生分组合作，培养团队合作和问题解决能力。第三种：探究式学习。强调问题驱动学习，提出开放性问题，引导学生通过调查、实验和分析得出结论。主张自主探究，提供支持和资源，鼓励学生自主探究和发现知识。

（4）跨学科融合。首先是设计跨学科课程。通过整合不同学科知识，设计综合性的跨学科课程，培养学生的综合素质和创新能力。强调实际应用，通过跨学科项目和活动，让学生将不同学科的知识应用于解决实际问题。其次是强调教师合作。通过跨学科团队教学，教师之间合作，共同设计和实施跨学科课程，分享教学资源和经验。通过定期组织跨学科教师交流会，探讨和分享跨学科教学的心得和方法。

（5）个性化教学。第一，了解学生需求。实施诊断性评估，通过问卷调查、测试等手段了解学生的兴趣、能力和需求，进行针对性教学设计。建立学生学习档案，跟踪记录学生的学习进展和个性特点。第二，定制学习路径。实施差异化教学，根据学生的不同需求和水平，提供差异化的教学内容和任务。进行个性化辅导，针对学习困难的学生，提供个性化的辅导和支持，帮助他们克服学习障碍。

（6）教学评估与反馈。首先是多元化评估。采用项目展示、论文、口头报告等多种评估方式，全面评价学生的学习效果。注重学生学习过程中的努力和进步，进行持续的过程性评价。其次是进行及时反馈。采用即时反馈，利用技术手段及时收集和反馈学生的学习情况，帮助学生及时调整和改进。采用互动反馈，通过师生互动、同伴评价等方式，及时了解学生的学习体验和建议，改进教学方法。

中小学教师进行教学创新，需要持续的专业发展、现代信息技术的应用、多样化的教学方法、跨学科融合、个性化教学以及有效的教学评估与反馈。通过这些策略和方法，教师可以不断提升教学质量，满足学生的多样化需求，培养学生的综合素质和创新能力。

五、教学创新与创新教学的关系

"教学创新"和"创新教学"是两个密切相关但有所区别的概念。它们共同指向改进教学质量、提升学生学习效果的目标，但侧重点有所不同。以下是对这两个概念及其关系的详细解析[1]。

（一）教学创新

如前所述，教学创新（Educational Innovation）指的是在教育过程中引入新思想、新方法、新技术和新策略，以提高教学效果和教育质量。教学创新的目标是通过系统性改革和全局性规划，推动整个教育系统的进步。教学创新具有以下特点：

（1）系统性。教学创新通常涉及教育理念、教学模式、课程设计、教学技术等多个层面的变革。例如，实施新课程标准和教学大纲就典型地体现了教学创新的系统性。

（2）全局性。教学创新不仅仅是课堂层面的改变，还包括学校管理、教师培训、评价体系等方面的综合改进。例如，建立教育技术中心，推广信息化教学就体现了教学创新的全局性。

（3）长期性。教学创新往往是一个长期的过程，需要持续地投入和不断地调整。例如，推动学校与企业、社区的合作，开展实践性学习项目就充分体现了教学创新的长期性。

（二）创新教学

创新教学（Innovative Teaching）指的是教师在具体的教学活动中采用新颖的教学方法和策略，以激发学生的学习兴趣和提高学习效果[2]。创新教学的核心是教师如何在课堂上实施新的教学方法。以下是创新教学的主要特点：

① 肖娟 . 从获得到参与：新课改教学创新的趋势研究 [D]. 重庆：西南大学，2012.

② 李森 . 课堂教学创新策略研究 [M]. 重庆：西南师范大学出版社，2008.

（1）实践性。创新教学侧重于具体的教学实践，教师在课堂中采用新方法、新工具进行教学。例如，使用翻转课堂、项目式学习、探究式学习等新型教学方法。

（2）灵活性。创新教学强调教师根据学生的具体情况和教学目标，灵活应用不同的教学策略。例如，应用多媒体技术和互动软件，增强课堂的互动性和趣味性。

（3）即时性。创新教学的效果可以在较短时间内看到，通过课堂反馈及时调整教学策略。例如，实施分层教学，根据学生的不同能力进行差异化教学。

（三）教学创新与创新教学的关系

（1）相辅相成。教学创新为创新教学提供了理论基础和制度保障。系统性的教学创新可以为教师创造更好的教学环境和条件，使他们能够更有效地进行创新教学。创新教学是教学创新的具体实践形式。教师在课堂上的创新教学实践，可以为系统性的教学创新提供宝贵的经验和反馈。

（2）范围不同。教学创新的范围更广，涵盖整个教育系统的变革，涉及教育理念、政策、管理、评价等多个方面。创新教学的范围较窄，主要集中在课堂教学活动和教学方法的创新上。

（3）目标一致。尽管范围和侧重点不同，教学创新和创新教学的最终目标都是提升教育质量，提高学生的学习效果和能力。

（4）互动影响。教学创新可以通过制定和实施新的教育政策和计划，鼓励和支持教师进行创新教学。例如，教育部推广信息化教学，鼓励教师使用数字化教学工具。创新教学的成功实践可以推动教学创新的进一步发展和推广。例如，教师在课堂上成功应用项目式学习方法，可以推动学校层面乃至更高层面的课程改革。

教学创新和创新教学是教育变革的重要组成部分，两者相互依存、相互促进。教学创新提供了宏观的政策支持和制度保障，而创新教学则在微观层面上具体实现和落实这些创新理念。通过两者的有效结合，能够推动教育的全面进步和学生的全面发展。

六、教学创新与教师专业发展的关系

教学创新与教师专业发展之间有着密切的关系，两者相辅相成，互为促进。

（一）教学创新推动教师专业发展

（1）体现在促进教师知识更新上。教学创新需要教师不断学习新的教育理念、教学方法和技术工具，这促使教师不断更新自己的知识体系，保持与时俱进。教师参加各种培训和继续教育课程，学习最新的教育理论和实践方法。教师通过学术研究和论文撰写，深入探索和理解教学创新的理论基础和实践应用。

（2）体现在提高教师教学技能上。教学创新要求教师具备多样化的教学技能，包括信息技术应用能力、课堂管理能力和创新教学设计能力。教师学习和掌握在线教育平台、虚拟现实等技术，提高课堂教学的多样性和互动性。教师通过创新教学设计，提升课程的吸引力和有效性，如项目式学习和探究式学习。

（3）体现在增强教师职业自信上。通过参与教学创新，教师能够看到学生学习效果的提升和教学质量的改善，从而增强职业自信和成就感。学生对创新教学方法的积极反馈，进一步激励教师不断探索和创新。

（二）教师专业发展推动教学创新

（1）体现在提供理论支持上。教师专业发展的一个重要方面是深入理解和掌握教育理论，这为教学创新提供了坚实的理论支持。教师通过系统学习教育学、心理学等理论，为教学创新提供科学依据。教师在实践中应用所学理论，探索和验证新的教学方法和模式。

（2）体现在促进反思实践上。教师专业发展强调教学反思，这有助于教师在教学实践中不断改进和创新。教师通过课堂观察、教学评估和学生反馈，反思和改进教学方法。教师开展行动研究，探索和验证新的教学策略，推动教学创新。

（3）体现在增强合作交流上。教师专业发展注重合作交流，这为教学创新提供了丰富的资源和灵感。教师通过教研活动和专业学习共同体，与同事分享和讨论教学创新的经验和方法。教师与其他学科教师合作，共同设计和实施跨学科

课程，推动教学创新。

（三）教学创新与教师专业发展在实践中的结合

（1）案例研究。一些学校通过具体的教学创新项目，推动教师专业发展。例如，学校实施翻转课堂模式，教师通过培训学习视频制作和在线互动技术，提升专业能力。学校推行项目式学习，教师通过团队合作和项目设计，提升创新教学技能。

（2）政策支持。教育政策对教学创新和教师专业发展提供支持和引导。例如，政府和教育部门实施教师培训计划，帮助教师掌握教学创新的技能和方法。政策鼓励学校开展教学创新实验，支持教师专业发展。

教学创新和教师专业发展是一个相互促进的动态过程。教学创新为教师专业发展提供了新的目标和动力，而教师专业发展为教学创新提供了必要的知识和技能支持。两者的紧密结合有助于提升教育质量，培养出适应现代社会需求的高素质人才。

七、中小学教师实现教学创新的经典案例

（一）翻转课堂（Flipped Classroom）

案例描述：翻转课堂是一种将传统课堂教学模式"翻转"过来的教学方法。在这种模式下，学生在课前通过观看视频、阅读材料等方式学习新知识，课堂时间则用于讨论、答疑和应用实践。

经典案例：美国克林顿戴尔高中（Clintondale High School）

实施方法：学校要求教师录制教学视频，学生在家中观看视频并完成预习任务。课堂时间用于小组讨论、教师辅导和项目实践。

效果：学生的学习参与度显著提高，考试成绩有所提升，课堂上师生互动增多，学生对学习的兴趣也大大增加。

（二）项目式学习（Project-Based Learning，PBL）

案例描述：项目式学习是一种以学生为中心的教学方法，通过让学生参与到实际项目中，培养他们的知识应用能力和解决实际问题的能力。

经典案例：纳帕谷新科技高中（New Tech High School at Napa Valley）

实施方法：学生参与各种跨学科项目，如设计环保社区、创建模拟公司等。教师作为指导者，帮助学生进行项目规划和实施。

效果：学生不仅掌握了学科知识，还培养了团队合作、项目管理和创新思维等综合能力。

（三）蒙台梭利教育法（Montessori Method）

案例描述：蒙台梭利教育法是一种以儿童为中心的教育理念，强调自主学习、实际操作和个性化教育。

经典案例：意大利蒙台梭利学校

实施方法：教师提供丰富的教具和材料，让学生自由选择和探索。课堂上没有固定的讲授，学生通过实际操作和自我发现来学习。

效果：学生的自主学习能力和动手能力得到了极大的提升，表现出更强的独立性和创造力。

（四）一对一数字化学习（One-to-One Digital Learning）

案例描述：一对一数字化学习是指每个学生配备一台数字设备，如平板电脑或笔记本电脑，用于日常学习和课堂活动。

经典案例：美国门洛帕克学区（Menlo Park School District）

实施方法：学区为每个学生提供一台 iPad，用于课堂学习和课后作业。教师利用各种教育应用和在线资源，设计互动性强的教学活动。

效果：学生的数字素养显著提高，学习效率提升，教师可以根据学生的学习数据进行个性化辅导和支持。

（五）混合学习（Blended Learning）

案例描述：混合学习将传统课堂教学与在线学习相结合，发挥两者的优势，为学生提供更灵活和多样化的学习体验。

经典案例：韩国晓星国际学校（Hyosung International School，HIS）

实施方法：学生部分时间在教室内接受教师面对面的指导，部分时间在线上进行自主学习。在线学习内容包括互动视频、在线测验和虚拟实验等。

效果：学生的学习时间和地点更加灵活，教师可以通过在线平台实时跟踪学生的学习进度和效果，进行针对性辅导。

（六）探究式学习（Inquiry-Based Learning）

案例描述：探究式学习通过提出开放性问题，引导学生进行自主探究和研究，培养学生的批判性思维和科学探究能力。

经典案例：芬兰赫尔辛基科学高中（Helsinki Science High School）

实施方法：教师提出科学探究问题，如"如何设计一个环保的城市？"学生分组进行研究，设计实验，收集和分析数据，最终展示和分享他们的发现。

效果：学生的科学素养和探究能力显著提升，他们更加积极主动地参与到学习过程中，表现出强烈的好奇心和求知欲。

这些经典案例展示了中小学教师在不同教学环境下，通过实施多样化的教学创新方法，取得了显著的教育效果。通过这些案例，教师可以借鉴成功经验，结合自身教学实际，探索适合自己和学生的创新教学方法，不断提升教育质量和学生的综合素质。

第二节 教师的项目驱动学习

一、项目驱动学习

项目驱动学习（Project-Based Learning，PBL）是一种以学生为中心的教学方法，通过让学生参与实际项目，培养他们的知识应用能力和解决实际问题的能力。

（一）项目驱动学习的特点

项目驱动学习是一种以项目为基础的教学方法，学生在真实世界的项目中，通过探究、设计和实践，获得深层次的知识理解和综合技能发展。教师在这种教学模式中起到指导和支持的作用，帮助学生完成项目目标。

项目驱动学习有以下特点。

（1）以学生为中心。学生主动参与项目，从项目选择、计划到实施，主导整个学习过程。

（2）真实情境。项目基于现实世界的问题和挑战，学生在真实情境中应用知识和技能。

（3）跨学科整合。项目通常涉及多个学科的知识，促进学生跨学科的综合学习。

（4）合作学习。学生通过团队合作，共同完成项目，培养团队协作和沟通能力。

（5）过程导向。重视学习过程中的探究、实践和反思，而不仅仅是最终的结果。

（二）项目驱动学习的意义

（1）提升综合能力。项目驱动学习通过实际项目培养学生的批判性思维、创造力、合作能力和解决问题的能力。

（2）促进深度学习。学生在项目中深入探究和应用知识，促进对学科知识的深度理解和长久记忆。

（3）激发学习兴趣。项目基于现实问题和挑战，能够激发学生的学习兴趣和主动性。

（4）培养终身学习者。项目驱动学习培养学生自主学习和探究的能力，为终身学习奠定基础。

（5）促进个性化发展。项目驱动学习允许学生根据兴趣和能力选择和设计项目，促进个性化发展。

（三）项目驱动学习的实施步骤

（1）选题与设计。这一步包括两个小步骤。首先，确定项目主题。选择一个具有挑战性和现实意义的主题，确保项目具有探索价值。其次，制定项目计划。明确项目目标、时间安排和任务分工，制定详细的项目计划书。

（2）信息收集与分析。这一步包括两个重点。第一，调查研究。学生通过多种途径收集与项目相关的信息和数据，进行分析和整理。第二，讨论与交流。团队成员分享各自的研究成果，讨论解决方案，确定项目实施方案。

（3）项目实施。项目实施强调两点。第一，分工合作。学生按照分工进行项目实施，完成各自的任务，定期汇报进展。第二，教师指导。教师在过程中提供指导和支持，帮助学生解决遇到的问题。

（4）成果展示。首先，制作项目成果。学生将项目成果以报告、展示板、模型等形式呈现出来。其次，展示与评价。组织项目展示会，学生向同学、教师和家长展示项目成果，接受评价和反馈。

（5）反思与总结。这一步包括两个重点。第一，自我反思。学生反思项目过程中的得失，总结经验教训。第二，教师评估。教师根据项目实施情况和学生表现进行综合评价，提出改进建议。

（四）项目驱动学习的经典案例

案例（1）：环保社区设计项目

学校：美国高科技高中（High Tech High）

项目主题：设计一个环保社区

实施过程：

（1）学生分组调查现有社区的环保问题，收集相关数据。

（2）团队讨论并设计解决方案，如绿色建筑、能源利用等。

（3）制作社区模型并编写详细的环保社区规划报告。

（4）在学校展示成果，邀请专家和家长进行评价。

效果：学生不仅掌握了环保知识，还提升了团队合作、问题解决和创新能力。

案例（2）：校内种植园项目

学校：芬兰赫尔辛基科学高中（Helsinki Science High School）

项目主题：在学校内设计并实施一个可持续种植园

实施过程：

（1）学生研究可持续农业的原理和实践方法。

（2）团队规划种植园的布局、选择适宜的植物和种植方法。

（3）实施种植园项目，包括土地准备、种植、管理和收获。

（4）项目结束后，学生撰写项目报告并进行成果展示。

效果：学生在实践中学习了生物学、环境科学和管理技能，增强了对可持续发展的理解。

项目驱动学习是一种有效的教学创新方法，通过真实情境中的项目，让学生主动参与学习过程，提升综合能力和深度理解。教师通过精心设计和指导，能够帮助学生在项目中获得全面的发展。这种教学方法不仅有助于提高学生的学业成绩，更为他们未来的学习和工作打下坚实的基础。

二、中小学教师的项目学习与课题研究

中小学教师在教学过程中实施项目学习和课题研究，可以有效提升教学质量和学生的综合素质。虽然项目学习和课题研究有不同的侧重点和方法，但它们都旨在通过探究和实践促进学生的深度学习和创新能力的培养。

（一）课题研究（Research-Based Learning）

课题研究是指教师围绕教育教学中的具体问题，进行系统性的研究和探讨，以期找到解决问题的方法和策略，从而提升教育教学效果。

1.课题研究的主要特点

（1）问题导向。课题研究通常从实际教学问题出发，提出明确的研究问题和目标。

（2）系统性。课题研究具有系统性和规范性，通常包括文献综述、研究设计、数据收集与分析等环节。

（3）理论联系实际。课题研究通过理论与实践的结合，为解决具体教学问题提供依据。

（4）成果应用。研究成果通常应用于实际教学中，以改进教学实践和提升教育质量。

2. 课题研究的实施步骤

（1）选题与立项。确定研究课题，制定研究计划。

（2）文献综述。查阅和整理相关文献，了解研究现状。

（3）研究设计。设计研究方案，包括研究方法、对象、工具等。

（4）数据收集与分析。实施研究，收集和分析数据。

（5）总结与报告。撰写研究报告，总结研究成果。

（6）成果应用与推广。将研究成果应用于实际教学中，并进行推广。

（二）项目学习与课题研究的关系

中小学教师的项目学习与课题研究之间存在密切的关系，它们在教育实践中相辅相成，共同促进教学质量和学生综合素质的提升。

（1）目标一致。二者一致的目标是共同促进学生发展。无论是项目学习还是课题研究，它们的最终目标都是提升学生的学习效果和综合素质。项目学习通过让学生参与实际项目，培养他们的动手能力和解决问题的能力；课题研究则通过教师对教学问题的深入探讨，找到提升教学效果的有效策略。

（2）相互促进。这种相互促进表现在两个方面。一方面，项目学习提供课题研究的研究素材。教师在实施项目学习时，往往会发现一些教学中的实际问题和挑战，这些问题可以成为课题研究的素材。例如，在一个环保项目中，教师可能会发现学生在团队合作中存在沟通问题，这可以成为后续课题研究的主题。另一方面，课题研究指导项目设计。课题研究的成果可以为项目学习的设计和实施提供理论支持和实践指导。例如，通过研究得出的一些有效教学策略和方法，可以直接应用到项目学习中，优化项目的设计和执行。

（3）方法互补。这种互补表现在理论与实践的互补。课题研究侧重理论，强调系统的理论探讨和实证研究，通过对教学问题的深入分析和解决，教师能够提升自己的教学水平，并为教学实践提供科学依据。项目学习侧重实践，强调学生在实际项目中的探究和应用，通过动手实践，学生能够更好地理解和运用知识，培养综合能力。

（4）增强教师专业发展。在项目学习中，教师需要不断反思项目的设计和实施过程，及时调整教学策略。而课题研究则要求教师进行系统的文献阅读和研究设计，通过科学的方法解决教学问题。这两者共同促进了教师的专业发展和教学能力的提升。

（5）提升教学创新。项目学习和课题研究都可以推动教学改革，促进教学创新。项目学习通过引入新的教学方法和策略，激发学生的学习兴趣和主动性；课题研究通过科学的研究方法，为教学改革提供理论支持和实践指导。

（三）项目学习与课题研究相结合的经典案例分析

案例（1）：项目学习与课题研究结合

背景：某中学实施了一项跨学科的"校园生态园"项目，旨在通过建设校园生态园，让学生在实践中学习生物学、环境科学和工程学等知识。

项目实施：

（1）项目学习：学生分组设计并建设校园生态园，进行植物种植、土壤改良和水循环系统的构建。

（2）课题研究：教师发现学生在项目实施过程中对植物生长周期的理解存在困难，于是开展了"如何通过项目学习提高学生对植物生长周期的理解"的课题研究。

研究过程：

（1）问题提出：通过观察和访谈，教师确定了学生对植物生长周期理解不足的问题。

（2）文献综述：查阅相关文献，了解已有的研究成果和理论。

（3）研究设计：设计问卷和测试题，对学生进行前测和后测，评估项目学习对学生理解植物生长周期的效果。

（4）数据分析：通过对比前测和后测数据，分析项目学习对学生理解植物生长周期的影响。

研究成果：

（1）改进项目设计：根据研究结果，教师优化了项目的设计，如增加了植物生长观察记录表和定期的植物生长报告分享会。

（2）提升教学效果：通过课题研究，教师找到了更有效的教学策略，学生对植物生长周期的理解显著提高。

案例（2）：课题研究指导项目学习

背景：某小学开展了"本地文化探究"项目，旨在让学生了解和传承本地文化。

课题研究：

（1）选题：教师决定研究"项目学习在本地文化教育中的应用效果"。

（2）文献综述：查阅本地文化教育和项目学习相关的文献，明确研究的理论基础。

（3）研究设计：设计调查问卷和访谈提纲，了解学生对本地文化的认知和兴趣。

项目实施：

（1）项目学习：学生通过参观本地文化遗址、采访当地居民、收集资料等活动，完成本地文化探究项目。

（2）课题研究：教师在项目实施过程中进行观察和记录，收集学生的反馈和表现数据。

研究成果：

（1）优化项目学习：根据研究结果，教师改进了项目的内容和方法，如增加了与本地文化专家的互动环节。

（2）推广应用：研究成果在校内推广，其他教师也采用类似的方法开展本地文化教育项目，取得了良好的效果。

中小学教师的项目学习与课题研究是相互支持、相互促进的关系。项目学习为课题研究提供了丰富的实践素材，课题研究为项目学习提供了理论指导和优化策略。两者结合，有助于提升教学质量、促进教学创新，并推动教师的专业发展和学生的全面成长。通过项目学习与课题研究的有效结合，教师可以不断改进教学实践，实现教育的持续发展和创新。

第三节 创新教学与项目学习的关系

一、创新教学设计

创新教学设计是一种以提升教学效果和学生学习体验为目标，通过引入新颖的教学方法、策略和工具，重新规划和设计教学过程的活动。其核心在于打破传统教学模式的束缚，充分利用现代教育技术和教学理念，激发学生的学习兴趣和创造力，培养学生的综合素质和能力。

（一）创新教学设计的主要特点

（1）学生中心。强调以学生为中心，关注学生的个性化需求和学习兴趣。设计能够激发学生主动参与和自主学习的教学活动。

（2）灵活多样。强调采用多种教学方法和策略，如探究式学习、合作学习、项目学习等。设计灵活多样的学习任务和活动，适应不同学生的学习风格和节奏。

（3）技术整合。充分利用现代教育技术，如互联网、数字媒体、虚拟现实等，提升教学的互动性和趣味性。通过在线平台和工具，实现资源共享、师生互动和个性化指导。

（4）跨学科整合。设计跨学科的教学内容和活动，促进学生综合运用多学科知识解决实际问题。培养学生的系统思维和跨学科的学习能力。

（5）实践导向。注重实践和应用，让学生在真实情境中学习和运用知识。设计基于实际问题的项目和任务，培养学生的动手能力和创新能力。

（二）创新教学设计的实施步骤

（1）需求分析。首先了解学生的学习需求、兴趣和已有知识水平。然后，确定教学目标和重点，明确教学内容和学习任务。

（2）资源整合。收集和整合多种教学资源，如书籍、视频、实验器材、数字资源等。设计和开发适合教学目标的教学资源和工具。

（3）教学设计。确定教学策略和方法，设计具体的教学活动和环节。制定教学计划和进度表，合理安排教学时间和任务。

（4）实施教学。按照教学设计进行课堂教学，灵活调整和优化教学过程。充分利用现代教育技术，增强教学的互动性和趣味性。

（5）评价与反思。对教学过程和效果进行评价，收集学生的反馈和意见。反思教学设计和实施过程中的问题和不足，不断改进和优化。

（三）创新教学设计的经典案例

案例（1）：翻转课堂（Flipped Classroom）

实施背景：某中学数学课程

教学设计：

（1）需求分析：学生普遍反映课堂时间不足以完全理解数学概念，课后作业难以独立完成。

（2）资源整合：录制教学视频，提供在线练习和资源链接。

（3）教学设计：课前学生观看教学视频并完成预习任务，课堂时间用于讨论、答疑和应用实践。

（4）实施教学：教师在课堂上组织小组讨论和互动活动，解答学生疑问，指导学生完成实践任务。

（5）评价与反思：通过在线测试和课堂表现评估学生的学习效果，收集学生反馈，改进视频内容和课堂活动。

效果：学生的学习自主性和参与度显著提高，课堂互动增多，学习效果明显提升。

案例（2）：项目式学习（Project-Based Learning，PBL）

实施背景：某小学科学课程

教学设计：

（1）需求分析：学生对传统课堂的单一授课方式感到厌倦，缺乏探究和动手实践的机会。

（2）资源整合：收集与项目相关的书籍、实验器材和数字资源，联系本地科学家举办讲座和指导。

（3）教学设计：设计"建造一个环保小屋"项目，涵盖科学、数学和工程知识。学生分组进行项目设计和实施。

（4）实施教学：在教师指导下，学生进行资料收集、图纸设计、模型建造和实验测试。课堂时间用于项目进展汇报和问题解决。

（5）评价与反思：通过项目报告、模型展示和小组讨论，评估学生的学习成果，收集学生和教师的反馈，调整项目难度和内容。

效果：学生的动手能力、合作能力和创新思维得到显著提升，对科学学习产生了浓厚兴趣。

创新教学设计通过引入新颖的教学方法和策略，打破传统教学模式的束缚，提升教学效果和学生的学习体验。教师在进行创新教学设计时，需要关注学生的个性化需求，灵活运用现代教育技术，设计跨学科、实践导向的教学活动，并通过不断地评价和反思，持续优化教学过程。这种教学设计不仅有助于提高学生的学业成绩，更能培养他们的综合素质和创新能力，为未来的发展奠定坚实基础。

二、中小学教师创新教学设计与专业自主发展的关系

中小学教师的创新教学设计与其专业自主发展之间存在紧密的联系。通过创新教学设计，教师不仅能提升教学效果，还能在实践中不断提升自身的专业素养，促进个人的专业发展。这种关系可以从以下两个方面进行分析与揭示。

（一）中小学教师创新教学设计与专业自主发展关系的理论分析

（1）提升教学技能和策略。创新教学设计，要求教师掌握多种教学方法和策略，如探究式学习、合作学习、项目式学习等。这些方法的灵活应用有助于提升教师的教学技能和策略。在设计和实施创新教学活动的过程中，教师不断尝试和改进新的教学方法，从而丰富自身的教学经验，提升教学技能，推动专业自主发展。

（2）增强教育技术应用能力。创新教学设计，通常需要整合现代教育技术，

如在线教学平台、互动白板、虚拟现实技术等。这些技术的应用不仅能增强教学效果，还能激发学生的学习兴趣。教师在使用这些技术的过程中，不断学习和掌握新的工具和资源，提升自己的信息素养和技术应用能力，进而推动专业自主发展。

（3）促进反思与持续改进。创新教学设计，强调教师在教学过程中进行反思，分析教学效果和学生反馈，不断改进和优化教学设计。通过反思教学实践，教师能够识别自身的不足和改进的方向，制定个人专业发展计划，不断提升自身的教学水平和专业素养。

（4）增强问题解决和研究能力。教师在设计和实施创新教学活动时，往往会遇到各种问题和挑战，需要进行深入的研究和探讨，寻找有效的解决方案。这种问题解决和研究的过程，有助于提升教师的研究能力和批判性思维，培养科学的教学研究素养，推动教师的专业自主发展。

（5）提升教学资源开发能力。创新教学设计，需要教师开发和整合多种教学资源，如教学视频、实验材料、数字化资源等，满足不同学生的学习需求。在开发教学资源的过程中，教师不断积累经验和技能，提升自己的资源开发能力和创新能力，进而推动专业自主发展。

（6）促进合作与交流。创新教学设计，通常需要教师与同事、学生、家长以及外部专家进行合作与交流，形成教学共同体，共同促进教学创新。通过合作与交流，教师能够学习和借鉴他人的经验和做法，拓宽视野，提升自身的专业素养和综合能力，推动个人的专业自主发展。

（二）中小学教师创新教学设计与专业自主发展关系的实践案例分析

案例（1）：翻转课堂与教师专业发展

背景：某中学数学教师实施翻转课堂教学模式。

过程：

（1）设计与实施：教师录制教学视频，设计在线学习任务，课堂时间用于互动讨论和问题解决。

（2）反思与改进：通过学生反馈和教学效果评估，教师不断改进视频内容和课堂活动。

（3）合作与交流：教师与同事分享经验，参加专业培训，提升信息技术应用能力。

效果：教师的教学技能和策略显著提升，信息素养和技术应用能力增强，促进了个人的专业自主发展。

案例（2）：项目式学习与教师专业发展

背景：某小学科学教师实施"生态教室建设"项目式学习。

过程：

（1）设计与实施：教师设计项目任务，指导学生进行资料收集、图纸设计、模型建造等活动。

（2）问题解决与研究：在项目实施过程中，教师发现和解决了学生在团队合作、实验操作中的问题，开展了相关的课题研究。

（3）资源开发与整合：教师开发了丰富的教学资源，如项目指南、实验材料、数字化工具等。

效果：教师的研究能力、问题解决能力和资源开发能力显著提升，推动了个人的专业自主发展。

中小学教师的创新教学设计不仅有助于提升教学效果，还能在实践中促进教师的专业自主发展。通过不断尝试和改进新的教学方法，掌握现代教育技术，进行反思和持续改进，解决教学中的实际问题，开发和整合多种教学资源，教师能够不断提升自己的专业素养和综合能力。合作与交流也为教师提供了学习和发展的平台，进一步推动了教师的专业自主发展。通过这种良性互动，教师能够实现个人专业成长，同时为学生提供更优质的教育服务。

三、教师教学创新与项目驱动之间的关系

教师教学创新与教师项目驱动之间有着密切的关系。项目驱动（Project-Based Learning，PBL）是一种具体的教学创新方法，通过设计和实施实际项目，

推动教学的创新和变革。以下是两者关系的详细阐述：

（1）项目驱动是教学创新的重要形式。项目驱动作为一种新型的教学方法，体现了教学创新的核心理念。通过设计和实施项目，教师能够打破传统教学模式的束缚，提升教学效果和学生的学习体验。项目驱动教学法的应用，要求教师重新设计教学内容和活动，整合跨学科资源，创新教学方法和策略，实现教学的持续改进和优化。

（2）项目驱动促进教师专业发展。在项目驱动教学过程中，教师需要不断学习和掌握新的教学方法和技术，提升自身的专业素养和教学能力。教师在设计和实施项目的过程中，通过反思和总结教学经验，识别和解决教学中的实际问题，推动个人的专业自主发展。

（3）项目驱动推动教学变革。项目驱动教学法强调学生的主动探究和实践应用，促进学生的深度学习和综合素质的培养。通过项目学习，学生不仅掌握了知识，还提升了动手能力、问题解决能力和创新能力。教师通过实施项目驱动教学，能够有效推动教学变革，提升教学的互动性和趣味性，实现教学效果的最大化。

案例：中学历史课程的项目驱动教学

背景：某中学历史教师设计并实施了"重现古代文明"项目，旨在通过学生自主探究和角色扮演，深度理解古代文明的历史和文化。

实施过程：

（1）项目设计：教师设计了"重现古代文明"项目，包括项目背景、任务分工、研究方法等。

（2）资源整合：提供历史文献、视频资料和虚拟现实工具，帮助学生进行资料收集和情景模拟。

（3）项目实施：学生分组选择不同的古代文明，进行资料收集、角色扮演和情境重现。教师在课堂上组织讨论和演示活动。

（4）成果展示与评价：学生制作展示板、模型和角色扮演视频，进行成果展示。教师和学生共同评价项目表现。

效果：

（1）学生对历史知识的理解和记忆更加深刻，提升了历史思维能力和文化素养。

（2）教师在项目实施过程中，创新了教学方法和手段，积累了丰富的教学经验和资源。

教师教学创新与项目驱动之间的关系紧密而互补。项目驱动作为一种具体的教学创新方法，通过设计和实施实际项目，促进学生的深度学习和综合素质的培养。教师在项目驱动教学过程中，通过不断反思和改进教学方法，提升了自身的教学能力和专业素养，推动了个人的专业自主发展。同时，项目驱动教学法的应用有助于推动教学变革，实现教学效果的最大化，最终提升教育质量和学生的全面发展。

第四节 乡村教师教学创新与项目驱动的特点

一、乡村教师的教学创新与项目驱动

乡村教师教学创新是指在乡村教育环境中，教师通过引入新颖的教学方法、策略和工具，设计和优化教学活动，以提升教学效果和学生学习体验。创新教学不仅改善了教学质量，还可以解决乡村教育中存在的具体问题，如资源不足、学生参与度低等。

乡村教师教学创新的主要目标：提高学生的学习兴趣和主动性；适应乡村教育环境的特殊需求和条件；提升教学的有效性和灵活性；培养学生的创新能力和综合素质。

乡村教师的项目驱动是一种以学生为中心的教学方法，通过让学生参与实际项目，进行探究和实践，促进知识的应用和能力的培养。PBL 特别适合乡村教育，因为它可以结合本地资源和实际情况，进行灵活多样的教学活动。

乡村教师的教学创新与项目驱动之间有着特殊的关系。在资源相对有限的

乡村学校，教师面临着独特的挑战，但也拥有进行创新和项目驱动教学的独特优势。通过项目驱动教学，乡村教师不仅能有效利用现有资源，还能激发学生的兴趣和潜力，从而推动教学创新和提升教育质量。

二、乡村教师教学创新与项目驱动相结合的案例

案例：乡村中学的社区历史项目

背景：某乡村中学的历史教师设计并实施了"记录乡村历史"项目，通过学生自主探究和采访老一辈村民，了解和记录乡村的历史和文化。

实施过程：

（1）项目设计：教师设计了"记录乡村历史"项目，包括项目背景、任务分工、研究方法等。

（2）资源整合：提供历史文献、录音设备和数字工具，帮助学生进行资料收集和采访。

（3）项目实施：学生分组采访老一辈村民，收集历史资料，制作历史记录。教师在课堂上组织讨论和展示活动。

（4）成果展示与评价：学生制作展示板、记录视频和历史报告，进行成果展示。教师和学生共同评价项目表现。

效果：

（1）学生对历史知识的理解和记忆更加深刻，提升了历史思维能力和文化素养。

（2）教师在项目实施过程中，创新了教学方法和手段，积累了丰富的教学经验和资源。

案例表明，乡村教师的教学创新与项目驱动之间的关系紧密且互补。项目驱动作为一种具体的教学创新方法，通过设计和实施实际项目，促进学生的深度学习和综合素质的培养。乡村教师在项目驱动教学过程中，通过不断反思和改进教学方法，提升了自身的教学能力和专业素养，推动了个人的专业自主发展。同时，项目驱动教学法的应用有助于推动乡村教育变革，实现教学效果的最大化，

最终提升乡村教育质量和学生的全面发展。

三、乡村教师教学创新与项目驱动的特点

乡村教师的教学创新和项目驱动有其鲜明的特点，这些特点不仅反映了乡村教育的具体需求和挑战，也展示了其潜在的优势和机会。

（1）资源利用的创新。第一，本地资源整合。利用当地自然资源和社区资源，如农田、森林、河流等，进行环境教育和科学实验。第二，低成本资源开发。创设低成本但有效的教学资源，例如自制教具和使用本地材料。

（2）教学方法的多样性。第一，实践性教学。强调动手实践，如农业实验、手工制作、环境调查等，激发学生的学习兴趣和主动性。第二，跨学科整合。将多学科知识融合在实际项目中，帮助学生理解知识的综合性和应用性。

（3）学生中心的教学设计。第一，个性化学习。关注每个学生的兴趣和能力，设计多样化的学习任务和活动。第二，主动探究学习。通过问题引导、项目驱动和合作学习，培养学生的探究精神和自主学习能力。

（4）社区参与和合作。第一，社区资源共享。与当地社区和家长合作，共享资源和经验，共同推动教育发展。第二，社会实践活动。组织学生参与社区服务和社会实践，增强他们的社会责任感和实践能力。

（5）反思与持续改进。第一，教学反思。教师在教学过程中不断反思，总结经验，改进教学方法。第二，持续专业发展。通过培训、交流和合作，不断提升自身的专业素养和教学能力。

四、乡村教师教学创新和项目驱动的困难与局限性

乡村教师在进行教学创新和项目驱动学习时，存在着一些困难和局限性，这些因素往往影响他们实施创新教育方法和策略的效果。以下是一些常见的困难和局限性：

（1）资源匮乏和条件限制。主要表现在两个方面：一方面，教育设施不足。乡村学校常常缺乏现代化的教育设施，如实验室、图书馆、计算机设备等，限制了教学创新的实施。另一方面，学生家庭背景差异较大。学生家庭经济状况参差

不齐，可能导致教师在实施创新教学时面临资源分配不均的问题。

（2）教师专业发展和培训质量欠佳[①]。一方面，教师素质参差不齐，乡村教师的教育背景和专业发展程度差异较大，部分教师缺乏教学创新所需的专业知识和技能。另一方面，培训资源不足。乡村地区缺乏有效的教师培训机会和资源，限制了教师自身能力的提升和创新教学方法的采纳。

（3）教学管理和支持不足[②]。一方面，教学管理制度落后。乡村学校的管理体制可能相对滞后，缺乏有效的教学管理支持和激励机制。另一方面，学校领导支持不足，部分乡村学校领导对教学创新缺乏理解和支持，影响了教师实施创新的积极性和效果。

（4）学生背景和需求考虑。一方面，学生学习基础薄弱，乡村学生的学习基础和背景差异较大，教师在设计创新教学时需要考虑如何有效覆盖不同学生群体的需求。另一方面，教育期望和压力不同，乡村家长对教育的期望和压力可能与城市家庭有所不同，这也会影响到教师创新教学的实施方式和效果评估。

（5）社区文化和社会认知。一方面，社会文化传统限制。乡村地区的社会文化传统可能对教学创新持保守态度，教师在推动教育改革时面临来自社区的阻力。另一方面，教育观念和认知落后。部分乡村社区对于现代教育理念的认知和接受度较低，影响了教师创新教学理念的传播和实施。

这些困难和局限性不仅挑战着乡村教师在教学创新和项目驱动上的努力，也需要相关政策和社会力量的支持，以促进乡村教育的发展和提升教师的教学能力。

① 朱桂琴，马晓华，姜帅合.乡村教师教学创新能力影响因素调查研究 [J].课程·教材·教法，2022，42（5）：138-145.

② 房立，郭炯.乡村教师创新教学采纳影响因素及对策研究：数字技术促进乡村教育高质量发展 [J].中国远程教育，2024，44（7）：60-71.

第六章 个人规划与目标设定

教师制定个人职业发展规划，设定短期和长期目标，明确努力方向和步骤，定期评估和调整自己的发展目标和计划，能够确保专业成长的连续性和有效性。

第一节 中小学教师的职业生涯

根据美国生涯理论专家萨珀（Donald. E. Super）的观点："生涯"是生活里各种事件的方向；它统合了个人一生中各种职业和生活的角色，由此表现出个人独特的自我发展形态[①]。职业生涯是个人生涯的核心部分。美国组织行为专家道格拉斯 T. 霍尔（Douglas T. Hall）认为职业生涯是一个人一生中所有与工作相联系的行为与活动以及相关的态度、价值观等连续性变化经历的过程[②]。教师职业生涯是一个复杂而有意义的过程，包括从初入职场的新手教师，到成熟期的经验教师，直至达到职业巅峰的专家教师。教师职业生涯的发展需要不断地学习、反思、适应和改进，以应对教育环境的变化和学生需求的多样性。

一、国内外对教师职业生涯的界定

教师职业生涯的界定在国内外各有侧重，但总体来看，教师职业生涯是指教师在其职业生涯中所经历的不同发展阶段及其相应的角色和职责。这些阶段通常包括从初入职场的新手教师到成熟期的专家教师的整个过程。

① 胡凯. 大学生心理健康教育教程 [M]. 长沙：湖南人民出版社，2020.
② 布莱德·哈林顿，道格拉斯 T. 霍尔. 职业生涯规划与管理 [M]. 张星，张璐，译. 北京：机械工业出版社，2013.

（一）国内对教师职业生涯的界定

在中国，教师职业生涯通常被划分为几个主要阶段，每个阶段有其特定的任务和目标。国内学者和教育管理者对教师职业生涯的界定主要集中在以下几个方面。

1. 职业阶段划分

教师职业生涯通常被划分为以下几个阶段[①]。

第一阶段：适应阶段（3年内）。处于适应期的新手教师刚刚进入教育领域，主要任务是适应学校环境和教学工作，掌握基本的教学技能。

第二阶段：发展阶段（3~8年）。发展阶段的教师逐渐积累教学经验，探索并形成自己的教学风格，开始承担更多的责任，如班主任工作。

第三阶段：成熟阶段（8~15年）。处于该阶段的教师在教学上达到较高水平，能够进行教育教学研究，带动和指导其他教师。

第四阶段：创新阶段（15年以上）。创新阶段的教师成为教育专家或学科带头人，能够创新教学方法，参与教育政策制定和学校管理。

2. 职业发展目标

职业发展目标一般包括三个方面。

（1）提升专业素养目标。通过继续教育和培训，不断提升自身的专业知识和教学技能。

（2）教学研究目标。参与教育科研项目，撰写教育教学论文，探索新的教学方法和策略。

（3）教育管理目标。在积累一定教学经验后，部分教师可以向教育管理方向发展，如担任学校领导或教育行政管理者。

3. 评价与激励机制

主要表现在两个方面。

---

① 郭平. 教师专业发展概论 [M]. 成都：西南交通大学出版社，2017.

（1）职称评定。中国教师的职称评定是其职业发展的重要途径，从初级、中级到高级职称，代表了教师在专业领域的成长和进步。

（2）绩效考核。通过定期的教学评估和绩效考核，激励教师不断提高教学质量和专业水平。

（二）国外对教师职业生涯的界定

国外对教师职业生涯的界定也涵盖了从新手到专家的整个过程，但不同国家和地区有其独特的制度和文化背景。以下是一些主要国家和地区对教师职业生涯的界定或者理解。

1. 美国的教师职业生涯

美国通常将教师职业生涯划分为初级（Beginning）、中级（Developing）、高级（Accomplished）和专家（Distinguished）四个阶段[①]。美国教师职业发展路径强调教师的专业发展和继续教育，通过认证、培训和教师领导力项目提升教师的专业水平。支持与激励教师生涯发展强调提供多样化的专业发展机会，如国家认证（National Board Certification）和各种奖学金、研究机会，激励教师不断进步。

2. 英国的教师职业生涯

英国将教师职业生涯划分为新手教师（Newly Qualified Teacher）、合格教师（Qualified Teacher）、高级教师（Advanced Skills Teacher）和教学顾问（Consultant Teacher）等阶段[②]。英国的教师职业生涯强调专业标准，通过教师专业标准（Teachers' Standards）明确教师在不同阶段应具备的能力和素质，指导教师的职业发展。支持与激励教师生涯发展强调提供系统的职前培训和在职进修，支持教师通过继续教育和专业发展计划提升自身素养。

3. 日本的教师职业生涯

日本将教师职业生涯分为见习教师、常勤教师、主任教师、教务主任等阶

① 杜秀芳. 教师职业生涯规划与发展 [M]. 上海：华东师范大学出版社，2015.

② 崔慧丽. 英国缓解中小学教师短缺的创新性政策研究：基于《教师招聘和留任策略》的探析 [J]. 现代教育科学，2023（6）：44-51.

段①。日本教师职业生涯强调教师专业发展，注重在职培训和教师研究，鼓励教师通过教研活动和学习社区提升专业能力。同时，通过教师评估和职业发展制度，激励教师不断改进教学实践和提升专业水平。

（三）国内外教师职业生涯的共同点与差异

国内外教师职业生涯的共同点：无论是国内还是国外，教师职业生涯通常被划分为几个阶段，从新手教师到成熟期的专家教师；各国都强调教师的专业发展和继续教育，通过系统的培训和进修，提升教师的专业素养；各国都重视通过职称评定、绩效考核等机制，激励教师不断提高教学质量和专业水平。

国内外教师职业生涯的差异：首先在于制度和文化背景不同，不同国家和地区的教师职业生涯界定受到其教育制度和文化背景的影响，表现出不同的特点和实施方式。其次在于支持体系不同，国外一些国家提供更加多样化的支持和激励措施，如美国的国家认证和奖学金计划，英国的专业标准和进修机会等。

教师职业生涯的发展在国内外都被视为提高教育质量和促进教师专业成长的重要途径。通过系统的职业阶段划分、专业发展路径和评价激励机制，教师能够不断提升自身的专业素养和教学水平，为教育事业的发展作出更大的贡献。不同国家和地区在具体实施方式和支持体系上有所不同，但其核心目标是一致的，即支持和激励教师在职业生涯中不断进步和发展。

教师职业生涯是一个复杂而有意义的过程，包括从初入职场的新手教师，到成熟期的经验教师，直至达到职业巅峰的专家教师。教师职业生涯的发展需要不断地学习、反思、适应和改进，以应对教育环境的变化和学生需求的多样性。

二、教师职业生涯的阶段及特点和发展策略

（一）教师职业生涯的阶段

（1）初入职场阶段（1~5年）。教师在这一阶段往往充满热情和理想，但缺乏实际教学经验，需要适应新的工作环境和职责。教师在这一阶段的发展目标是

---

① 黄妮.二战后日本中小学教师在职育政策的历史演进研究[D].武汉：华中师范大学，2021.

掌握基础教学技能，建立与学生和同事的良好关系，适应学校的管理制度和文化。教师有效达成目标需要的支持是学校提供指导教师或导师，给予新教师及时的反馈和支持。

（2）发展阶段（5～10年）。教师在这一阶段逐渐积累了一定的教学经验，开始探索和尝试不同的教学方法和策略。教师在这一阶段的发展目标是提高教学效果，发展专业知识，尝试承担更多的责任，如班主任或教研组长。教师有效达成目标需要的支持是参与专业发展培训和工作坊，建立学习共同体，与同事分享和交流教学经验①。

（3）成熟阶段（10～20年）。教师在这一阶段已经成为教学领域的专家，具备深厚的专业知识和丰富的教学经验。教师在这一阶段的发展目标是提升教育科研能力，撰写并发表教学论文，指导和培训新教师，参与学校的决策和管理。教师有效达成目标需要的支持是获得更多的专业发展机会，参与教育科研项目，参加学术会议和交流活动。

（4）巅峰阶段（20年及以上）。教师在这一阶段成为教育领域的权威，能够对教育政策和实践产生重要影响。教师在这一阶段的发展目标是继续贡献自己的专业知识和经验，影响教育政策和实践，为教育事业的发展作出贡献。教师有效达成目标需要的支持是担任教育顾问或专家，参与教育改革和政策制定，享有更多的学术资源和支持。

（二）教师职业生涯的特点

教师职业生涯从属于职业生涯，但也由于教师职业的属性，有着其自身的特点。

（1）构成的多层面。教师职业生涯的构成包括行为层面的教育教学行为，也包括与教师职业行为相适应的教师职业道德、教育与职业信念、教育与职业理想与对教师身份认同等精神层面的部分。

---

① 佐藤学.静悄悄的革命：课堂改变，学校就会改变 [M].李季湄，译.北京：教育科学出版社，2014.

（2）发展的动态过程。教师职业生涯是一个连续的动态过程，包括职前准备阶段——教育教学能力的培养、基本教师职业道德的习得；入职适应阶段——熟悉学校规章制度、课程与学生；在职发展阶段——教师专业能力的提升与发展；职后稳定阶段——教师职业生涯的反思、思考阶段。

（3）影响的多因素。教师职业生涯会受到多种因素的影响，包括教师个人专业能力、教育信念等主观因素，也包括学校、社会环境等客观因素。

（三）教师职业生涯的发展策略

（1）终身学习。教师终身学习强调两个方面。一方面，强调教师持续进修，参加专业发展培训，攻读更高的学历，如硕士或博士学位。另一方面，强调教师自我学习，通过阅读专业书籍和期刊，关注教育领域的最新研究和趋势，提升自己的专业素养。

（2）反思性实践。教师反思性实践强调两个方面。一方面，强调定期进行教学反思，总结教学经验和教训，不断改进教学方法。另一方面，强调开展小规模的教学研究，探索有效的教学策略和方法[①]。

（3）专业交流。教师专业交流强调两个方面。一方面，强调积极参加学校和地区的教研活动，与同事交流和分享教学经验。另一方面，强调加入教育专业组织和协会，[②]参加学术会议和研讨会，扩大专业网络。

（4）教育科研。教师教育科研强调两个方面。一方面，强调撰写并发表教育教学论文，总结自己的教学实践和研究成果。另一方面，强调参与教育科研项目，申请科研基金，提升自己的科研能力和水平。

（5）职业规划。教师职业规划强调两个方面。一方面，强调设定目标，根据不同阶段的职业需求，设定明确的职业发展目标和计划。另一方面，强调评估调整，定期评估职业发展目标的实现情况，根据实际情况进行调整和优化。

----

① 常英华.教师教学反思的意义、内涵及实践路径 [J].教育理论与实践，2023，43（28）：41-45.

② 董香君.美国成人教育专业组织发展研究 [D].保定：河北大学，2022.

（6）争取支持。教师争取支持强调三个方面。其一，学校支持，包括指导教师制度和专业发展机会。指导教师制度是指建立为新教师配备指导教师，提供及时的反馈和帮助的制度。同时，提供多样化的专业发展培训和学习机会，支持教师的职业成长。其二，教育行政支持，包括政策支持和资源投入两个方面。一方面，制定有利于教师职业发展的政策，如职称评定、继续教育和培训资助等。另一方面，增加对教育科研和教师培训的投入，提供必要的资金和资源支持。其三，社会支持。鼓励家长和社区参与学校教育，支持教师的工作和职业发展。同时，通过媒体宣传和报道，提升教师职业的社会地位和影响力。

教师职业生涯的发展是一个持续学习和不断进步的过程，需要教师自身的努力和外部支持的结合。通过终身学习、反思性实践、专业交流和教育科研，教师可以不断提升自己的专业素养和教学水平，实现个人职业发展的目标。同时，学校、教育行政和社会的支持对于教师职业生涯的发展至关重要。

第二节　教师个人职业发展规划

教师个人职业发展规划是指教师在其职业生涯中为了实现个人和职业目标而制定的系统计划。这个规划通常涵盖了短期、中期和长期的目标，并包括实现这些目标所需的步骤和资源。

一、教师职业发展理论

（一）福勒（Fuller）和布朗（Brown）的教师关注阶段论

福勒和布朗提出的教师关注阶段论（Concerns-Based Adoption Model，CBAM）是一个描述教师职业发展和关注焦点变化的理论模型[1]。该模型认为，教师在其职业发展的不同阶段会经历不同的关注点，这些关注点反映了教师在专业

---

[1] FULLER F F. Concerns of Teachers: A Developmental Conceptualization[J]. American Educational Research Journal, 1969, 6(2): 207-226.

发展过程中的需求和挑战。

福勒和布朗将教师的关注分为三个主要阶段，每个阶段又细分为若干具体的关注点。

（1）自我关注阶段（Self Concerns）。教师主要关注自身生存（Survival Concerns）和关注任务（Task Concerns）。关注自身生存，这是教师职业生涯的初始阶段，教师主要关注如何在新环境中生存下来。担心自己的教学能力、课堂管理和学生的接受度，害怕自己无法胜任教师角色。在关注任务这一阶段，教师开始关注如何有效地完成教学任务。他们关心如何组织教学内容、设计教学活动、管理课堂和评估学生的学习效果。

（2）任务关注阶段。这一阶段，教师关注教与学的任务（Teaching and Learning Tasks），教师开始关注具体的教学任务和教学方法。他们探索如何有效地传递知识，设计和实施有效的教学活动，以及如何使用教学资源和技术工具。

（3）影响关注阶段（Impact Concerns）。教师主要关注学生的影响（Impact on Students）和关注创新和改进（Innovation and Improvement）。关注学生的影响，即教师逐渐将注意力转向学生的学习效果和成长。他们关心如何激发学生的学习兴趣，提高学生的学业成绩和综合素质，关注不同学生的学习需求和个体差异。关注创新和改进，即教师职业生涯的高级阶段，教师不仅关注教学效果，还致力于教育创新和教学改进。他们积极参与教育科研，探索新的教学方法和策略，以提升整体教育质量。

教师关注阶段论对理解和支持教师的职业发展具有重要意义。

（1）识别教师需求。通过了解教师在不同阶段的关注点，学校和教育管理者可以更好地识别教师的需求，提供有针对性的支持和帮助。

（2）设计专业发展活动。根据教师在不同阶段的关注点，设计和实施符合其需求的专业发展活动和培训课程，提高培训的有效性。

（3）支持教师成长。关注教师在职业生涯中的不同需求和挑战，提供持续的指导和支持，帮助教师顺利度过各个发展阶段，提升专业素养和教学水平。

（4）促进教育创新。鼓励教师在职业生涯的高级阶段参与教育科研和创新，推动教学方法和策略的改进，提升教育质量和学生学习效果。

教师关注阶段论提供了一个框架，帮助理解教师在职业发展中的不同关注点和需求。通过识别教师在不同阶段的关注点，教育管理者和学校可以设计和提供有针对性的支持和培训，帮助教师顺利度过职业生涯的各个阶段，实现专业成长和发展。

（二）伯顿（Burden）的教师发展阶段论

伯顿的教师发展阶段论是一种框架，用于描述教师在其职业生涯中所经历的不同发展阶段。伯顿的理论强调教师的成长是一个连续的过程，每个阶段都有其独有的特征和需求[①]。以下是伯顿的教师发展阶段论的主要细分阶段。

（1）新手阶段（Novice Stage）。教师刚开始职业生涯，缺乏教学经验和实践技巧。处于该阶段的教师需要大量的指导和支持，从资深教师和学校管理者那里获得反馈。面临的挑战是适应班级管理、课程设计和学生互动等各方面的实际教学工作。

（2）熟练阶段（Competent Stage）。教师开始熟悉教学工作，积累了一定的教学经验和技能。处于该阶段的教师需要机会进一步实践和巩固所学的教学方法，探索不同的教学策略。面临的挑战主要是处理复杂的教学情境，调整和改进教学方法以满足不同学生的需求。

（3）精通阶段（Proficient Stage）。教师具备丰富的教学经验和较高的专业水平，能够自如地应对教学挑战。处于该阶段的教师需要持续的专业发展机会，以进一步提升教学能力和专业知识。面临的挑战主要是在教学中实现创新和改进，保持对教学的热情和动力。

（4）专家阶段（Expert Stage）。教师在职业生涯中达到高峰，展现出卓越的教学能力和专业成就。处于该阶段的教师需要参与更高层次的专业活动，如教育研究、课程开发和教师培训。面临的挑战主要是在教学中保持创新，指导和支

---

① NEWMAN K K, BURDEN P R, APPLEGATE J H. Helping Teachers Examine Their Long-range Development[J]. The Teacher Educator, 1980, 15(4): 7-14.

持其他教师的发展，推动教育领域的进步。

（5）领导阶段（Leadership Stage）。教师不仅在教学方面具有很高的专业水平，还在教育界具有一定的影响力。处于该阶段的教师需要承担更多的领导责任，如教育政策制定、学校管理和教师发展规划。面临的挑战主要是平衡教学和领导职责，确保教育质量的提升和教师团队的发展。

通过伯顿的教师发展阶段论，教育工作者可以更好地理解教师在职业生涯中的不同阶段，并提供适当的支持和资源，以促进教师的持续成长和专业发展。

（三）费斯勒（Feissel）的"教师职业发展模型"

费斯勒的"教师职业发展模型"提供了一种系统性的方法来理解教师在其职业生涯中的成长和发展[①]。这个模型描述了教师从新手到专家的不同发展阶段，以及在每个阶段中可能遇到的挑战和需要的支持。费斯勒的教师职业发展模型主要包括以下几个阶段。

（1）初始阶段（Initiation Stage）。新教师刚踏入教学岗位，对教学工作充满热情但缺乏经验。处于该阶段的教师需要大量的指导和支持，从资深教师那里获取实际的教学经验和策略。面临的挑战主要是适应课堂管理、课程规划和教学实施。

（2）巩固阶段（Stabilization Stage）。教师逐渐熟悉教学工作，建立起基本的教学方法和风格。处于该阶段的教师需要进一步的培训和支持，以巩固和提升自己的教学技能。面临的挑战主要是应对不同的教学情境，满足学生多样化的学习需求。

（3）更新阶段（Renewal Stage）。教师在教学实践中寻求新的方法和创新，探索新的教学理念和技术。处于该阶段的教师需要专业发展的机会，如研讨会、培训课程和同事之间的合作与交流。面临的挑战主要是不断更新和改进自己的教学方法，保持教学的有效性和吸引力。

....

① FEISSLER R. A Model for Teacher Professional Growth and Development[C].Career-long Teacher Education. Spingfield IL: Charles C Thomas Publisher LTD, 1985: 181-193.

（4）成熟阶段（Maturity Stage）。教师在教学领域中积累了丰富的经验和深厚的专业知识，能够灵活应对各种教学挑战。处于该阶段的教师需要承担更多的领导责任，如指导新教师、参与课程开发和教育研究。面临的挑战主要是平衡教学和其他专业责任，保持对教育工作的热情和投入。

（5）专家阶段（Expert Stage）。教师在职业生涯中达到顶峰，展现出卓越的教学能力和专业造诣。处于该阶段的教师需要参与高级别的教育活动，如教育政策制定、学术研究和国际交流。面临的挑战主要是在教育领域中保持领先地位，继续推动教学创新和教育改革。

（四）司德菲（**Steffy**）的"教师生涯发展模式"

司德菲的"教师生涯发展模式"是一个系统性框架，旨在描述和理解教师在职业生涯中的不同发展阶段[①]。这个模式包括以下几个关键阶段。

（1）进入阶段（Entry Stage）。新教师刚进入教学领域，处于适应期和探索期，面临班级管理、课程设计和教学方法的实际挑战，需要资深教师的指导和支持，学校的培训和帮助。

（2）稳定阶段（Stabilization Stage）。教师在教学岗位上稳定下来，逐渐熟悉并适应教学工作。教学方法和策略趋于稳定，教学风格逐渐形成。该阶段的教师发展需要提升教学技巧，增强课堂管理能力，建立与学生的良好关系。

（3）实践阶段（Experimentation Stage）。教师开始进行教学创新和尝试新方法，探求更有效的教学策略。该阶段教师运用不同的教学技术和资源，关注学生的个性化需求，通过反思和评估，调整和改进教学方法。

（4）专业化阶段（Professionalization Stage）。教师逐步成为教学专家，具备高水平的专业知识和技能。教师的教学贡献表现在参与教育研究、教材编写、教师培训等活动，分享教学经验，具有教学领导力，担任教学领导角色，指导和帮助其他教师，推动学校和教育的发展。

（5）高峰阶段（Peak Stage）。教师在职业生涯中达到高峰，展现出卓越的

---

① 朱旭东. 教师专业发展理论研究 [M]. 北京：北京师范大学出版社，2011.

教学能力和学术成就。处于该阶段的教师在教育界具有一定的影响力，积极参与教育政策的制定和实施，不断学习和提升，保持对教学的热情和投入。

（6）退出阶段（Exit Stage）。教师职业生涯接近尾声，逐步退出教学一线工作。处于该阶段的教师乐于传授经验和知识，指导新一代教师，确保教育质量的延续。有些教师可能继续参与教育活动，以顾问或兼职的形式贡献力量。

司德菲的"教师生涯发展模式"通过描述教师在职业生涯中的不同阶段，帮助教育工作者理解和支持教师的专业成长。这个模式强调教师在各个阶段的需求和挑战，提供了相应的指导策略，以促进教师的持续发展和职业成功。

（五）休伯曼（Michael Huberman）的"教师职业主题模式"

休伯曼的"教师职业主题模式"是一个描述教师职业生涯不同阶段的理论模型，强调了教师在职业发展过程中可能经历的各种主题和转变[1]。该模型关注教师职业生涯的动态变化和多样性。休伯曼的教师职业主题模式包括以下主要阶段。

（1）生存和发现阶段（Survival and Discovery）。新教师刚进入教学领域，面临适应新环境和角色的挑战。处于该阶段的教师需要大量的支持和指导，以应对实际教学中的各种问题。生存（适应新环境）、发现（探索有效的教学方法）是该阶段教师职业发展的主题。

（2）稳定阶段（Stabilization）。教师逐渐适应教学工作，建立起自己的教学风格和方法。处于该阶段的教师需要稳定的工作环境和持续的专业发展支持。稳定（巩固已有的教学方法）、持续改进（提升教学质量）是该阶段教师职业发展的主题。

（3）实验和多样化阶段（Experimentation and Diversification）。教师开始尝试新的教学方法和策略，探索多样化的教学实践。处于该阶段的教师需要专业发展的机会和资源，以支持教学创新。实验（尝试新的教学策略）、多样化（应对不同学生的需求）是该阶段教师职业发展的主题。

（4）反思阶段（Stock-Taking and Self-Assessment）。教师进入职业生涯的

---

① HUBERMAN M. The Lives of Teachers[M]. New York: Teachers College Press, 1993.

中期，开始反思自己的教学实践和职业发展。处于该阶段的教师需要时间和机会进行自我评估和职业规划。反思（评估自己的教学实践）、自我评估（确定未来的发展方向）是该阶段教师职业发展的主题。

（5）严重疑虑阶段（Serious Doubts and Crisis）。一些教师可能在职业生涯中期遇到职业倦怠或严重的职业疑虑。处于该阶段的教师需要心理和专业支持，以度过职业危机。疑虑（对职业选择的质疑）、危机（面临职业倦怠）是该阶段教师职业发展必须应对的主题。

（6）宁静和保护阶段（Serenity and Conservatism）。教师职业生涯的后期，逐渐形成成熟的教学方法和态度。处于该阶段的教师需要保持职业成就感和工作满意度。宁静（教学工作的稳定）、保护（保护自己的教学方法）是该阶段教师职业发展的主题。

（7）退出和遗产阶段（Disengagement and Legacy）。教师接近退休，开始规划退出教学工作，并考虑自己的职业遗产。处于该阶段的教师需要对职业生涯进行总结，并准备退休后的生活。退出（准备退休）、遗产（传授经验和知识）是该阶段教师职业必须面临的选择。

二、教师个人职业发展规划

教师个人职业发展规划是一个动态的过程，需要根据实际情况不断调整和改进。通过系统地规划和不断地努力，教师可以在职业生涯中不断成长，提升自己的专业素养和教学效果，实现个人与职业的双重发展。

（一）制定个人职业发展规划的意义

制定个人职业发展规划是教师提升自身专业素养、实现职业目标的有效途径。教师制定个人职业发展规划有多个重要的理由和多方面的意义，这些规划不仅对教师个人的职业成长有益，也对学生的教育质量和学校的发展具有积极影响。

（1）制定个人职业发展规划有助于职业目标明确化。制定规划可以帮助教师明确职业目标和发展方向，避免盲目工作。同时，设定短期、中期和长期目标，阶段性目标的有效达成使教师能够逐步实现职业理想。

（2）制定个人职业发展规划有助于教师实现持续的专业发展。这种专业发展主要表现在两个方面。一方面，更新知识与技能。教育领域不断发展，教师需要持续学习新知识和技能，以保持竞争力。另一方面，实现教学改进，通过规划，有意识地参与专业发展活动，如研讨会、培训课程等，以提升教学水平。

（3）制定个人职业发展规划有助于增强职业成就感。这种职业成就感主要表现在两个方面。一方面，实现自我价值。通过达成一个个职业目标，教师能获得成就感和自我价值的提升。另一方面，职业满足感。清晰的职业规划能帮助教师在职业生涯中获得更高的满足感和成就感。

（4）制定个人职业发展规划有助于有效应对职业挑战。提前规划可以帮助教师预见职业生涯中的挑战，并做好相应准备。同时，教育环境和政策不断变化，规划能帮助教师灵活应对各种变化。

（5）制定个人职业发展规划有助于提升教学质量。职业发展规划鼓励教师不断尝试和应用新的教学方法，提升教学效果。同时，教师的专业发展直接影响学生的学习效果，进而提高整体教学质量。

（6）制定个人职业发展规划有助于促进职业晋升。一方面，明确晋升路径。规划能帮助教师了解职业晋升的路径和要求，并有针对性地进行准备。另一方面，实现竞争力提升。通过不断提升自己的专业水平，教师在竞争中更具优势。

（7）制定个人职业发展规划有助于推动学校发展。教师的职业发展规划有助于提升学校的整体教学水平和声誉。同时，规划可以促进教师间的协作和互助，共同推动学校的发展[1]。

（8）制定个人职业发展规划有助于职业安全感的提升。职业安全感的提升主要表现在两个方面。其一，稳定发展。有规划的职业发展能让教师对未来的职业生涯有更多的控制感，增强职业安全感。其二，减少职业倦怠。通过不断设定和实现新的目标，教师能保持对工作的热情和动力，减少职业倦怠。

---

[1] 基思·赫尔曼，温迪·瑞因克.自控力：教师压力管理 [M].张瑶婷，译.南京：江苏凤凰科学技术出版社，2018.

（9）制定个人职业发展规划有助于教师个人快速稳健成长。职业规划不仅关注专业技能的提升，也包括个人素质的全面发展，如领导力、沟通能力等。通过合理的规划，教师能更好地平衡工作与生活，提高整体生活质量。

（二）教师个人职业发展规划的内容和步骤

（1）自我评估。自我评估有两个重点。第一，识别自己的兴趣。识别自己对哪些教育领域或教学方法特别感兴趣，从而激发自己从业的动力与激情。第二，评估自己的优点与缺点。评估自己的优缺点，从而明晰自己的强项和弱项，以便有针对性地进行提升。

（2）设定目标。设定的目标包括短期目标、中期目标和长期目标。短期目标通常是职业生涯开始1～2年所要达成的目标。例如，提升课堂管理技能，参加特定的培训课程。中期目标通常是职业生涯的第3～5年所要达成的目标。例如，获得更高的教学资格，担任年级组长或教研组长。长期目标通常是职业生涯的第5年以上所要达成的目标。例如成为教学专家、教育顾问或校长。

（3）制定行动计划。行动计划主要包括三种。第一种：教育与培训计划。参加相关的研讨会、培训课程或继续教育，以提升专业知识的计划。第二种：教学实践计划。在教学中应用新方法，并不断反思和改进的计划。第三种：专业发展活动计划。积极参加教育会议、专业组织，并与同行交流的计划。

（4）获取资源。教师获取的资源包括校内资源和校外资源。教师获取校内资源是指利用学校提供的培训机会、教学资源和支持。教师获取外部资源是指寻找校外的培训机构、教育咨询和在线资源。

（5）寻求指导与反馈。教师寻求指导与反馈的路径主要有两种。第一，导师或教练指导。寻找一位经验丰富的导师或教练，提供专业指导和建议。第二种，同事反馈。定期向同事和上级征求反馈意见，以了解自己的教学效果和改进空间。

（6）实施与监控。首先是执行计划，按计划实施各项活动，并按时完成各阶段目标。其次是监控进展，定期回顾和评估进展，调整计划，以应对新的挑战和机遇。

（7）反思与调整。首先是定期反思，每学期或每年进行反思，评估自己的进步和不足。其次是调整目标和计划，根据反思结果，适时调整目标和行动计划，确保持续进步[①]。

（8）职业成长与晋升。首先是了解晋升路径，了解所在教育系统的晋升路径和要求，争取符合条件的晋升机会。其次是提升专业影响力，通过撰写教育论文、参与教育研究等方式，提升自己的专业影响力。

（三）教师职业发展规划与专业自主发展

教师制定个人职业发展规划与实现专业自主发展之间有着紧密的联系。制定个人职业发展规划是教师实现专业自主发展的重要途径和工具。职业发展规划有助于教师实现专业自主发展，主要表现在如下几个方面。

（1）明确方向与目标。职业发展规划帮助教师明确职业方向和目标，知道自己要朝哪个方向努力，设定清晰的短期、中期和长期目标，指导职业发展路径。通过专业自主发展，教师能够自主选择专业发展的方向和目标，根据自身兴趣和职业需求进行规划。明确目标有助于教师自主设计发展路径，逐步实现专业成长。

（2）实现系统化发展。职业发展规划提供了一个系统的框架，使教师的专业发展有序进行，包括教育与培训、教学实践、专业发展活动等具体步骤和计划。系统化的职业发展规划帮助教师自主设计和管理自己的专业发展路径。同时，在自主发展过程中，教师可以根据规划有序地提升专业能力和水平。

（3）持续学习与改进。通过职业发展规划，教师能够确定需要学习的新知识和技能，并制定学习计划，持续参加培训、研讨会和专业活动，不断更新和提升专业素养。同时，教师在自主发展过程中能够根据自身需求主动学习新知识和技能。持续学习和改进是教师专业自主发展的核心[②]，职业发展规划为教师提供了明确的学习方向和途径。

① 高敏.中学教师职业发展现状调查与对策研究：以苏州市 TL 中学为例 [D].武汉：华中师范大学，2019.

② 王忠昌.中职学校青年教师专业自主发展方式研究 [D].大连：辽宁师范大学，2019.

（4）有效利用资源。职业发展规划不仅帮助教师识别和利用各种资源，如校内外培训机会、教学资源等，而且提供获取和利用资源的具体策略和方法。同时，教师在自主发展过程中能够主动寻求和利用各种资源支持自己的发展。有效利用资源可以帮助教师更快、更好地实现专业自主发展目标。

（5）寻求指导与反馈。职业发展规划中包含了寻求指导和反馈的步骤，如寻找导师、定期反馈等，帮助教师在职业发展过程中获得专业支持和建议。同时，教师在自主发展过程中能够主动寻求同行、导师和上级的指导与反馈，这可以帮助教师不断反思和改进自己的教学实践和专业发展策略。

（6）评估与调整。职业发展规划中包含了定期评估和调整的环节，确保职业发展路径的有效性和灵活性。教师根据评估结果调整目标和计划，适应新的挑战和机遇。同时，教师能够自主评估自己的发展进程，根据实际情况进行调整和改进。这种评估与调整是实现专业自主发展的关键步骤，保证发展路径的动态适应性。

（7）增强自主性与责任感。通过制定和实施职业发展规划，教师增强了对自身职业发展的掌控感和责任感。职业规划使教师对自己的职业发展更加主动和自觉。同时，教师在自主发展过程中体现出更强的自主性和责任感，主动规划和管理自己的职业生涯。这种自主性和责任感是专业自主发展的核心动力，推动教师不断追求卓越。

（8）提升职业满意度与成就感。职业发展规划为教师提供了明确的发展路径，减少职业倦怠。实现规划中的目标可以带来职业成就感和满意度，激励教师继续努力。同时，专业自主发展过程中，教师能够实现个人价值和职业理想，提升职业满意度。自主选择和实现目标带来的成就感增强了教师的职业幸福感和归属感。

综上所述，教师制定个人职业发展规划是实现专业自主发展的重要工具和途径。通过系统化的规划，教师能够明确职业目标、持续学习和改进、有效利用资源、寻求指导与反馈、评估与调整，最终实现职业满意度和成就感的提升。专业自主发展在规划的指导下更有方向性和系统性，有助于教师不断提升专业素养和教学效果。

第三节　教师职业发展目标设定

通过合理设定职业发展目标，教师可以持续提升专业素养，改进教学实践，从而更好地服务学生和学校的发展需求。

一、教师职业发展目标的内容

根据联合国教科文组织（UNESCO）颁布的关于教师职业发展的标准和指导原则、教育部政策文件（如教育部发布的《教师专业发展规划》）以及相关教育研究文献，如《教师专业发展的理论与实践》（*Theory and Practice of Teacher Professional Development*），我们认为，教师职业发展的目标主要包括以下几个方面。

（1）专业知识和技能提升。教师需要不断更新和扩展其专业知识和教学技能，以适应教育内容和方法的不断变化。这包括深入理解学科知识、掌握最新的教学技术和方法，以及进行教育科研活动。

（2）教学实践的改进。提高教学实践的有效性和效率是教师职业发展的核心目标。通过反思和评估教学活动，教师可以识别改进的领域，并应用新的策略和技术来提升学生的学习效果。

（3）职业素养的提升。教师职业发展还包括提升职业素养，如道德规范、教育理念和职业态度。教师应具备良好的职业道德，尊重学生，维护公平，并持续追求教育的高标准。

（4）领导力和管理能力的培养。对于有志于在教育领域担任领导角色的教师来说，培养领导力和管理能力是重要目标。这包括班级管理、课程开发、教师培训和学校管理等方面的能力提升。

（5）心理健康和职业幸福感。教师职业发展的一个重要方面是关注教师自

身的心理健康和职业幸福感。通过平衡工作和生活、应对职业压力和保持积极的
职业态度，教师可以在职业生涯中获得更大的满足感和成就感。

（6）社区和文化的参与。教师职业发展还应包括参与社区和文化活动，建
立与家长、社区和其他教育工作者的良好关系。通过积极参与社区活动，教师可
以更好地了解学生的背景和需求，并提供更有针对性的教育。

通过这些目标的设定和实现，教师不仅能提升个人专业能力和职业素养，
还能更好地适应教育环境的变化，为学生提供高质量的教育。

二、教师职业发展目标的设定

教师职业发展目标的设定是教师在职业生涯中实现持续成长和发展的重要
环节。科学合理的目标设定能够帮助教师明确方向、激发动力，并通过不断地努
力实现专业素养的提升。

（一）教师职业目标设定的原则

教师职业目标设定的原则是确保目标的有效性和可实现性，帮助教师在职
业发展中持续进步。这些原则通常被总结为 SMART 原则，即 Specific（具体）、
Measurable（可测量）、Achievable（可实现）、Relevant（相关）和 Time-bound（有
时限）[1]。

1. 具体性（Specificity）原则

目标应该具体明确，描述清楚期望达到的成果。具体的目标能够帮助教师
聚焦于明确的行动步骤和结果。例如，不只是"提高教学水平"，而是"在一年
内通过参加培训课程，提升课堂管理技巧"。

2. 可测量性（Measurability）原则

目标应该是可衡量的，以便能够评估进展和成果。量化指标能够提供清晰
的反馈，帮助教师了解自己是否达到了预期的目标。例如，"每学期至少阅读两
本教育学相关书籍并撰写读书报告"，而不是笼统的"多读书"。

---

① 彼得·德鲁克.管理的实践[M].齐若兰，译.北京：机械工业出版社，2019.

3. 可实现性（Achievability）原则

目标应当是现实可行的，符合教师的实际情况和能力水平。过于困难或不切实际的目标可能导致挫败感和放弃。例如，初级教师可以设定完成基础教学技能培训的目标，而不是马上成为全国知名的教育专家。

4. 相关性（Relevance）原则

目标应该与教师的职业发展需求和学校的教育目标相关。确保目标与教师的工作职责和个人成长方向一致。例如，设定提升某一学科教学效果的目标，而不是与教学无关的其他目标。

5. 时限性（Time-bound）原则

目标应有明确的时间限制，确保有具体的完成期限。时限能够激励教师在规定时间内努力实现目标，避免拖延。例如，"在两年内获得高级教师资格证书"，而不是"将来获得资格证书"。

通过遵循这些原则，教师能够设定明确、可行的职业发展目标，推动自己的专业成长和教学能力的提升。

（二）教师职业目标设定的步骤

设定教师职业目标是教师在职业生涯中实现持续成长和发展的关键步骤。以下是教师设定职业目标的具体步骤。

1. 自我评估

教师需要进行自我评估，了解自己的职业现状、优势和劣势。这种自我评估包括三个方面。

（1）评估教学技能。反思自己在教学实践中的表现，确定哪些方面需要改进。

（2）评估专业知识。检视自己在专业领域的知识水平，考虑是否需要进一步学习或培训。

（3）评估职业兴趣。明确自己的职业兴趣和未来发展方向。

2. 确定发展需求

根据自我评估的结果，确定当前阶段最需要提升的领域和能力。教师发展需求通常包括：专业发展需求，例如，是否需要提升某一特定学科的教学水平；教学技能需求，例如，是否需要改进课堂管理能力或学习新的教学技术；职业资格需求，例如，是否需要获取高级教师资格或其他专业认证。

3. 设定具体目标

如前所述，按照 SMART 原则设定具体的职业发展目标。教师职业发展目标通常包括三种目标。

（1）短期目标。在一个学期内掌握新的教育技术工具，并在课堂上有效应用。每月进行一次公开课，接受同事和学生的反馈，并进行改进。参加校内外专业发展工作坊，提升教学策略。

（2）中期目标。在两年内完成硕士学位课程，提升专业理论知识。参与并主持一个教研项目，提升科研能力和教学实践水平。获得中级教师资格认证，扩展职业发展机会。

（3）长期目标。在五年内成为学校教学骨干，带动全校教学水平的提升。出版一本教育教学相关书籍，分享自己的教学经验和研究成果。持续参加国内外学术交流，保持专业发展的前沿性。

4. 制定行动计划

为实现目标制定详细的行动计划，明确每一步的具体措施和时间安排。行动计划包括三个部分。

（1）学习和培训。选择适当的培训课程、研讨会或专业发展活动。

（2）实践和应用。在日常教学中应用新学到的技能和知识。

（3）资源支持。寻求学校、同事和专业组织的支持和资源。

5. 实施和调整

按照计划逐步实施，在过程中不断评估进展，必要时进行调整和优化。

（1）监控进展。定期检查目标的实现情况，记录取得的进展。

（2）调整计划。根据实际情况调整行动计划，以确保目标的可行性和相关性。

6.反馈和反思

定期获取反馈，总结经验教训，为下一阶段的目标设定提供参考。一方面，获取反馈。从学生、同事和上级那里获取反馈意见，了解自己的改进效果。另一方面，反思总结。反思自己在目标实现过程中的表现，总结成功经验和需要改进的地方。

通过这些步骤，教师可以设定科学合理的职业发展目标，推动自己的专业成长和教学能力的提升。

第四节　乡村教师职业发展规划

乡村教师的职业发展是一个动态的、不断调整和适应的过程，以应对不断变化的教育需求。乡村教师应制定个人发展规划，通过持续学习和实践，提升教学能力和教育素养。乡村教师在制定个人职业发展规划时，需要结合乡村学校的特殊环境和自身的发展需求，考虑到城乡资源差距、学生需求和个人成长的实际情况。

一、乡村教师职业发展规划的特点和策略

乡村教师职业发展规划具有一些鲜明的特点，主要体现在资源环境、职业目标、发展路径和支持机制等方面[1]。针对这些特点，乡村教师制定个人职业发展规划时可以采取相应的策略。

（一）资源环境有限的特点

主要体现在两个方面。一方面，教育资源有限，乡村学校通常缺乏先进的

---

[1] 奉燕.乡村青年教师职业生涯规划的调查研究：以重庆市 F 县为例 [D]. 桂林：广西师范大学，2021.

教学设备和丰富的教学资源。另一方面，专业培训机会少，由于地理位置偏远，乡村教师参加高质量的专业培训和学术交流的机会较少。

针对这个特点，教师可以采取相应对策。一方面，充分利用网络资源，通过互联网和在线平台，获取最新的教育资讯和教学资源。另一方面，实现本地资源整合，充分利用当地的教育资源，与周边学校和教育机构合作，共享资源和经验。

（二）职业目标务实的特点

主要体现在两个方面。第一，强调教学实际效果。乡村教师的职业目标通常更注重解决实际教学问题，提高学生的学业成绩和综合素质。第二，注重学生全面发展。关注学生的全面发展，包括学业、品德、身心健康等方面。

针对这个特点，教师可以采取相应对策。第一，制定切实可行的目标。根据自身和学校的实际情况，设定具体、可衡量、可实现的职业发展目标。第二，逐步实现长远目标，在实现短期目标的基础上，逐步推进长期职业发展目标。

（三）发展路径多样的特点

主要体现在两个方面。第一，多样化发展路径。乡村教师的职业发展路径更加多样化，可以通过教学、管理、科研等多方面发展。第二，灵活调整计划。根据实际情况和需求，灵活调整职业发展规划和路径。

针对这个特点，教师可以采取相应对策。第一，结合自身优势和兴趣。根据自身的优势和兴趣选择合适的发展路径，如专注于教学科研或参与学校管理。第二，灵活应对变化。在实施职业发展规划过程中，根据实际情况及时调整计划，保持灵活性和适应性。

（四）社区和家校合作的特点

主要体现在两个方面。第一，社区支持十分重要。乡村教师职业发展离不开社区的支持，社区资源和家长参与对教师的发展起到重要作用。第二，家校合作密切。由于乡村社区相对紧密，家长与学校的联系更加紧密，家校合作更加频繁和深入。

针对这个特点，教师可以采取相应对策。第一，加强家校沟通。建立和维护良好的家校沟通渠道，定期与家长交流学生的学习情况和发展规划。第二，充分利用社区资源。积极参与社区活动，利用社区资源支持学校教育和个人发展。

（五）多重角色与职业孤独感

第一，乡村教师常常需要承担多重角色，如班主任、辅导员和课外活动组织者。第二，乡村教师容易产生职业孤独感。由于地理位置偏远，乡村教师可能缺乏与同行的交流和学习机会，容易产生职业孤独感[1]。

针对这些特点，教师可以采取相应对策。第一，加强时间管理和角色平衡，合理安排教学和课外活动，确保各项工作有序进行。第二，利用互联网与其他教师建立联系，加入专业教育社群和网络论坛，定期参加线上、线下的教育交流活动。

（六）关注乡村教育特色的特点

一方面，乡村教育特色明显。乡村教师的职业发展需要考虑到乡村教育的特殊性，如学生的家庭背景、乡村文化等。另一方面，教学内容和方法本土化。根据乡村学生的实际情况，调整教学内容和方法，使其更适合乡村学生的学习和成长[2]。

针对这个特点，教师可以采取相应对策。第一，因地制宜策略。在制定职业发展规划时，充分考虑乡村教育的特点和需求，采取因地制宜的策略。第二，本土化教学策略。结合乡村实际情况，探索和实践本土化的教学内容和方法，提高教学效果。

（七）强调自我提升和终身学习

主要体现在两个方面。第一，自主学习和自我提升[3]。由于外部培训机会有

---

① 阚常秋.城市化特征对新生代乡村教师工作压力的影响及缓解对策 [J].中国农村教育，2019（22）：15-16.

② 黄慧泽."80后"乡村教师的职业生存状态研究 [D].济南：山东师范大学，2019.

③ 全晓洁，蔡其勇.乡村教师专业发展的文化回应性审思：走向文化理解、反思与实践 [J].教育研究，2024，45（4）：84-95.

限，乡村教师更需要依靠自主学习和自我提升。第二，实践终身学习理念。乡村教师需要实践终身学习的理念，不断更新知识和技能，适应教育发展的需要。

强调自我提升和终身学习，教师可以制定个人学习计划，根据职业发展目标，制定详细的个人学习计划，持续进行专业知识和技能的学习。同时，教师还可以充分利用在线学习平台和资源，获取最新的教育理论和实践方法，提升自身素养。

乡村教师的职业发展规划需要结合自身实际情况和乡村教育的特殊性，制定切实可行的发展目标和路径。通过充分利用网络资源、加强家校合作、注重自我提升和终身学习，乡村教师可以不断提升专业素养和教学水平，为乡村教育的发展作出更大的贡献。

二、乡村教师个人职业发展规划的样例

通过个人职业发展规划，乡村中小学教师可以明确自己的职业目标，制定具体的行动计划，并通过定期评估和调整，确保职业成长的持续性和有效性。这不仅有助于提升个人的专业素养和职业成就感，也能更好地为学生提供高质量的教育服务，促进乡村教育的发展。以下展示的是某乡村教师个人职业发展规划的样例。

某乡村数学教师个人职业发展规划样例

（一）个人背景和现状分析

姓名：张老师

学校：湖南省湘乡市某乡村小学

教学年级和科目：小学三年级数学

教龄：5年

现状分析：

（1）个人优势：对学生有爱心和耐心，教学方法灵活，能与学生和家长建立良好的关系。

（2）个人不足：在现代教育技术的应用上经验不足，缺乏系统的专业培训，英语水平有待提高。

（二）职业发展目标

1. 长期目标（5~10年）

（1）成为乡村小学教育领域的骨干教师，具备较高的专业素养和教学水平。

（2）在教育科研上有所建树，撰写和发表教育教学论文。

（3）掌握并应用现代教育技术，提高课堂教学效果。

2. 短期目标（1~3年）

（1）提高自身专业知识和技能，参加相关培训和进修课程。

（2）在教学中引入信息技术，提升课堂互动性和学生参与度。

（3）提高英语水平，以便更好地理解和应用国际先进教育理念。

（三）具体实施计划

1. 第一年

（1）专业知识和技能提升。参加县教育局组织的骨干教师培训班，重点学习教学方法和课堂管理。同时，阅读专业书籍和教育期刊，每月撰写读书笔记和心得体会。

（2）信息技术应用。学习基础的多媒体课件制作技术，尝试在课堂中使用PPT和教育软件。同时，利用互联网资源，获取优质教学资料和视频，丰富课堂内容。

（3）英语水平提升。报名参加英语培训班，每周学习两次，重点提升听说能力。同时，每月背诵一篇英语短文，练习英语表达。

2. 第二年

（1）专业知识和技能提升。申请参加市级或省级的教育研讨会和培训，了解最新的教育理念和教学方法。同时，开展小规模的教育科研，尝试撰写教学反思和教育论文。

（2）信息技术应用。制作和优化多媒体课件，提高课堂互动性。同时，通过网络教学平台（如钉钉、腾讯会议）进行线上教学实验，积累经验。

（3）英语水平提升。每月阅读一本英语原版书籍或教育文献，撰写读书报告。同时，尝试参加英语角活动，与他人交流，提高口语水平。

3. 第三年

（1）专业知识和技能提升。参加省级或国家级的教育科研项目，提升科研能力和水平。同时，在县级或市级教育期刊上发表至少一篇教育教学论文。

（2）信息技术应用。探索混合式教学模式，将线上和线下教学结合，提升教学效果。同时，学习并应用更多的教育技术工具，如互动白板、在线测评系统等。

（3）英语水平提升。申请参加国际教育交流项目，了解国际先进的教育理念和教学方法。同时，制定个人英语学习计划，每天坚持学习和练习，逐步提高英语水平。

（四）定期评估与调整

1. 每学期末

（1）进行自我评估和反思，总结教学中的得失，制定改进措施。

（2）收集学生和家长的反馈，了解教学效果和改进空间。

（3）与校领导和同事交流，听取他们的建议和意见。

2. 每年末

（1）对照职业发展目标，全面评估年度目标的实现情况，分析未完成目标的原因。

（2）根据实际情况和自身发展需要，调整下一年的职业发展计划和目标。

（五）保障措施

（1）时间管理。合理安排工作和学习时间，确保有足够的时间进行专业发展和个人提升。

（2）资源利用。积极利用学校和教育部门提供的培训和进修机会，主动寻求外部资源支持。

（3）支持系统。建立良好的支持系统，包括家庭、学校和同事的支持，确保在职业发展过程中有坚实的后盾。

通过制定个人职业发展规划，明确自己的职业目标和发展方向，乡村教师可以不断提升自身专业素养和教学水平，更好地服务于学生和社区，实现自身的职业理想和教育使命。

第七章 获取反馈与持续改进

教师实现专业自主发展必须主动获取同事与学生的反馈，主动向同事和学生征求教学反馈，了解自己的优点和不足，不断改进教学方法。同时，定期进行自我评估，分析自己的教学效果和专业发展情况，找出改进方向和可行措施，从而持续改进自己的专业发展。

第一节 教师如何有效获取反馈

中小学教师获取反馈指的是教师通过多种渠道和方式，收集关于自己教学和职业表现的信息[1]。这些反馈帮助教师了解自己的教学效果、学生的学习情况以及需要改进的方面，从而促进专业发展和教学质量的提升。

一、中小学教师获取反馈的意义

中小学教师获取反馈是职业发展的重要环节，能够帮助教师不断改进教学方法、提升教学效果、促进个人专业成长。具体来说，获取反馈对于教师发展有以下几个重要意义。

（一）提升教学质量

（1）体现在改进教学方法。反馈可以帮助教师发现课堂教学中的不足和问题，从而进行有针对性的改进。教师根据反馈调整教学策略和方法，提升教学的

---

[1] CARLESS D, BOUD D. The Development of Student Feedback Literacy: Enabling Uptake of Feedback[J]. Assessment & Evaluation in Higher Education, 2018, 43(8): 1315-1325.

有效性和学生的学习效果。

（2）体现在促进学生发展。一方面，满足学生需求。通过学生反馈，教师可以更好地了解学生的需求和学习困难，提供个性化辅导和支持。另一方面，提升学生学习效果。改进教学方法和内容，使教学更符合学生的学习习惯和兴趣，提升学习效果①。

（二）促进专业成长

（1）获取反馈有利于自我反思与提升。一方面，反馈促进教师对自己的教学进行反思和评估，发现优点和不足，明确改进方向。另一方面，通过反馈了解自己的专业水平，制定针对性的职业发展计划，不断提升专业素养。

（2）获取反馈有利于同行学习与交流。一方面，有利于互相借鉴。通过同行反馈，教师可以学习他人的优秀教学经验和方法，提升自己的教学水平。另一方面，有利于合作改进。通过与同事的交流和合作，共同探讨和解决教学中的问题，实现共同进步。

（三）增强职业成就感

（1）获取反馈有利于获得认可与鼓励。一方面，学生、家长和同行的积极反馈可以增强教师的职业自信心和成就感，激励教师不断努力。另一方面，良好的教学反馈有助于教师获得学校和教育主管部门的认可和奖励，提高职业满意度。

（2）获取反馈有利于促进师生关系。一方面，获取反馈有利于增进理解与沟通。通过反馈，教师可以更好地理解学生的想法和感受，改善师生关系，营造和谐的教学环境。另一方面，获取反馈有利于树立榜样作用。良好的师生关系和教学效果使教师成为学生心目中的榜样，进一步增强教师的职业成就感。

（四）确保教学质量和效果

（1）确保教学质量和效果体现在符合教育标准上。一方面，获取反馈有利于达成教育目标。通过反馈，教师可以了解自己的教学是否达到了课程标准和教

---

① 伍绍杨，彭正梅．迈向更有效的反馈：哈蒂"可见的学习"的模式 [J]．开放教育研究，2021，27（4）：27-40.

育目标，确保教学质量。另一方面，获取反馈有利于适应教育改革。教育反馈帮助教师及时了解教育政策和课程改革动向，调整教学内容和方法，保持与时俱进。

（2）确保教学质量和效果体现在提高学生满意度上。一方面，通过收集和分析学生的反馈，教师可以了解学生对教学的满意度，及时调整和改进教学。另一方面，家长的反馈有助于教师了解学生在家中的学习情况和家长的期望，从而进行针对性调整。

（五）支持职业发展与晋升

（1）教师获取反馈有利于职业规划。教师通过获取反馈了解自己的职业发展现状和需要改进的地方，制定切实可行的职业发展目标。积极的教学反馈有助于教师在职业晋升、评优评先和继续教育中获得更多机会和支持。

（2）教师获取反馈有利于教学研究与创新。一方面，教师通过反馈发现教学中的新问题和新需求，激发教学研究和创新的灵感，提升教育科研能力。另一方面，教师将反馈结果应用于教学实践，不断验证和改进教学研究成果，推动教学创新和改进。

（六）应对挑战与变化

（1）教师获取反馈有利于应对多样化需求。一方面，教师获取反馈有利于多元化教学。反馈帮助教师了解不同学生的学习需求和特点，灵活调整教学方法，满足多样化需求。另一方面，教师获取反馈有利于个性化教育。通过反馈制定个性化的教学计划和辅导方案，提高教学的针对性和有效性。

（2）教师获取反馈有利于适应新技术与利用新工具。一方面，教师获取反馈有利于技术应用，反馈帮助教师了解新技术和工具在教学中的应用效果，不断学习和尝试新的教学手段。另一方面，教师获取反馈有利于数字化教学。通过反馈优化数字化教学策略，提升线上、线下混合教学的效果和学生参与度。

通过获取反馈，中小学教师可以不断改进教学方法，提升教学质量和专业素养，增强职业成就感，确保教学质量和效果，支持职业发展与晋升，并应对教育中的各种挑战和变化。这些都将有助于教师成为更加优秀的教育工作者，为学生提供更高质量的教育服务。

二、中小学教师获取反馈的途径

（一）学生反馈

学生反馈主要包括课堂反馈和学期评教。

（1）课堂反馈[①]。课堂反馈包括即时反馈和课后反馈。即时反馈，即通过课堂提问、讨论和互动，实时了解学生的理解和反应。课后反馈，即课后定期发放简单的反馈问卷，了解学生对教学内容和方法的看法[②]。

（2）学期评教。学期评教主要通过两种方式。第一种，学生评教问卷。每学期末，发放正式的学生评教问卷，涵盖教学效果、课堂管理、教学方法等多个方面。第二种，个别访谈。与部分学生进行一对一或小组访谈，深入了解他们的学习体验和意见。

（二）同行反馈

同行反馈主要包括教师互评和教研组反馈[③]。

（1）教师互评。教师互评包括课堂观摩和互评会议。课堂观摩，即邀请同事观摩自己的课堂教学，记录观察结果，并进行讨论和反馈。定期举行教师互评会议，共同讨论教学方法和改进措施。

（2）教研组反馈。教研组反馈主要通过两种方式。第一种，教研活动。在教研组活动中，分享自己的教学经验和困惑，听取同事的建议和意见。第二种，专业交流。与校内外同行交流，参加教育研讨会和专业论坛，获取广泛的同行反馈。

① 彭程，曾永红.有效课堂反馈促进学生发展：基于哈蒂"可见的学习"的视角 [J]. 上海教育科研，2024（3）：13-20.

② ROLLETT W, BIJLSMA H, RÖHL S. Student Feedback on Teaching in Schools: Using Student Perceptions for the Development of Teaching and Teachers[M]. Zug: Springer International Publishing, 2021.

③ 靳贤宇.教师反馈与同伴反馈的结合在高中英语写作教学中的实验研究 [D]. 临汾：山西师范大学，2023.

（三）家长反馈

家长反馈主要通过家长会和家长问卷两种方式。

（1）家长会。一方面，通过召开家长会，在家长会上介绍教学情况，听取家长对教学的意见和建议。另一方面，通过召开家长会，与家长进行个别沟通，了解家长对学生学习情况和教师教学的看法。

（2）家长问卷。定期发放家长问卷，收集家长对教学效果、学生表现和学校工作的反馈。

（四）管理层反馈

管理层反馈包括校领导评估和发展面谈。

（1）校领导评估。一方面，邀请校领导观摩自己的课堂教学，并进行评估和反馈。另一方面，参加学校组织的教师绩效评估，了解自己的教学和职业表现。

（2）发展面谈。定期与校领导进行职业发展面谈，讨论自己的职业规划和发展目标，听取领导的指导和建议。

（五）自我反思

自我反思主要通过撰写教学日志和视频回顾两种方式。

（1）撰写教学日志[①]。每日或每周记录教学过程中的心得体会、成功经验和遇到的问题，进行自我反思。如"这节课效果如何？""哪些方法有效，哪些需要改进？"

（2）视频回顾。录制自己的课堂教学，课后观看视频，进行自我评估和反思。

（六）专业发展反馈

专业发展反馈主要通过培训反馈与研究反馈两种方式。

（1）培训与研讨反馈。一方面，参加专业培训和研讨会，获取培训师和同行的反馈。另一方面，自学专业书籍和资料，进行自我评估，并与同事讨论学习成果。

---

① 乐瑶.师范生反思能力培养的行动研究 [D].黄石：湖北师范大学，2018.

（2）研究与出版反馈。一方面，进行教育研究，撰写论文或报告，向同行和专家请教，获取反馈。另一方面，如果有教学成果出版，收集读者和教育专家的意见和建议。

通过上述多种途径，中小学教师可以全面、系统地获取反馈信息，这些反馈信息有助于教师了解自己的教学效果、发现问题和改进教学方法，从而提升教学质量和职业素养。

三、中小学教师获取反馈的原则与处理方法

遵循中小学教师有效地获取反馈的原则旨在确保反馈的准确性、实用性和建设性，以促进教师的专业发展和教学质量的提升。

（一）中小学教师获取反馈的原则

1. 全面性原则

遵循全面性原则主要强调以下两点。

（1）多渠道获取反馈。通过学生、家长、同行、管理层等多方面获取反馈，以确保反馈信息的全面性和多样性。

（2）多维度评估。涵盖教学内容、教学方法、课堂管理、师生关系等多个方面，全面评估教师的教学表现。

2. 及时性原则

遵循及时性原则主要强调以下两点。

（1）即时反馈。在教学过程中及时获取反馈，以便迅速调整和改进教学策略。

（2）定期评估。定期进行系统性的反馈收集，如每学期末的学生评教、家长问卷等。

3. 客观性原则

遵循客观性原则主要强调以下两点。

（1）数据驱动。通过量化的数据和具体的实例来评估教学效果，避免主观

偏见。

（2）匿名性。采用匿名问卷等方式，鼓励反馈者提供真实、客观的意见和建议。

4.建设性原则

遵循建设性原则主要强调以下两点。

（1）正面引导。反馈不仅指出问题，还应提供具体的改进建议，帮助教师找到改进的方向。

（2）鼓励提升。既要关注不足，也要肯定教师的优点和进步，增强教师的自信和动力。

（二）中小学教师处理与应用反馈的方法

1.数据分析

数据分析包括量化分析和质性分析两种。

（2）量化分析。对问卷调查和评教结果进行统计分析，找出主要问题和改进点。

（2）质性分析。对开放性问题和访谈记录进行质性分析，提炼出具体的改进建议。

2.行动计划

行动计划包括制定计划和目标设定两个环节。

（1）制定计划。根据反馈结果，制定具体的改进计划和行动步骤。

（2）目标设定。设定明确的改进目标和时间节点，确保改进措施的落实。

3.跟踪评估

跟踪评估主要包括进度检查和效果评估两个环节。

（1）进度检查。定期检查改进计划的执行情况，及时调整和优化。

（2）效果评估。通过后续反馈评估改进措施的效果，不断循环改进。

通过遵循这些原则和处理方法，中小学教师可以有效获取反馈，不断改进教学方法，提高教学质量，促进专业成长。

第二节　教师如何进行持续改进

一、中小学教师坚持持续改进的意义

中小学教师坚持持续改进是提升教学质量、促进学生全面发展和实现个人职业成长的必要途径。以下是中小学教师坚持持续改进的主要意义。

（一）有助于提高教学质量

（1）适应教育发展。主要表现在两个方面。一方面，适应教育改革。教育领域不断进行改革和创新，教师需要持续改进以适应新的教学理念和方法。另一方面，适应技术进步。信息技术迅猛发展，教师需要不断学习和应用新的技术手段，提升教学效果。

（2）满足学生需求。主要表现在两个方面。一方面，满足个性化教育的需求。每个学生的需求和学习方式不同，教师需要通过持续改进，提供个性化和差异化的教学。另一方面，满足提升学习效果的需求。通过不断优化教学方法，教师可以提升学生的学习效果和学业成绩。

（二）有助于促进学生全面发展

（1）培养学生综合素质。主要表现在两个方面。一方面，强调学生全面发展。现代教育注重学生的全面发展，教师需要不断改进教学策略，培养学生的综合素质，包括思维能力、实践能力和创新能力。另一方面，强调学生心理健康。通过持续改进，教师可以更好地关注和支持学生的心理健康，促进学生的身心健康发展。

（2）激发学生学习兴趣。主要是通过创新教学和课堂互动两种方式来实现。第一种：创新教学。通过创新教学方法，教师可以激发学生的学习兴趣和主动性，培养他们的学习动机。第二种：课堂互动。改进课堂互动方式，增强师生互动，提升课堂参与度和学习效果。

（三）有助于实现教师专业发展

（1）促进职业成长。主要表现在促进自我提升和促进职业发展两个方面。一方面，促进自我提升。持续改进是教师自我提升和职业成长的重要途径，有助于教师不断提高专业素养和教学水平。另一方面，促进职业发展。通过不断学习和改进，教师可以在职业发展中获得更多机会，如晋升、评优和承担重要教育项目。

（2）增强职业成就感。主要通过促进教学成功和学生进步两个方面来实现。一方面，促进教学成功。通过改进教学方法和策略，教师可以取得更好的教学效果，增强职业成就感和满意度。另一方面，促进学生进步。看到学生的进步和成长，教师会感到自豪和满足，激励自己继续努力。

（四）有助于应对教育挑战

（1）应对教育多样性的挑战。教育多样性的挑战主要来自多元文化和特殊教育两个方面。一方面，来自多元文化的挑战。现代教育环境中存在多样化的文化背景和学习需求，教师需要持续改进以应对这些挑战。另一方面，来自特殊教育的需求。教师需要不断学习和改进，以更好地支持有特殊教育需求的学生。

（2）应对教育公平的挑战。教育公平的挑战主要来自资源分配和缩小差距两个方面。一方面，来自资源分配的挑战。在教育资源有限的情况下，通过改进教学策略，教师可以更有效地利用资源，促进教育公平。另一方面，来自缩小差距的挑战。持续改进有助于缩小学生之间的学习差距，促进教育机会均等。

（五）有助于推动教育创新

（1）教学方法创新。主要表现在创新教学模式和多样化教学两个方面。一方面，创新教学模式。持续改进和鼓励教师尝试新的教学模式，如翻转课堂、项目式学习等，提升教学效果。另一方面，多样化教学。通过创新教学方法，教师可以为学生提供多样化的学习体验，促进学生的全面发展。

（2）推动教育科研。主要体现在推动实践研究和知识共享两个方面。一方面，推动实践研究。教师通过持续改进，可以在教学实践中进行教育科研，探索有效的教学策略和方法。另一方面，推动知识共享。教师在改进过程中积累的经验和成果，可以通过教研活动与同行分享，共同推动教育发展。

（六）有助于适应社会变化

（1）适应社会需求。主要体现在适应职业需求和终身学习需求两个方面。一方面，适应职业需求。社会对人才的需求不断变化，教师需要持续改进，以培养适应社会需求的学生。另一方面，适应终身学习要求。教师通过持续改进，不断提升自己的学习能力，适应终身学习的要求。

（2）适应价值观教育的需求。适应价值观教育的需求，需要关注"时代变化"和"全球化背景"两个主题。一方面，关注时代变化。随着社会价值观的变化，教师需要不断改进教育内容和方法，培养学生正确的价值观和社会责任感。另一方面，关注全球化背景。在全球化背景下，教师需要持续改进，以培养具有国际视野和跨文化沟通能力的学生。

中小学教师坚持持续改进，是提升教学质量、促进学生全面发展、实现教师专业成长和应对教育挑战的必要途径。通过持续改进，教师不仅可以不断提升自己的教学水平和专业素养，还可以为学生提供更优质的教育服务，促进教育的公平和创新，适应社会和时代的发展需求。因此，持续改进是中小学教师实现自我价值和教育目标的重要手段。

二、中小学教师持续改进的具体内容

中小学教师的持续改进是指教师在职业生涯中不断反思、学习和优化自己的教学实践，以提高教学效果和促进学生全面发展的过程。持续改进不仅仅是对教学方法和技术的改进，还包括对教学理念、专业知识和教育实践的全面提升。

（一）教学反思

（1）定期反思。通过每日反思和定期总结两种方式进行。一方面，进行每日反思。教师在每天的教学活动后进行反思，总结当天教学中的亮点和不足。另一方面，进行定期总结。每周或每月对教学进行总结，系统性地分析教学效果，发现和解决存在的问题。

（2）课堂录像。一方面，进行自我观看。通过录像观看自己的教学过程，客观评价自己的教学行为和学生反应。另一方面，邀请同事评估。邀请同事观看录像，提供外部视角的反馈和建议。

（二）专业学习

（1）参加培训。主要通过参加专业发展培训和学术研讨会的方式。一方面，参加专业发展培训。通过参加校内外的专业发展培训课程，中小学教师学习最新的教学理论和方法。另一方面，参加学术研讨会。教师通过参加学术研讨会和教育论坛，与同行交流，拓宽视野。

（2）持续阅读。教师一方面通过阅读教育书籍、期刊和研究论文，了解教育领域的最新研究和发展。另一方面，利用在线教育平台，参加各种教育课程和讲座，提升专业素养。

（三）反馈与评估

（1）学生反馈。主要通过问卷调查和课堂互动两种途径来获取。第一种：问卷调查。教师定期收集学生对教学的反馈，了解他们的学习体验和需求。第二种：课堂互动。教师通过课堂互动、讨论和即时反馈，及时调整教学策略。

（2）同事反馈。主要通过同伴观察和教学评估两种方式来获取。第一种：同伴观察。教师邀请同事观摩自己的课堂，进行交流和反馈。第二种：教学评估。教师参加学校组织的教学评估活动，接受同事和领导的评价和建议。

（四）教学创新

（1）新方法尝试。主要包括尝试教学实验和多样化教学。第一种：教学试验。教师应该大胆尝试新的教学方法和技术，如翻转课堂、项目式学习等。第二种：多样化教学。教师根据学生需求和兴趣，设计多样化的教学活动和学习任务。

（2）技术应用。主要包括信息化教学和数据驱动两种方式。第一种：信息化教学。教师善于利用现代信息技术，如多媒体教学、在线学习平台，提高教学的互动性和趣味性。第二种：数据驱动。教师利用教学数据进行分析，优化教学内容和方法，提升教学效果。

（五）合作与交流

（1）教研组活动。主要包括集体备课和教学研讨两种活动。第一种：集体备课活动。教师与教研组同事一起备课，分享教学资源和经验。第二种：教学研讨活动。教研组定期开展教学研讨活动，讨论教学中的问题和改进策略。

（2）专业学习共同体活动。主要包括同伴互助活动和跨学科合作活动。第一种：同伴互助活动。学校建立专业学习共同体，教师之间互相支持，共同成长。第二种：跨学科合作活动。教师与不同学科的教师合作，设计跨学科的教学活动，丰富教学内容。

（六）个性化发展

（1）制定职业规划。一方面，明确目标。教师根据自己的职业兴趣和发展方向，制定明确的职业发展目标。另一方面，进行长期规划。教师制定长期的职业发展规划，包括学习进修、职称评定等。

（2）凸显个人特色。主要体现在两个方面。一方面，凸显教学风格，形成独特的教学风格，发挥自己的特长和优势。另一方面，凸显兴趣专长，结合自己的兴趣和专长，开展特色教学活动和研究。

（七）学生发展

（1）突出以学生为中心。主要体现在两个方面。第一个：因材施教。教师根据学生的不同特点和需求，进行个性化教学，因材施教。第二个：全面发展。关注学生的全面发展，教师不仅注重学生学业成绩，还关注学生的心理健康和综合素质。

（2）强调学生参与。一方面，强调学生的课堂参与，鼓励学生积极参与课堂活动，增强他们的自主学习能力。另一方面，鼓励学生参加课外活动。组织和参与各种课外活动，丰富学生的学习生活，促进他们的全面发展。

中小学教师的持续改进是一个多方面的、动态的过程，需要教师不断地自我反思、专业学习、获取反馈、进行教学创新和合作交流。通过这些持续的努力，教师可以不断提升自己的专业水平和教学质量，促进学生的全面发展，最终实现教育的目标。持续改进不仅仅是教师个人的成长之路，也是教育质量提升和教育改革的重要途径。

第三节　教师获取反馈与专业持续改进的关系

一、教育家论述教师获取反馈和专业持续改进

教育家们对于教师获取教学反馈和专业持续改进的看法和论述普遍认为，这些是提升教育质量和教师专业发展的关键手段。以下是一些教育家和教育理论对这一问题的看法和论述。

（一）约翰·杜威的观点

约翰·杜威，作为进步教育的倡导者，强调教师的反思性实践和持续改进。杜威认为，教师应该在教学过程中不断反思自己的教学实践，通过反馈来了解学生的需求和教学效果，从而不断改进教学方法。杜威在《经验与教育》中提到，教学是一个不断试验和改进的过程，教师通过对学生反馈的分析和理解，可以形成更有效的教学策略[①]。

（二）唐纳德·A. 舍恩（Donald A. Schön）的观点

唐纳德·A. 舍恩（Donald A. Schön）在其著作《反映的实践者》中，深入探讨了反思在专业实践中的重要性[②]。舍恩强调教师在教学中的"反思行动"（Reflection-in-Action）和"反思工作"（Reflection-on-Action），通过即时反馈和课后反思来改进教学实践。舍恩认为，专业持续改进是教师专业成长的核心，通过不断反思和反馈，教师可以持续提高其专业素养和教学效果。

---

① 约翰·杜威. 经验与教育 [M]. 盛群力，译. 北京：中国轻工业出版社，2016.
② 唐纳德·A. 舍恩. 反映的实践者：专业工作者如何在行动中思考 [M]. 夏林清，译. 北京：北京师范大学出版社，2018.

（三）琳达·达林 - 哈蒙德（Linda Darling-Hammond）的观点

教育家琳达·达林 - 哈蒙德强调教师应通过反馈来不断提升自我。达林 - 哈蒙德在《赋能教育者》[①]中提到，教师应通过同事间的合作和反馈来改进教学。通过团队合作和集体反思，教师可以共享经验，互相学习。达林 - 哈蒙德认为，一个支持性的学校文化对于教师获取反馈和持续改进至关重要，学校应营造鼓励反馈和反思的环境。

（四）迈克尔·富兰（Michael Fullan）的观点

迈克尔·富兰在其著作中，讨论了教师专业发展与学校改进的关系。富兰在《变革的力量》中提到，教师是教育变革的关键，获取反馈和持续改进是教师应对教育改革的核心策略[②]。富兰强调，教师应利用数据和反馈进行教学决策，通过分析学生表现和反馈，制定科学的教学改进措施。

（五）埃利奥特·W. 艾斯纳（Elliot W. Eisner）的观点

艾斯纳的教育理念关注艺术和审美在教育中的作用，同时强调教师的专业判断和反思。艾斯纳在《教育想象》中提到，教学是一种艺术，教师需要通过反思和反馈不断打磨自己的教学技巧[③]。艾斯纳认为，评价应不仅仅关注结果，更要注重过程。教师应通过多元化的反馈获取学生的学习体验和过程中的表现，以此为基础进行持续改进。

（六）布鲁斯·乔伊斯与艾米莉·卡尔霍恩（Bruce Joyce & Emily Calhoun）的观点

乔伊斯与卡尔霍恩在研究中探讨了教师培训和教学改进的关系。他们在《教

---

① DARLING-HAMMOND L. Empowered Educators: How High-Performing Systems Shape Teaching Quality Around the World[M]. San Francisco:John Wiley & Sons Inc, 2017.

② 迈克尔·富兰 . 变革的力量：透视教育改革 [M]. 中央教育科学研究所，加拿大多伦多国际学院，译 . 北京：教育科学出版社，2004.

③ 埃利奥特·W. 艾斯纳 . 教育想象：学校课程设计与评价 [M]. 李雁冰，译 . 北京：教育科学出版社，2008.

学模式》中指出，教师通过实践和反馈可以显著提升教学效果，持续的专业发展是教师改进教学的关键[①]。他们提倡同伴教练模式，通过同事间的观察和反馈，教师可以在实际教学中获得有针对性的改进建议。

教育家们一致认为，教师获取教学反馈和专业持续改进是提升教育质量和实现教师专业发展的重要途径。通过反思性实践、合作学习、数据分析和持续改进，教师可以不断提升自己的教学水平，适应教育环境的变化，满足学生的需求。这些理论和实践指导不仅为教师提供了专业发展的路线图，也为教育改革和学校改进提供了坚实的理论基础。

二、教师获取反馈和专业持续改进的关系

中小学教师获取反馈与专业持续改进之间有着密切的关系。反馈是教师了解自己教学效果的重要途径，而专业持续改进是基于反馈进行的不断优化和提升过程。以下是两者之间关系的具体阐述。

（一）反馈对专业持续改进的作用

1. 反馈是专业持续改进的基础

之所以说反馈是专业持续改进的基础，主要是因为通过反馈，中小学教师不仅能够了解自己的教学现状，而且能够明确改进方向。

（1）了解教学现状。一方面，进行教学效果评估。通过学生、同事和领导的反馈，教师可以全面了解自己教学的实际效果。另一方面，帮助发现问题。反馈可以帮助教师发现教学中存在的问题和不足，为改进提供方向。

（2）明确改进方向。一方面，有助于目标设定。基于反馈，教师可以设定明确的改进目标，制定具体的改进计划。另一方面，有助于优先级排序。反馈帮助教师确定哪些问题需要优先解决，从而合理安排改进步骤。

---

① 布鲁斯·乔伊斯，玛莎·韦尔，艾米莉·卡尔霍恩.教学模式（第9版）[M].兰英，等译.上海：华东师范大学出版社，2021.

2. 反馈推动改进措施的实施

反馈推动改进措施的实施具体表现在以下两个方面。

（1）制定改进计划。一方面，明确具体措施。教师根据反馈制定具体的改进措施，包括调整教学方法、内容和评估方式等。另一方面，推动步骤实施。明确改进的步骤和时间表，逐步实施改进计划。

（2）及时进行动态调整。一方面，有助于持续监控。在改进过程中，教师可以通过持续获取反馈，监控改进措施的效果。另一方面，有助于及时调整。根据新的反馈，及时调整和优化改进措施，确保改进方向和方法的正确性。

3. 反馈促进反思和学习

（1）反馈促进反思性实践。反馈促进反思性实践主要是通过自我反思和实践改进。首先，反馈促进自我反思。通过反馈，教师可以进行深刻的自我反思，认识到自己的教学优势和不足。其次，反思促进实践改进。反思后的实践改进是持续专业发展的核心，反馈为这种反思提供了重要依据。

（2）反思促进教师专业学习。一方面，反馈可以揭示教师在知识和技能方面的不足，明确学习和提升的需求。另一方面，基于反馈，教师可以有针对性地参加培训和学习活动，提升自己的专业素养。

4. 反馈激励持续改进的动力

（1）正向激励。一方面，积极的反馈可以增强教师的自信心和成就感，激励他们继续努力和改进。另一方面，反馈中的认可和支持可以增强教师的职业满意度和工作积极性。

（2）改进动力。一方面，反馈中的问题和不足是改进的动力源泉，教师会主动寻求改进途径和方法。另一方面，面对反馈中的挑战，教师会更加努力地提升自己，实现专业成长。

（二）反馈与持续改进的循环过程

（1）循环反馈。教师需要持续不断地获取反馈，确保改进过程中的动态调整。每一次反馈后的改进又会带来新的反馈，形成一个持续改进的良性循环。

（2）长期效果。反馈与持续改进的良性循环过程具有长期效果。这种效果表现在促进教师积累经验和实现专业成长两个方面。一方面，在不断的反馈和改进过程中，教师会积累丰富的教学经验和改进方法。另一方面，长期坚持反馈和改进，教师的专业素养和教学水平会不断提升，实现职业成长。

（三）反馈与专业持续改进的具体应用

（1）学生反馈。学生反馈有助于了解学生需求和提升学生学习效果。一方面，学生的反馈可以帮助教师了解学生的学习需求和兴趣，优化教学内容和方法。另一方面，通过学生反馈，教师可以调整教学策略，提高学生的学习效果和满意度。

（2）同事反馈。同事反馈有助于教师专业交流和相互学习。一方面，同事的反馈有助于教师进行专业交流和合作，共同探讨教学改进的方法。另一方面，通过同事反馈，教师可以学习其他教师的优秀经验和做法，丰富自己的教学策略。

（3）领导反馈。领导反馈有助于教师获得领导的宏观指导和争取资源支持。一方面，领导的反馈可以提供宏观指导，帮助教师了解学校的发展方向和教学要求。另一方面，基于领导的反馈，教师可以获得更多的资源支持和培训机会，促进专业发展。

中小学教师获取反馈与专业持续改进之间存在密不可分的关系。反馈是教师了解教学效果、发现问题和明确改进方向的基础，而专业持续改进是基于反馈进行的不断优化和提升过程。通过持续获取反馈并进行反思、学习和改进，教师可以不断提升自己的教学水平和专业素养，最终实现教育质量的提升和学生的全面发展。这种反馈与改进的循环过程，不仅是教师职业成长的必经之路，也是教育质量提升和教育改革的重要途径。

第四节　乡村教师获取反馈与专业持续改进的特点

一、乡村中小学教师获取反馈与专业持续改进的特点

乡村中小学教师在获取反馈与专业持续改进方面有其鲜明的特点，这些特

点既反映了乡村教育环境的特殊性，也展示了教师在资源有限的情况下如何有效地进行专业发展。

（一）乡村中小学教师获取反馈的特点

（1）社区联系紧密。乡村教师与学生家长联系紧密，家长反馈往往直接且及时，帮助教师了解学生在家庭和社区中的表现。社区对学校的关注度高，教师可以通过社区活动和会议获取反馈，这些反馈不仅涉及学业，还包括学生的品德和行为表现。

（2）学生反馈直接。乡村学校班级规模较小，师生关系更加密切，教师能够更直接、更全面地获取学生反馈。教师通过日常交流、课堂讨论和课外活动了解学生的需求和意见，反馈渠道更加灵活多样。

（3）资源一定程度受限。资源限制主要表现在技术手段缺乏和教师培训机会少。一方面，乡村学校在使用技术手段获取反馈方面可能存在限制，依赖于传统的面对面交流和书面问卷。另一方面，由于地理位置偏远，乡村教师参加外部培训和专业交流的机会相对较少，反馈获取渠道受限。

（二）乡村中小学教师专业持续改进的特点

1. 自主性强

一方面，由于外部资源有限，乡村教师在专业持续改进中更依赖于自我反思和自主学习，提升自身的专业素养。另一方面，教师通过阅读专业书籍、在线课程和网络资源进行自我学习，主动寻求知识更新和教学改进。

2. 实践性强

一方面，乡村教师在改进教学时更注重实际操作和具体问题解决，通过实践不断优化教学方法。另一方面，根据当地学生的实际情况和教育环境，教师灵活调整教学策略，因地制宜地进行教学改进。

3. 团队合作

一方面，乡村学校教师人数较少，教师之间的合作和互助显得尤为重要，通过集体备课和教研活动互相支持和学习。另一方面，教师定期组织校内教研活动，共同讨论和解决教学中的问题，集思广益进行改进。

乡村中小学教师在获取反馈与专业持续改进方面具有社区紧密联系、学生反馈直接、自主性强、实践性强和团队合作等特点。尽管面临资源限制和培训机会少的挑战，乡村教师仍能通过自我反思、自主学习和因地制宜的教学改进，不断提升自身的专业素养和教学效果。通过有效的家校合作、教研组活动和资源整合，乡村教师在获取反馈和专业持续改进方面展现出强大的适应能力和创新精神。这些特点不仅帮助教师实现职业成长，也促进了乡村教育质量的提升。

二、乡村中小学教师获取反馈与专业持续改进的经典案例

乡村中小学教师在获取反馈与专业持续改进方面有许多经典案例，这些案例展示了教师们如何在资源有限的情况下，通过创新和坚持，不断提升教学质量。以下是几个典型的案例。

案例（一）：家校合作提升学生学习效果

背景：某乡村小学教师李老师发现班级学生的学习成绩参差不齐，尤其是部分学生在数学学科上表现较差。

反馈获取：

（1）家访调查：李老师通过家访与学生家长沟通，了解学生在家的学习环境和学习习惯。

（2）学生访谈：与学生一对一访谈，了解他们在学习过程中遇到的困难和对数学学习的态度。

改进措施：

（1）个性化辅导：根据反馈，李老师制定个性化辅导计划，针对每个学生的具体问题进行有针对性的辅导。

（2）家长培训：定期组织家长培训，向家长传授有效的家庭辅导方法，鼓励家长参与到学生的学习中来。

（3）学习小组：在班级内组建学习小组，鼓励学生之间互相帮助，共同提高。

结果：

（1）学生学习成绩提高：经过一段时间的努力，学生的数学成绩显著提高，班级整体成绩有了明显提升。

（2）家校关系明显改善：家长更加了解和支持教师的工作，家校合作关系更加紧密。

案例（二）：教师利用教研活动改进教学方法

背景：某乡村初中教师团队发现学生在英语听说能力上普遍存在不足。

反馈获取：

（1）课堂观察：教师们通过课堂观察，发现学生在英语听力和口语练习中存在畏难情绪。

（2）学生问卷：设计问卷调查，了解学生对英语学习的兴趣、困难和建议。

改进措施：

（1）教研组讨论：定期组织英语教研组会议，分享教学经验和方法，共同探讨改进措施。

（2）引入新方法：引入多媒体教学手段，如播放英文原版视频、进行英语角活动，增加学生听说机会。

（3）分层教学：根据学生的不同水平进行分层教学，提供适合不同层次学生的听说训练。

结果：

（1）听说能力提升：学生的英语听说能力有了明显提高，课堂参与度和学习兴趣显著增强。

（2）教学方法优化：教师们在教学中积累了丰富的经验，教学方法更加多样化和有效。

案例（三）：教师利用网络资源实现专业成长

背景：某乡村小学教师王老师希望提升自己的教学水平，但由于地处偏远，参加外部培训的机会有限。

反馈获取：

（1）自我反思：王老师通过教学日志和学生反馈，认识到自己在新课标实施中的不足。

（2）同事交流：与学校其他教师交流，了解他们的教学经验和困惑。

改进措施：

（1）在线学习：利用互联网资源，王老师报名参加了多个在线教育课程，学习先进的教育理念和教学方法。

（2）网络教研：加入了几个教育论坛和教师学习群，积极参与讨论和分享经验。

（3）微课录制：录制自己的课堂教学视频并上传到教育平台，请平台上的专家和同行进行点评和反馈。

结果：

（1）教师专业素养提升：通过持续的在线学习和网络教研，王老师的教学水平和专业素养有了显著提升。

（2）教学效果改善：王老师的新教学方法得到了学生和家长的认可，学生的学习积极性和成绩都有明显提升。

案例（四）：行动研究提升课堂管理效果

背景：某乡村初中教师赵老师发现班级中存在纪律问题，影响了教学效果。

反馈获取：

（1）课堂记录：赵老师通过记录课堂情况，分析学生行为问题的原因和具体表现。

（2）学生座谈：与班干部和学生代表进行座谈，听取他们对课堂纪律和管理的意见和建议。

改进措施：

（1）行动研究：赵老师开展小规模行动研究，尝试不同的课堂管理策略，如奖励机制、分组管理和班级规章制度的完善。

（2）学生参与：鼓励学生参与班级管理，设立班级自主管理小组，增强学生的责任感和参与感。

（3）家校沟通：与家长保持密切联系，共同关注学生的行为表现，及时反馈和沟通。

结果：

（1）课堂纪律改善：班级纪律明显改善，学生上课的注意力和参与度显著提高。

（2）教学效果提升：教学秩序的改善带动了整体教学效果的提升，学生的学业成绩有所进步。

上述案例展示了乡村中小学教师如何在有限资源的情况下，通过多样化的反馈获取渠道和持续改进措施，不断提升教学质量和专业素养。无论是通过家校合作、教研活动、在线学习还是行动研究，教师们都在实践中积累了丰富的经验，取得了显著的成效。这些成功案例不仅为其他教师提供了有益的借鉴，也为乡村教育的发展提供了宝贵的实践经验。

第八章 交互式教师成长模式[①]

教育部和财政部于2010年共同制定了"中小学教师国家级培训计划"（简称"国培计划"）。该计划是为落实《国家中长期教育改革和发展规划纲要》，实现建设高素质教师队伍目标而出台并实施的重大项目，对我国创新教师培训模式和方法，推动开展全国大规模中小学教师培训，从而促成教师不断成长有着重要意义。

第一节 教师成长与教师研修

一、教师成长的内涵与意义

教师成长是指教师在职业生涯中通过不断学习、反思、实践和创新，提高自身教育教学水平和专业素养的过程。

（一）教师成长的内涵

教师成长通常包括以下几个方面。

（1）专业知识与技能的提升。教师不仅需要不断更新和深化自己的学科知识，跟上学科发展的最新动态，而且必须掌握和运用先进的教学方法和技术，提高课堂教学的有效性和吸引力，还要能够理解和运用教育心理学、教育学等相关理论，指导自己的教学实践。

（2）教学反思与实践。一方面，教师必须定期反思自己的教学实践，发现

① 本章系2024年湖南省普通本科高校教学改革研究项目（项目名称：《强师计划背景下县域中学历史教师"交互"式培训模式建构的循证探索》。项目编号：202401001473）研究成果

问题，寻找改进的方法。另一方面，教师必须实现实践创新。在反思的基础上，进行教学创新，尝试新的教学策略和方法，提高教学效果。

（3）教育科研能力的提升。为实现这种能力的提升，一方面，必须培养教师的科研意识，让教师在教学中发现问题，提出研究课题。另一方面，提高教师的科研能力，包括选题、研究设计、数据收集与分析、论文写作等。

（4）职业道德与素养。教师应具备高尚的职业道德，包括爱岗敬业、为人师表、关爱学生等。提高教师的职业素养，包括教育情怀、教育智慧、教育信念等。

（二）教师成长的意义

（1）提升教育质量。教师的成长直接关系到教育质量的提高。优秀的教师能够更好地激发学生的学习兴趣和潜能，提高学生的学业成绩和综合素质。

（2）促进教师专业发展，满足教师自身发展需求。教师的成长是其专业发展的重要组成部分。通过不断学习和反思，教师能够在职业生涯中不断进步，成为教育专家和学科带头人。教师作为个体，也有自我实现和职业发展的需求。通过不断成长，教师能够实现个人价值，获得职业成就感和满足感。

（3）推动教育创新，适应教育改革要求。教师的成长能够推动教育创新。在不断探索和实践中，教师能够提出新的教育理念和教学方法，推动教育事业的发展。随着教育改革的不断深入，教师需要不断更新自己的知识和技能，以适应新形势下的教育要求。

教师成长不仅是教师个人的需求，也是教育事业发展的必然要求。通过不断学习和提升，教师能够更好地履行自己的职责，为学生的成长和社会的发展作出贡献。

二、教师成长与教师研修的关系

教师成长与教师研修是密切相关的，两者相辅相成，共同促进教师的专业发展。

（一）教师成长需要教师研修的支持

教师成长需要不断更新和扩展自己的专业知识，而教师研修正是提供这种学习和更新机会的途径。通过参加各种研修活动，教师可以接触到最新的教育理论和教学方法，拓展自己的知识面。教师成长过程中，教学技能的提升尤为重要。研修活动通过讲座、培训、观摩和实地操作等形式，帮助教师掌握先进的教学技能和策略。研修活动不仅教授教师如何进行教育科研，还提供了具体的科研项目和平台，让教师在实践中提升自己的科研能力。

（二）教师研修是教师成长的途径和手段

（1）教师研修通常是系统化、计划化的，有明确的学习目标和内容，可以帮助教师在较短时间内系统地学习和掌握某一领域的知识和技能。

（2）许多研修活动强调理论与实践相结合，通过实际操作和案例分析，促进教师在实践中反思，并将所学应用于教学中。

（3）研修活动提供了一个合作与交流的平台，教师可以与同行分享经验、交流观点，互相学习，共同进步。

（三）教师成长反馈到教师研修

（1）教师成长过程中遇到的问题和需求，可以反馈到教师研修活动的设计中，使研修内容更加贴近实际，具有针对性。

（2）教师在成长过程中积累的成功经验和案例，可以作为研修活动的宝贵资源，供其他教师学习和借鉴。

（3）教师的成长状况也是评价研修活动效果的重要标准。通过对教师成长的跟踪和评估，可以改进研修活动的内容和形式，提高其有效性。

教师成长与教师研修的关系可以概括为：教师成长需要教师研修的支持，教师研修是实现教师成长的重要途径，而教师成长的反馈又能不断完善和提升教师研修的质量和效果。两者相互作用，共同推动教师的专业发展和教育质量的提高。

三、教师研修的作用及路径分析

（一）教师研修的作用

中小学教师研修的有效实施有助于全面提升教师队伍的整体素质，从而推动教育质量的提高，满足新时代教育发展的需求。

（1）提高教学水平，促进教育公平。一方面，教师研修能够提高教师教学水平。通过研修，教师能够掌握最新的教育理论和教学方法，提高课堂教学效果。另一方面，教师研修能够促进教育公平。通过对偏远地区和薄弱学校教师的培训，缩小教育差距，促进教育公平。

（2）促进教师专业发展，提高教师职业满意度。一方面，教师研修能够促进教师专业发展。教师研修为教师提供了专业发展的平台，帮助他们不断提升自身素质和能力。另一方面，教师研修能够提高教师职业满意度。通过系统的研修，教师能够获得职业成就感和满意度，从而激发工作热情和积极性。

（3）更新教育观念，增强适应能力。一方面，教师研修帮助教师更新教育观念，理解并实践新的教育理念和政策。另一方面，面对教育改革和信息技术的发展，教师研修帮助教师提高适应能力，掌握现代教育技术。

（二）教师研修路径分析

1. 基于教学问题的"临床式"教师研修 [①]

也许有人会问，所有的教师研修不都是围绕教学问题展开的吗？要回答这个问题，我们需要对"教学问题"做进一步区分。

（1）"教学问题"不一定直接指向"教学情境"。例如，在教师培训中可能有"如何制作微课"这样的研修。虽然这属于问题情境，却没有牵涉到具体的教学情境，但如果教师面临的是"如何通过使用微课提高实验课的教学效率"这样的问题，则是直接指向教学情境中的问题了。

（2）基于问题的教学研修可能是真实的，也可能是虚构的。许多教师在研训过程中可能遇到过这样的环节：请教师采用小组合作的教学方法针对某篇课文进行教学设计或者说课。如果教师没有讲过这篇课文，也没有采用过小组合作的方法，那么教师的设计或者说课就只是一种"假象教学"。

（3）基于问题的研修未必提供切实的行动方略。在许多研训中教师会提出一些自己的意见和建议，但这些解决方法可能只是基于"应然"的状态，也不一

---

① 钟启泉. 教师研修的模式与体制 [J]. 全球教育展望，2001，30（7）：4-11.

定被用于实践。

因此，我们把这种直接指向教学情境、解决真实问题，并在提供行动方略后付诸实施的教师研修与一般基于问题的教师研修区别开来，称为"临床式"教师研修。

我们知道，医学院学生必须有临床实习环节，临床教学时，实习医生是针对具体的病患病情（类似于某个具体的教学问题）开出诊断的药方（类似于提出行动方略），病人根据诊断书治疗后（类似于付诸实践），通过观察病人的病患情况再决定下一步的治疗方案。

为什么"临床式"教师研修能促进教师的发展？我们认为，首先，当研修以"临床"方式开展，教师会将焦点放在学生如何学的问题上，教师的职业本能就会被激发出来。"临床"是对真实存在的教学问题的解决方法的探索，教师在探索这些问题的过程中，会自然而然地关注学生的学习状态，自觉地突出学生学习的主体地位。其次，"临床式"研修是在真实的教育教学情境中发生的，不是可以预设和规划的。教师在真实的教育情境中会根据变化及时作出反应，教师在这种不确定性中自觉地采用整合学习的方法，从而生成教育教学机智①。再次，"临床式"研修帮助教师从"自我关注"和"被人关注"的研修状态中解放出来，实现教师的"去中心化"，既可以帮助教师消除对于自我水平的焦虑，也有利于教师间构筑"对事不对人"的研修氛围。

2. 基于反思性实践的"全景式"教师研修

以前，在基于"技术理性"专业范式的主张下，教师的学习主要针对学科、教育学、心理学这样的知识培训和教学方法、信息技术等技术培训展开。可以这样理解这种培训的隐喻：教师的"学习"可以"等同于"信息的获得，而教学则是这些信息的综合应用。而且，这样的培训还指向这样一种立场，即教师的学习是个体活动，且这种个体活动可以从学习者个人的文化背景和经历中抽离出来，

---

① 张嫚嫚，魏春梅.乡村教师培训存在的问题分析及对策思考 [J].教师教育研究，2016，28（5）：74-79.

试图寻找普遍适用的学习规律。但在现实生活中，教师的专业学习并非如此。

实际上，教师的学习是在参与实践的过程中不断发生的，未必是在周密计划下精心组织、安排的学习，而是时刻存在于职业活动中的学习，而且这种学习也无法与教师的个体特征、文化背景和具体的工作情境割裂开来。学习是教师职业生活的有机组成部分。

其实，教师学习是一种综合的、复杂的、多样的活动状态，是"全景式"的发生。美国学者简·维瑟发现，不仅是教师，其实大部分学习者都是通过多样化学习方式进行学习的，他提出8种学习模式①，并进一步指出，多数学习是通过非正式学习获得的。所谓非正式学习是指非正式环境中的学习，学习并不是被有意识设计和安排的，也不是为了达到某些特定的目标和能力②。

前面提到的"反思性实践"就是一种综合化学习，反思性首先强调一种基于人际互动的实践方式。也就是说，教师的教学是在人的对话中展开的（包括他人和自我），并且反思性学习不是"一次性"习得，而是不断进入情境后产生的一种"自动化的实现"，反思可能是被意识到的行为变化，也可能是没有意识到的行为变化。因此，反思性学习包括人际、情境和知识转换等多个方面。反思性实践可以在任何教学时刻、以任何方式发生，不需要借助如教研组、工作坊这样正式的组织形式展开。

提出"全景式"教师学习方式，是因为当前对于教师正式的教育、教学培训十分关注，对教师的非正式学习则关注不够，其价值也没有受到应有的重视。"全景式"教师学习的意义还在于教师学习不再是教师个体获取信息的过程，而是教师在与他人的交互中反思和实践的过程。因此，这不仅是教师学习路径的重新定义，也是学习方式的重新定义。

---

① 简·维瑟提出的8种学习模式指自由选择的学习、社会情境中的学习、工作场所中的学习、远程学习、自学、早期学习、未来转变和为了全面发展的学习、组织学习。

② 简·维瑟，刘音. 再论学习 [J]. 开放教育研究，2014，20（2）：111-120.

3.基于个性化发展的"主体式"教师研修

在"技术性打造"的过程中，教师一直以外在的标准作为自己职业发展的规划和目标，而且可谓按部就班，到最后虽然确实收获了一批"好教师"，但可能会导致千篇一律，是用相同技术方法造出来的"好教师"。反观过去的名师，他们充满个性，既有对教育理念的独特理解，也有对教学方法的独特创造，即便没有各种证书，却几十年如一日潜心研究教育教学问题，有很大的社会影响力。

促进新时期教师素养发展，我们不能用外在的行政化标准为教师规划教学生涯，而是应该让每个教师成为一个充满个性的独特的教育工作者。

（1）学校促进教师发展时应关注教师的个人愿景，这里的"个人愿景"不是指外化的身份，如想评中学高级教师、想做教坛新秀等，而是教师自己对职业身份的愿望："我"要成为一名什么样的教师，这就需要教师寻找自我与工作之间的价值关系。"我"要在工作中实现什么？"我"又能在工作中获取什么？这个追求需要建立在公共价值之上，即为了大多数人的利益，而不是小"我"利益的实现。但在很长一段时间里，我们很少帮助教师明晰自己对职业的个人愿景，形成自己的教育思想和教育主张。

（2）学校要鼓励教师在某一个教学问题上进行持续的、深入的研究。教育主张不是拍脑袋想出来的，而是在边实践边研究的过程中逐渐萌生、发展和固化的。我们发现，即使同一个学科的好教师，他们也是"术业有专攻"。以语文学科为例，有些教师几十年研究经典诵读，有些教师则持续关注微型写作。现在，许多教师虽然也做课题研究，但今天关注新课改，明天关注核心素养，因为要"应景"，所以转换得过于频繁，以至于不管什么内容的课题都停留在比较浅显的工作总结层面，来不及对实践进行理论建构，更谈不上形成深刻的教学思想。缺乏个性的、削足适履的教师是无法具有创造性的，这不是新时期需要的教师。

第二节　教师培训模式及研究

一、教师培训模式

（一）教师培训模式的含义

中小学教师培训模式是指对中小学教师进行系统性、结构化培训的方式和方法。其主要目的是提升教师的专业素养和教学能力，以适应教育改革和学生发展的需求。教师培训模式通常包括以下几个组成部分：

（1）培训对象。面向新任教师、在职教师和骨干教师，针对不同发展阶段的教师提供相应的培训。

（2）培训内容。涵盖教育理论、教学方法、课程设计、学生管理、信息技术应用等多个方面，旨在全面提升教师的专业能力。

（3）培训形式。包括集中培训、校本培训、网络培训、课题研究等多种形式，灵活多样，满足不同教师的需求。

（4）培训周期。可以是短期的集中培训，也可以是长期的持续进修，根据培训目标和内容的不同进行设计。

（5）培训评估。通过考核、评估等手段，检验培训效果，确保培训质量。

（二）中小学教师培训的常见模式

中小学教师培训是提高教师素质、提升教育质量的重要途径。以下是中小学教师培训的几种常见模式。

（1）在职培训模式。在职培训是最常见的培训模式，通常通过讲座、工作坊、示范课、教研活动等形式进行。教师在工作过程中接受培训，可以直接将学到的新知识和技能应用于教学实践。

（2）集中培训模式。集中培训通常在假期或学期结束时进行，持续时间较长。内容涵盖教学方法、教育理论、学科知识等。集中培训能够提供系统化的学习机会，但对教师的时间安排有一定要求。

（3）网络培训模式。随着信息技术的发展，网络培训越来越受到重视。教师可以通过在线课程、网络研讨会、教育平台等途径进行学习。网络培训灵活便捷，能够满足教师个性化学习需求。

（4）校本培训模式。校本培训是根据学校的实际情况和教师的具体需求开展的培训。它强调教师在实际工作环境中的学习与反思，注重团队合作和校际交流。

（5）师徒制培训模式。新教师通过与有经验的教师结成师徒关系，进行一对一的指导和学习。师徒制培训有助于新教师迅速适应工作，提高教学水平。

（三）中小学教师培训模式研究的问题域

关于中小学教师培训模式的研究主要集中在以下几个方面。

（1）培训效果评估研究。通过量化和质化的方法评估不同培训模式的效果，以改进培训内容和方式。

（2）培训需求分析研究。调查教师的实际需求，制定有针对性的培训计划，提高培训的实效性。

（3）培训内容与方法研究。探讨不同学科、不同阶段教师所需的培训内容，创新培训方法，以提高教师的专业素养。

（4）政策与制度保障研究。研究如何通过政策和制度保障教师培训的顺利实施，提升教师参与培训的积极性。

（5）信息技术在培训中的应用研究。探讨信息技术在教师培训中的应用效果，研究线上与线下培训相结合的混合式培训模式。

中小学教师培训模式的多样化和灵活性，使得教师可以根据自己的需要和实际情况选择合适的培训方式。未来的研究可以进一步深入探讨如何优化培训模式，提升培训效果，满足教师多样化的发展需求。

二、教师培训模式研究框架（样例）

这是笔者向湖南省教育厅成功申请的2024年湖南省普通本科高校教学改革研究项目。项目研究名称为《强师计划背景下县域中学历史教师"交互"式培训模式建构的循证探索》。

（一）项目研究的目的和意义

1. 研究目的

2022年4月2日，教育部等八部门联合发布《新时代基础教育强师计划》。该计划是为贯彻落实《中共中央　国务院关于全面深化新时代教师队伍建设改革的意见》，按照《中华人民共和国国民经济和社会发展第十四个五年规划和2035年远景目标纲要》要求，着力推动教师教育振兴发展，努力造就新时代高素质专业化创新型中小学教师队伍，为加快实现基础教育现代化提供强有力的师资保障制定的计划，简称《强师计划》。《强师计划》强调坚持质量为重，推动地方政府、学校、社会各方深度参与教师教育，强化师范院校在教师教育体系中的主体地位，推进职前培养和职后培训一体化。要求深化精准培训改革，发挥国家教师发展协同创新实验基地建设的示范作用，推动各地构建完善省域内教师发展机构体系，建强县级教师发展机构及培训者、教研员队伍。优化培训内容、打造高水平课程资源，建立完善自主选学机制和跟踪指导机制，创新线上、线下混合式研修模式，持续加大高素质教师培养培训力度，增加紧缺薄弱领域师资培养供给。到2035年，形成招生、培养、就业、发展一体化的教师人才造就模式。而新高考、新课标、新教材等一系列政策、文本的出台，历史学科角色与教学要求的变化，使历史教师面临巨大的挑战。

高质量教师是高质量教育发展的中坚力量。为贯彻落实习近平总书记关于教育的重要论述特别是关于教师队伍建设的重要讲话精神，本项目基于以上背景和文件精神，以"强师计划"背景下县域中学历史教师"交互"式培训模式建构的循证探索为主题展开研究，旨在达成"学员中心、产出导向、持续改进"的研究目的，推动创新县域中学历史教师专业发展机制模式，提升中学历史教师培养培训质量。学员中心，强调遵循历史教师成长发展规律，以历史教师核心素养的培育养成为中心配置培训资源、组织培训课程和优化培训过程；产出导向，强调以高素质历史教师人才培养为引领，以参训学员的学习效果为导向，对照高质量历史教师的思想政治素质、师德师风水平和教育教学能力要求，评价和提升培训质量；持续改进，强调对中学历史教师专业发展培训进行全方位、全过程评价，并将评价结果应用于培训过程改进，推动历史教师人才培养质量的持续提升。

2.研究意义

以"学科核心素养"为显著标志的《普通高中历史课程标准》（2017年版）已经颁行。随之，中学历史课程、教材、教学、评价等诸多方面都将面临变化与革新。研究这些变化对中学历史教师专业发展的要求，实施科学有效的培训，帮助历史教师提升专业水平，树立终身学习的理念，是当前我国历史教师培训研究的重要议题。本项目研究的意义集中体现在以下4个方面。

（1）有利于增强历史教师培训的针对性，确保按需施训。县域中学历史教师培训主要是以实施好基础教育历史新课程为主要内容，以满足历史教师专业发展个性化需求为工作目标，引领历史教师专业成长。"强师计划"背景下县域中学历史教师专业培训模式的循证改革将上述要求贯穿于培训规划、项目设计、组织实施、质量监控全过程。根据新任教师岗前培训、在职教师提高培训和骨干教师高级研修等历史教师发展不同阶段的实际需求，开展针对性培训。实行教师培训需求调研分析制度，建立与中小学校共同确定培训项目的新模式。

（2）有利于优化培训内容，贴近一线教师教育教学实际。"强师计划"背景下县域中学历史教师专业培训模式改革的有效推进必然改进培训内容，将提高历史教师教育教学技能作为培训的主要内容，以典型教学案例为载体，创设真实课堂教学环境，紧密结合学校教育教学一线实际，开展主题鲜明的技能培训。实践性课程应不少于教师培训课程的50%。要将中学教师专业标准、师德教育和信息技术作为通识课程，列入培训必修模块。遵循立德树人的根本要求，增强教师教书育人的责任感和使命感。遵循国家制订的教师培训课程标准，建立资源共享平台，促进资源共建共享。为此，要加强优质课程资源建设，重点建设典型案例和网络课程资源，积极开发培训微课程。

（3）有利于创新历史教师培训方式，提升教师参训实效。"强师计划"背景下县域中学历史教师专业培训模式改革将针对历史教师学习特点，强化基于教学现场、走进真实课堂的培训环节。通过现场诊断和案例教学解决实际问题，采取跟岗培训和情境体验改进教学行为，利用行动研究和反思实践提升教育经验，确保培训实效。县级教育行政部门要大力推动置换脱产研修，将院校集中培训、优质中小学"影子教师"实践和城镇教师支教相结合，要积极推动教师网上和网下研修结合、虚拟学习和教学实践结合的混合学习；开展区域间教师网上协同研修，促进教师同行交流；培养网络研修骨干队伍，打造教师学习共同体，实现教师培训常态化。要推动网络研修与校本研修整合，推进高等学校、培训机构与中小学结对帮扶，引进优质培训资源，建立校本研修良性运行机制。丰富研修主题，通过集体备课、观课磨课、课题研究等方式，促进教研与培训有机结合，切实发挥校本研修的基础作用。上述多种举措必将推动县域历史教师培训模式的综合改革。

（4）有利于强化教师培训的自主性，激发教师参训动力。"强师计划"背景下县域中学历史教师专业培训模式的改革要探索建立教师自主选学机制，建设"菜单式、自主性、开放式"的选学服务平台，为教师创造自主选择培训内容、时间、途径和机构的机会，满足教师个性化需求，激发教师参训积极性。同时，将改革传统讲授方式，强化学员互动参与，增强培训吸引力、感染力。县域培训机构要将为教师提供多样化优质服务作为培训工作的出发点和落脚点，完善灵活、开放、专业的培训公共服务模式。

（二）国内外研究现状分析

教师培训是教师终身学习和教师专业发展的重要实施形式。梳理国内外教师培训研究现状，有利于更准确地把握本研究的研究目的、研究方法与研究路径。

1. 国内外教师培训研究

以关键词为"teacher training"的文献作为样本，搜索 Web of Science（WOS）数据库，并借助计量软件 VOSviewer 对文献进行计量分析，发现美国是发文量最多的国家，其次是巴西、西班牙、英国、中国、澳大利亚、德国等。国内外有关教师培训方面的研究主要涉及理论知识、课程设置、过程安排、实践探索、模式设计、信息技术融合、需求调查与效果评估等方面。

（1）国外教师培训研究。

对英国、法国、德国、日本等国家的教师培训情况进行简要梳理，分析他们在负责机构、实施方式、培训内容及发展趋势等方面的特点和经验，可以从中得到诸多启示。

英国的教师培训工作被赋予了立法保证，自1990年开始，英国陆续将中小学校建设为教师培训的实践基地，其中"六阶段模式"改革最具有代表性，将培训的主导权和决定权交给了参训教师所在的中小学[①]。近年来，英国远程培训发展迅速，主要由大学和一些具备远程培训条件的培训机构承担。

法国的教师培训工作分为国家、学区、省这三个层级共同负责。初等教师教育由各省教育主管部门负责，中等教师教育由学区负责，其他专业化强的教师培训则由国家负责。除了政府的专门机构外，还有暑期大学、民间团体等组织也参与一部分教师培训。

德国已经形成了职前职后一体化的教师培训体系，模式有学校内部培训、地区集中培训、网络培训等。培训评价方面，除了需要调查教师本人的满意度外，还要参考教师能力提升评价、本校校长、教育行政部门以及基层培训人员的反馈意见[②]。

在日本，都道府县所设的"教育会馆"和"教师研修中心"等组织负责管理教师培训工作。具体实施单位涉及全国80%以上的国立、公立和私立大学，约有500多个全国性和地方性团体。日本教师教育坚持终身学习和全人教育的理念，比较有特色的培训模式有海上研修、出国研修与远距离师资培训等。

由此可见，国外教师培训呈现如下特点：① 教师职后教育更具法律及政策依据，教师职后培训逐步成为各级各类教育行政部门的法定任务；② 培训目标

---

① 谭兆敏，段作章.国外教师在职培训模式的比较研究与启示 [J].继续教育研究，2006（1）：75-79.

② 苏争艳.中学历史教师培训课程标准与评估体系研究 [D].西安：陕西师范大学，2018.

将更有长远性,从学历补偿过渡到教师的个人专业发展;③ 培训内容更具系统性,培训内容注重教师需求,着眼整体素质提升;④ 培训机构更加多元化;⑤ 培训模式更具多样性,各类型、各层级的混合模式不断优化发展。

(2)国内教师培训研究。

教师培训是教师终身学习和教师专业发展的重要实施形式。为全面把握国内教师培训研究的现状,拟从以下三方面展开梳理。

第一,我国教师培训的发展历程研究。我国自2001年起,先后出台了一系列政策助推教师培训工作。2001年,教育部启动了新一轮基础教育课程改革,在全国范围内开展了针对课程标准和教科书学习的培训。2010年,《国家中长期教育改革和发展规划纲要(2010—2020年)》提出要完善教师培养、培训与终身学习制度。在此《纲要》指导下,2010年起全面实施开展"中小学教师国家级培训计划"(简称"国培计划"),培养一批"种子"教师,发挥示范作用。2011年1月,教育部在《关于大力加强中小学教师培训工作的意见》中规定我国教师都应该在五年内进行不少于360学时的教师培训。从此建立了严格的培训学分管理制度。2012年,教育部发布《关于深化教师教育改革的意见》,指出要进一步完善教师培训的制度。2013年5月,教育部在《关于深化中小学教师培训模式改革全面提升培训质量的指导意见》中提出,要增强培训的针对性,促进教师终身学习。2018年1月,教育部、财政部发布《关于做好2018年中小学幼儿园教师国家级培训计划组织实施工作的通知》,要求做好培训设计,分类实施,创建协同创新实践基地,开发优质课程资源,遴选学科优势突出、水平较高的组织承担相应学科的示范性项目,打造一批示范培训基地和品牌专业,积极开展培训研究。

第二,我国教师培训研究的主要问题域。知网文献搜索显示,2000年以来,教师培训研究的发展呈上升趋势,尤其在2011年之后文献量明显增多,并于2014年出现了教师培训研究热潮。通过对相关文献的整理,发现当前我国对教师培训研究的问题域主要集中在教师培训的政策、需求、师资、模式、目标等方面。李伟等[①]梳理了教师培训政策的内涵、制定及组织与实施。王全乐等[②]、韩素兰等[③]、向帮华等[④]从扎根理论、成人学习理论出发，准确分析了教师培训的培训目标及达成路径。吴俊娜[⑤]、熊伟荣[⑥]等细致地探究了我国教师培训的发展阶段，并简要地指出当下教师培训存在的主要问题及将来的可能发展趋势。张虹等[⑦]、宋寅喆[⑧]等分别调查研究了教师培训的需求及满足策略。李更生等[⑨]、余新[⑩]、赵永勤[⑪]等探

① 李伟，周军强．教师培训政策的失真与改进：渠道理论的视角 [J]．教师教育研究，2014，26（1）：7-11.

② 王全乐，韩素兰．依据中小学教师培训目标开发培训课程探究 [J]．保定学院学报，2013，26（5）：97-100.

③ 韩素兰，王红娟．需求·目标·课程·师资·方式五维互动：中小学骨干教师培训模式实践研究 [J]．保定学院学报，2014，27（1）：122-126.

④ 向帮华，蔡其勇．"434" 乡村幼教培训者培训实践模式 [J]．继续教育研究，2020（1）：59-63.

⑤ 吴俊娜．改革开放以来中小学教师培训的历史演变和改革走向 [D]．杭州：杭州师范大学，2012.

⑥ 熊伟荣．营造教师校本研修文化的"生态场"[J]．教学与管理（小学版），2016（2）：20-21.

⑦ 张虹，刘建银．"国培计划" 实施中农村小学教师的培训需求分析：以重庆市农村小学教师培训为例 [J]．教育理论与实践，2012，32（11）：30-32.

⑧ 宋寅喆．我国农村幼儿教师培训需求现状与对策研究 [D]．上海：华东师范大学，2012.

⑨ 李更生，刘力．走进教育现场：基于研修共同体的教师培训新模式 [J]．教育发展研究，2012，32（8）：76-80.

⑩ 余新．教师培训一体化设计的模型建构与"国培"实践 [J]．中小学管理，2021（6）：56-58.

⑪ 赵永勤．"实践取向" 的乡村教师培训：现实误区及其超越 [J]．当代教师教育，2021，14（1）：36-43.

讨了教师培训的师资现状及提升途径。陈全英[①]、赵明仁等[②]采用行动研究和实证研究等方法，研究了我国教师培训的有效模式及其实践应用。此外，还有不少学者对乡村教师的培训政策[③④⑤]、培训需求[⑥⑦⑧]、培训模式[⑨⑩⑪⑫]、培训评价[⑬⑭⑮]等展开专题研究，取得了丰富的研究成果。

第三，我国教师培训研究的成效分析。经过几十年的发展与研究，我国教师培训的政策保障与组织实施都有长足的进步。为主动适应深化基础教育课程改

① 陈全英．教师培训课程设置：基于知识基础的分析 [J]. 中小学教师培训，2015（8）：1-5.

② 赵明仁，赖桢榕．高质量视角下中小学教师继续教育课程现状与体系优化 [J]. 当代教育与文化，2022，14（3）：1-7，125.

③ 乔晖．农村教师培训政策执行的有效路径探索：以江苏省为例 [J]. 教育理论与实践，2017，37（34）：26-29.

④ 任胜洪．论乡村教师发展的多维空间及其实践向度 [J]. 内蒙古社会科学（汉文版），2019，40（6）：175-180.

⑤ 刘璐璐．改革开放以来我国乡村中小学教师培训政策的回顾与应然走向 [J]. 牡丹江教育学院学报，2020（4）：59-62，111.

⑥ 张嫚嫚．乡村教师培训需求分析及对策研究 [D]. 宁波：宁波大学，2018.

⑦ 许明琪．农村小学教师培训需求现状及影响因素研究 [D]. 长春：长春师范大学，2022.

⑧ 畅肇沁．农村中小学教师培训的现实样态研究：基于山西省农村中小学教师培训调查的分析 [J]. 教育理论与实践，2022，42（1）：48-52.

⑨ 郑国凤．农村中小学教师培训模式的检视与创新 [J]. 教学与管理，2018（21）：51-53.

⑩ 赵兴龙．互联网时代乡村教师深度培训模式 [J]. 电化教育研究，2018，39（4）：86-92.

⑪ 鲍赫．基于乡村教师专业成长视阈下的"送教下乡"培训模式构建 [J]. 吉林省教育学院学报，2019，35（8）：18-22.

⑫ 汤万松．农村中小学教师继续教育网络研修平台的设计研究：以湖南省为例 [J]. 邢台学院学报，2022，37（2）：54-60.

⑬ 秦磊．农村教师培训实效性评价体系研究 [D]. 长春：东北师范大学，2012.

⑭ 陈东梅．基于教育精准扶贫的贫困地区幼儿教师培训现状研究 [D]. 重庆：重庆师范大学，2018.

⑮ 王迪．基于需求的乡村小学教师校本培训现存问题及改进研究 [D]. 聊城：聊城大学，2023.

革、全面实施素质教育的现实需求，近年来中央和地方不断加大培训力度，教师培训工作取得明显进展：改进了培训内容，转变了培训方式，强化了培训自主性；营造了初级的网络学习环境，推动教师终身学习；加强了培训者队伍建设，增强为教师提供优质培训的能力；初步建设了培训公共服务平台，为教师提供多样化服务。但是，总体的教师培训及研究还存在职前培养与职后培训脱节、层次不清晰、内容混乱、通识性课程与专业性课程混淆等问题，特别是存在着针对性不强、内容泛化、方式单一、质量监控薄弱等亟须解决的突出问题。所以，还需要进一步研究和分析，进一步明确培训目标，精确细分、合理把握不同水平教师的培训需求，有的放矢地进行教师培训，落实《中小学幼儿园教师培训课程指导标准》，开展教师水平诊断，根据学科特点和教师水平设置有针对性的课程内容，优化课程结构，创新培训方式，抓好教师的信息技术能力培训，做好培训督查评估，健全评估体系，保证培训效果。

2. 国内外中学历史教师培训现状及发展趋势研究

通过 WOS 的主题词"history teacher training"搜索，收集与中学历史教师培训密切相关的文章，发现国内外中学历史教师培训研究主要涉及相关的政策及组织的成立、师资建设、课程标准、模式研究、实施方法、证书发放、效果评估、历史教育研究与教师培训关系等方面。

（1）国外中学历史教师培训现状及发展趋势研究。

1983年，美国明确了历史学科在基础教育中的核心地位。美国的历史课程标准强调学生的历史思维、历史思考等五种能力的培养，与之对应的中学历史教师培训的重点也从单一的历史知识传授转向使教师掌握有效的方法，帮助学生形成历史思维[①]。2001年，美国联邦政府推出了"美国史教学计划"，资助地方教育机构开展历史教师的培训工作，切实推动美国历史教师的专业知识与教学能力提升[②]。

① 赵亚夫，郭艳芬．美国国家历史课程标准述评 [J]．外国教育研究，2004（2）：1-5．
② 王朝．美国专家与中小学历史教师合作促进教师专业发展 [D]．上海：上海师范大学，2015．

1992年，英国公布了国家历史课程标准，1995年，历史成为该国基础教育的第四门核心课程，历史课地位凸显。21世纪以来，英国的历史课程注重培养学生的全球视野和批判性思维，并提升其应对未来挑战的能力。英国的中学历史教师培训主要采用校本研修，学校教学专业发展委员会根据学校情况及教师的具体需求选择决定培训内容及形式，提升英国教师的专业教学能力[①]。

2017年，日本颁布最新的历史课程标准，强调培养目标是调动学生历史见解和思维方法，获得探究与解决问题的能力，能够作为一个主体生活在全球化的社会中。中学历史教师培训旨在引导教师凸显个人特色，致力于打造出具有专业性、社会性、前瞻性的社会和历史教师，培训内容注重学生、家长的关系建立、学生社会性活动与传统节日活动的组织指导能力、指导学生全面发展的能力等[②]。

2015年，俄罗斯公布新版历史教科书，中学历史教育注重学生入门学习，重视培养学生的学习兴趣，课程的实施不仅限于课堂，要求教师通过多种实践活动启发学生爱国主义思想和国家责任意识。为了建立科学的教师培养体系，俄罗斯实行《第三代教师教育国家标准》，中学历史教师的培训工作也按照此标准来开展[③]。

基于以上分析，国外历史教师培训发展呈现出以下趋势：首先，重视教师培训的实效性。受实用主义的影响，国外教师培训普遍将培训后教师专业素养的提升和学生身心的发展作为检验培训的重要指标，特别是学生学业水平的提升。从师生共同进步的角度设计、实施培训是国外教师培训一大发展趋势。其次，国外未来教师培训将更多地依托网络开展，历史学科的教师将会在工作之余利用网络平台课程开展线上与线下相结合的学习，围绕中学历史课程教学的问题进行课程

① 郑士璟.《英国国家历史课程标准》评介 [J]. 历史教学（上半月刊），2016（10）：66-72.

② 张方鼎，赵亚夫.最新颁布的日本初中历史学习指导要领 [J].中学历史教学参考，2017（23）：17-21.

③ 苏争艳.中学历史教师培训课程标准与评估体系研究 [D].西安：陕西师范大学，2018.

资源的分享与学习心得的交流，联系教学实践建立学习共同体，提升学习的效果。最后，国外历史教师培训重视对学科标准的参照，培训课程凸显历史学科特色。

（2）国内中学历史教师培训现状及发展趋势研究。

目前，我国中学历史教师职后培训主要分国家级、省级、市级、县级及校本培训几个层次；从培训形式上看，主要有省内培训、省外培训、置换研修、跟岗实践、校本研修、网络社区建设等；从培训内容上看，课程以"国培"课程标准为依据，从侧重学科知识、教学方法逐步向侧重师德修养、学科素养、研究能力、信息技术及培训能力等方面转变；从承训机构上看，目前承担培训机构的单位更加开放，除了以往的师范院校、教师进修学校以外，已获得培训资质的综合类学校和其他单位均可以承担特定的培训项目[1]。

"国培计划"针对中学历史教师的培训项目主要有"一线优秀教师研修项目""优秀青年教师成长助力项目"以及"优秀教研员培训团队研修项目"等示范性集中培训，以及"乡村教师访名校"短期集中培训、置换脱产研修和送教下乡等中西部培训项目，对历史学科培训目标、对象、内容、时间、形式、师资要求等都制定了相关标准，这些项目的实施为我国中学历史教师队伍的建设及其专业发展做出了卓越贡献[2]。

2018年初，教育部教师工作司下发了《关于组织实施中小学名师名校长领航工程的通知》，领航工程从培养的对象、经费、理念、方式、主题、课程、评估等方面都发生了重大的变化。培训内容包括了师风师德修养、教育教学理论、学科前沿问题、学科教学艺术、课程改革、教育信息技术、名师成长案例、教学实践反思、教育科学研究、人文（科学）素养积淀、学科示范引领；培训方式包括了高校集中研修、国外合作研修、校本研修、网络研修、工作坊建设、课题研究、名师论坛、教育调研、教育扶贫、示范引领等十余种。以上这种高标准、高

① 魏非. 面向混合式研修的教师培训机构能力成熟度模型研究 [D]. 上海：华东师范大学，2016.

② 白月桥，邢凤珍. 历史新课程的师资培训 [J]. 中小学教材教学，2005（5）：18-21.

水平的培训方式将成为未来我国高层次历史教师培养的方向[①]。

今后，各级中学历史教师培训将逐步以面授和网络学习相结合的混合式模式开展，培训内容将紧密围绕历史课程改革的热点问题，培训的评估将逐步转向对训后教师教学水平的进步的考量。学分银行将逐步成为收集教师培训信息、计算学时、考核评定的重要依据。据此，我国将为历史教师们构建终身学习的教师培训体系。

3. 国内外中学历史教师培训模式改革研究

模式通常指研究后抽象出来的方法论以及一种可以指导行动的简化结构。李荣生等[②]认为培训模式是指学校、企业等组织实施培训工作的标准形式，其中包括培训项目的确定、培训目标、内容、实施步骤、质量保障的设计等步骤。教师培训模式的研究又分为目标、内容、实施方法、评价方法等几个维度的研究。

（1）国外中学历史教师培训模式改革研究。

Zeichner[③]用"范式"术语概括出了教师培训的四种模式或者说四种范式：行为主义的教师培训、人格主义的教师培训、传统工艺的教师培训、探究旨向的教师培训。Burley[④]认为大多数历史教师培训模式由五个步骤构成：分析培训需求，根据预期效果设计培训模式，制定培训框架（确定培训资源、通知参训人员），实施培训，评价培训效果。

美国的历史教师培训以培养教师的"实践胜任力"为主，注重培养教师教学能力以及教师个人职业发展规划，主要采用"教学法中心"的培训模式[⑤]，教师

① 赵亚夫，熊巧艺. 中学历史教育学的理论追求与实践取向 [J]. 天津师范大学学报（基础教育版），2022，23（1）：64-68.

② 李荣生，刘宇. 企业培训模式发展及其在国企的构建 [J]. 中国培训，2007（7）：8-10.

③ ZEICHNER K M. Alternative Paradigms of Teacher Education[J]. Journal of Teacher Education, 1983, 34(3):3-9.

④ BURLEY K. The Five Phases of Training Model[EB/OL].[2024-06-31].https://bizfluent.com/about-5412764-five-steps-design-training-process.html.

⑤ 秦素粉，翟志娟. 发达国家中小学教师在职培训的特色及经验 [J]. 科教文汇，2009（2）：27-28.

培训模式改革主要包括整合教师专业发展活动、推崇问题导向式培训、提倡个性化培训方式、针对性开展教师培训服务①。当前美国中学历史教师在线培训不再以单一目标或内容框定某一固定培训模式，而是以互联网技术为媒介，充分发挥其"个性化""沉浸式""全息化"的优势来进行教师培训②。

澳大利亚的中学历史教师培训主要以2003年政府颁布的《历史教师专业国家标准》为主要依据，根据培训机构不同，大致有四种培训模式：一是在由学校进行的校本培训，包含各种研讨、集体备课、观摩等专业活动；二是由学校所在学区组织的一些短期培训；三是学科协会举行的学科培训；四是个人到大学里接受培训，这些培训既可以是非学历的短期培训，也可以是长期的以攻读学位为目的的离职培训。

奥地利学者 Bodo von Borries 曾指出，历史教师培训模式改革研究需要关注两个因素：一是理论与实践之间的平衡，二是多元透视、辩论及多方位的历史途径③。罗马尼亚学者 Schmidt 对欧洲多个国家的历史教师培训项目进行了结构与标准对比研究，认为未来的历史教师培训模式应考虑如何使教师充分利用学术知识，而学术知识应该通过协商或者微调来适应未来的教师培训④。巴西学者对21世纪以来巴西历史教师培训政策与教育国际化进行研究，提出了历史教师队伍建设的综合性发展模式⑤。

基于以上研究分析，可见发达国家的历史教师培训模式改革呈现如下特点：

① 龙宝新.论效能取向的当代美国教师培训改革 [J].教师发展研究，2017，1（1）：107-116.

② 仇淼.美国中小学教师的在线培训模式研究 [D].重庆：西南大学，2021.

③ 苏争艳.中学历史教师培训课程标准与评估体系研究 [D].西安：陕西师范大学，2018.

④ CAROL C, ELENA C L. European Projects and National Developments. The Case of Initialhistory Teacher Training in Romania[J]. Procedia - Social and Behavioral Sciences, 2013(76):162-168.

⑤ Auxiliadora Schmidt, Maria. Globalization and the Politics of History Teacher Training in Brazil[J].Perspecyiva Educationl, 2016, 1(55):38-50.

①逐步加强对历史教师培训模式建构的理论研究；②开始注重科学的、有效的、多元的历史教师培训模式的探索性研究；③历史教师培训模式研究不仅着眼于教师需求，更应从学生必备的学科能力及素养出发，历史教师培训的终极意义在于促进学生的发展。④注重历史教师职前与职后的一体化发展，从教师教育模式研究的高度上探讨培训内容与方法的契合。

（2）国内中学历史教师培训模式改革研究。

我国自20世纪80年代以来，中学历史教师培训模式根据培训的内容和形式可分为：反思模式、"教培研"一体化模式、校地合作模式、分层模式、主题核心模式等。朱煜[①]认为适应基础教育新课程改革的历史教师培训应该探索高层次的有效教师培训模式。单红霞[②]认为可以用校本培训的方式来促进历史教师的专业发展。崔汝冠[③]则提出了历史校本研究与历史教学反思这两个专业发展路径。王翠珍[④]讨论了历史教师远程培训阶段出现的教师信息技术水平低、积极性不高、培训内容理论与实践分离等问题，并提出基于远程模式，充分发挥远程培训的优势提升中学历史教师培训质量。徐赐成[⑤]提出通过案例教学模式来提升历史教师培训质量，并对案例的收集、完善与运用进行了介绍。

我国历史教师在线培训起步比较晚，但是发展迅速，出现了较多中学历史教师在线培训模式。比如，借助慕课平台整合学习资源，并通过 PPT、视频等形式呈现课程内容，实现教师随时随地进行学习。还有在线培训将翻转课堂与 C2C（Customer to Customer）模式结合，给予教师个性化培训需求充分的关照，提高教师参训积极性。此外，微课是当下中学历史教师在线培训运用较多的培训模

① 朱煜.学术论文研读与历史教师的继续教育 [J].历史教学，2001（11）：26-29，1.

② 单红霞.创新校本培训，构建教师专业共同体：历史教研组共同体建设实施策略 [J].成才之路，2012（33）：90-91.

③ 崔汝冠.中学历史教师专业发展途径研究 [D].山东师范大学，2013.

④ 王翠珍.基于远程模式，优化历史教师培训探讨 [J].中国科教创新导刊，2013（9）：35.

⑤ 徐赐成.历史教师培训案例资源的采集与利用 [J].中国教师，2015（18）：74-78.

式，微课相较其他在线培训课程，更加关注一个具体的知识，其通过短视频的方式呈现，促进中学历史教师有效利用碎片时间学习。当下在线培训的模式正逐渐向 C2B（Customer to Bussiness）和 O2O2O（Online to Offline to Online）转变。C2B 模式是指由参加在线培训的学习者直接向相关在线培训机构提出对培训内容的需求以及培训过程中所需的服务支持，在线培训机构按照参训者的要求进行在线培训的研发和运行，并提供相关服务，即"私人定制"模式。杨晓宏等[1]提出，教育界开始逐步接受 C2B 模式，C2B 模式可以利用大数据算法对参训教师实施较为精准的测评，从而得知参训教师的知识水平、学习能力、学习偏好等，为其提供"私人订制"化的在线培训方案。王晨等[2]认为 O2O2O 模式可以实现良好的教学闭环，该模式不仅可以为参训教师提供个性化的学习内容，还可以在培训结束之后为参训教师提供反馈信息，通过线上、线下结合的形式使在线培训更加高效。

王定华[3]指出要结合教师发展需求，强化教师培训支撑、健全教师培训制度、推进教师培训模式改革。在传统培训模式的基础上，有学者提出了新的培训模式，如赵思林、彭家寅、潘超提出构建"导—研—行"的历史教师培训模式，也有学者提出网络培训模式、问题研修式、协作探究式模式、课题研究模式、研讨分享式模式、诊断提高式模式、课例研修模式、自修反思模式、置换脱产研修模式等。闫凤英[4]提出"规范标准，完善机制，统筹管理，精准培训"的初中历史教师培训模式改革思路。历史教师培训模式的改革主要体现在以下几个方面：培训目标的人性化、培训内容的多元化、培训方式的多样化、培训支撑的信息化[5]。

[1] 杨晓宏，周效章.我国在线教育现状考察与发展趋向研究：基于网易公开课等16个在线教育平台的分析 [J].电化教育研究，2017，38（8）：63-69，77.

[2] 王晨，刘男.互联网＋教育：移动互联网时代的教育大变革 [M].北京：中国经济出版社，2015.

[3] 王定华.努力推动教师培训工作再上新台阶 [J].中小学教师培训，2017（6）：1-6.

[4] 闫凤英.初中历史教师培训现状调查及对策研究 [D].烟台：鲁东大学，2017.

[5] 李欣.农村教师培训的有效模式研究：基于"教师支持服务体系"项目 [D].西北师范大学，2015.

4.研究述评与展望

总体而言，对于相关历史教师培训课程标准研究、专业素养提升研究、历史学科教师的个性化、分层培训研究以及乡村历史教师培训、历史名师的培养等研究成果比较丰富，但也存在不足，尤其从实践层面看，有关历史教师专业培训模式的有效建构研究仍需检验探讨：第一，现有研究尚不够深入和具体；第二，研究方法略显单一；第三，关于县域教师专业培训的循证研究很少，有关历史教师专业培训模式建构的具体研究更少。以上研究及其局限为本研究提供了基础与空间。随着培训规范化、学分化和常态化的发展，未来的中学历史教师培训相关的研究将会聚焦对培训者的研究、分类培训、标准研制、模式改革、效能提升、效果评估等方面，这些研究将会有效地推进我国中学历史教师培训的长足发展。

（三）项目研究与改革的目标、内容和拟解决的关键问题

1.研究与改革目标

具体、全面、详细掌握我国中学历史教师培训的研究现状，调查了解中学历史教师培训的现状及存在的问题，在此基础上，尝试构建体现《中学历史教师教育课程标准（试行）》的中学历史教师"交互"式培训模式，并对中学历史教师"交互"式培训模式的建构及其运行所涉的培训目标、培训内容、培训路径和评价体系等进行详尽阐释。最后，通过循证实践初步验证"交互"式历史教师培训模式的有效性和可推广性。

2.研究内容

"交互"就是指参与活动的对象通过相互交流，从而对对方产生影响。"交互"式培训就是参训者、培训组织者和培训者三者之间进行互动交流而产生的一种着眼于提升参训者专业发展水平的培训模式。历史教师"交互"式培训模式指的是在培训前、培训时和培训后，参训教师、教师培训机构、教师培训基地学校相互充分征求意见、听取想法，根据参训教师的实际需求和在参训过程中的体会及感受适时调整培训目标、培训内容和培训形式的一种历史教师培训模式。这种培训模式的建构就是本研究的研究主题与核心研究内容。

依据研究目的，围绕研究主题，本研究着重于以下三方面内容而展开。

（1）县域中学历史教师"交互"式培训模式建构的客观依据与理论基础。县域中学历史教师"交互"式培训模式的有效建构必须探寻其客观现实依据和扎实的理论基础。

客观现实依据至少有三：其一，国家教育政策落实的迫切需要。《义务教育历史课程标准（2022年版）》《普通高中历史课程标准（2020修订）》等一系列政策文本和课程标准相继出台，迫切要求在全国范围内开展针对课程标准和教科书学习的教师培训，如国培、省培乃至校本培训等。其二，适应新高考改革的现实需求。新高考改革背景下，历史教师最重要的任务就是不断地进行自我提高，以应对新挑战，适应新形势。与此同时，政府层面与学校层面都需要不断更新教师发展培养模式，帮助历史教师更好地适应中高考综合改革的要求。其三，现有历史教师培训模式存在的种种弊端亟须得到有效解决。

理论基础主要有三个方面：一是成人教育理论。美国成人教育家诺尔斯提出：成人在学习中完全可以进行自我指导；授课教师要与成人学习者一起制定学习计划、共同负责；要关注成人学习者的自我学习评价；要充分利用成人学习者原有的经验，并使其成为宝贵的学习资源。参加培训的教师都是成人，应该突出参训教师的主体地位，尊重参训教师的学习特点，让参训教师充分掌握自身发展的主动权。二是人本主义学习理论。人本主义理论家罗杰斯认为，实效性是教师参加培训最关注的，因而，在教师培训各环节，参训教师、培训组织者和培训参与者要充分体现"交互"，在培训前要充分了解参训教师的需求，培训时要及时掌握参训教师的反馈情况，培训后要调查参训教师的满意度情况，真正实现以参训教师为本的理念。三是"反思性教学"理论。"反思性教学"理论的提出者舍恩认为，教师培训是反思性的经验学习。因此，开展教师培训，除了要挖掘教师在自己职业生涯中所积累的成功的经验和失败的教训以及对许多疑难问题的处理智慧外，更重要的是在分享的过程中所引发的自我及他人的反思、改进和提升。

（2）县域中学历史教师"交互"式培训模式的具体内涵及构成要素分析。中学历史教师"交互"式培训模式的具体内涵前已述及。详细地解析中学历史教师"交互"式培训模式的构成要素有助于我们更好地掌握其具体内涵。特有的培训目标、多元的培训内容、灵活的培训路径、完整的评价体系是县域中学历史教师"交互"式培训模式建构的组成要素。

其一，"交互"式县域中学历史教师培训目标。培训目标既是培训的起点也是培训的终点。中学历史教师培训不仅着眼于教师需求，更应从学生必备的学科能力及素养出发，历史教师培训的终极意义在于促进学生的发展。因而培训不是单纯的学科知识学习，还要学习学科教学知识（Pedagogical Content Knowledge，简称 PCK），培养解决问题的能力，提升中学历史教师的素养。"交互"式培训模式的目标就在于：通过培训，使学员在"交互"过程中，更新教育理念，提高教学能力，促进专业发展，提升"教育五力"（即引领力、实践力、反思力、研究力和创新力），架起"理论—实践—理论"的桥梁。

其二，"交互"式县域中学历史教师培训内容。内容是目标的具体化。本项目以学员需求为依据构建培训内容，拟构建"以问题解决为中心"的培训内容板块，从教育理念、专业技能、教育技术、心理健康、管理能力和观摩实践等六个方面着手对教师进行培训。六个方面的培训内容将被细化为若干个要点，而培训的重点放在国家相关政策的解读、历史学科教学知识的深化和组织管理能力的提升等方面。

其三，"交互"式县域中学历史教师培训路径。本项目将针对历史教师学习特点，强化基于教学现场、走进真实课堂的培训路径。通过现场诊断和案例教学解决实际问题，采取跟岗培训和情境体验改进教学行为，利用行动研究和反思实践提升教育经验，确保培训实效。县级教育行政部门要大力推动置换脱产研修，将院校集中培训、优质中小学"影子教师"实践和城镇教师支教相结合，要积极推动教师网上和网下研修结合、虚拟学习和教学实践结合的混合学习；开展区域间教师网上协同研修，促进教师同行交流；培养网络研修骨干队伍，打造教师学习共同体，实现教师培训常态化。要推动网络研修与校本研修整合，推进高等学校、培训机构与中小学结对帮扶，引进优质培训资源，建立校本研修良性运行机制。通过集体备课、观课磨课、课题研究等"交互"方式，促进教研与培训有机结合，切实发挥校本研修的基础作用。

其四，"交互"式县域中学历史教师培训评价体系。评价是根据情境中对事物发展因果的价值取舍的一种人为的判断性行为。评价了解评价对象的现状，为其发展提供参考，促使其改进和提升是评价的目的。本研究设想的"交互"式培训模式的评价应当往两头延伸，从培训前的准备开始到培训后的评价反馈为止。尤其重视建立一套评价学员在"交互"中的表现的指标。尝试引入表现性评价，建立一套评价学员在"交互"式培训中的表现的指标（rubrics）对学员实施表现性评价。

（3）县域中学历史教师"交互"式培训模式的实践运行和效果检验循证。县域中学历史教师"交互"式培训模式是实践性特别强的一种教师培训模式，其理性建构当然重要，但更为重要的是保障其良好的实践运行效果。为此，做好三项工作尤为重要。

一是培训前期准备工作：了解中学历史教师的培训需求；科学定位培训目标；合理确定培训的具体内容。

二是精准实施培训计划。进入教师培训的实施阶段，无论培训过程的哪一个环节，参训者都是培训的主体，培训组织者和培训参与者更多的是提供意见，培训学习的深度和进度应当由交互的三方根据培训的实际情况来决定：交流互动，提出问题；提供资源，分析问题；提出对策，解决问题。解决方案是否可行是培训的一个重点，参训者、培训参与者和培训组织者共同审议问题解决的策略，确保解决方案的可行性，并把构想的解决方案付诸行动，在实践中进行检验。

三是后期的考核工作。后期的考核任务不光是对参训者的考评，还包括培训模式改进的经验积累。考核工作既要对教师培训效果有促进作用，给参训者带来正面影响，也要为修订培训模式提供经验，促进培训模式的完善和发展。培训效果的评价要由培训组织者、参训者和培训参与者共同完成，通过对相关数据进行分析和访谈调查，得出实际的培训效果。结合参训者对培训模式的反馈和反思，发现其合理之处与存在的缺陷，总结培训经验，提出改进意见，修订和完善培训模式。

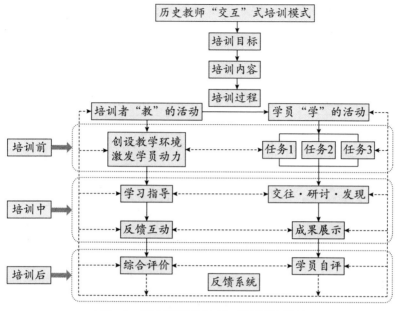

图8-1　历史教师"交互"式培训模式图

3. 拟解决的关键问题

教师培训是教师队伍建设的重要部分，应怎样使其顺应时代需要，助力中学历史教师专业成长，使他们在教育教学工作中彰显历史教师的"家国情怀"、传承"立德树人"使命，由此，为中学历史教师培训建构一套规范化、专业化、科学化的具有实践指导意义的中学历史教师"交互"式培训模式成为本研究的重点。具体拟解决的关键问题主要有两个：一是阐释中学历史教师"交互"式培训模式"是什么"的问题；二是回答中学历史教师"交互"式培训模式"到底怎么样"的问题，即该模式实践运行的有效性问题。

（四）项目研究与改革总体实施方案

本项目主要借助于行动研究的方法来实施。借助于理论研究建构起县域中学历史教师"交互"式培训模式后，通过循证实践来检验县域中学历史教师"交互"式培训模式运行的有效性。运用行动研究的方法和策略在行动中发现问题，通过行动来解决问题。研究与改革总体实施方案如图8-2所示。

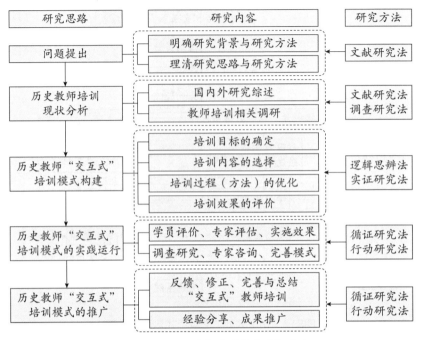

图8-2　项目研究与改革总体实施方案

（五）项目研究与改革分年度工作目标和工作内容

项目研究主要内容在3年内完成，计划按以下进度展开。

研究阶段目标及内容：

（1）研究准备阶段。开展文献研究，深入研究教师培训以及与其相关的理论问题；了解已有的教师培训实践模式，深入探究良好的教师培训模式的特征。

（2）研究实施阶段。这个阶段的研究分四个步骤展开。第一步，设计调查问卷和访谈提纲，进行调查研究，建构县域中学历史教师"交互"式培训模式。第二步，开展第一轮县域中学历史教师"交互"式培训模式的循证实践。第三步，调查研究，邀请专家提供咨询意见，修正县域中学历史教师"交互"式培训模式。第四步，第二轮循证实践尝试，进一步修正县域中学历史教师"交互"式培训模式。

（3）研究总结阶段。再次反思修正，对项目进行全面总结，提交结题材料。

第三节　交互式教师培训模式

目前，我国的教师教育和教师培训中奉行的教学观念和培训理念基本上还是以"特殊认识活动"为框架的，"新课程改革以来的教师培训缺少人文主义和认知主义成分，诸如缺少平等协商、对话与交流，进而缺少联动与整合、实际操作技能、研究素养和专业发展远见"[①]。有鉴于此，笔者通过"强师计划"背景下县域中学历史教师"交互"式培训模式建构的循证探索，结合多年的中小学教师培训工作经验，借鉴一些成熟的教师教育理论和培训模式，构建了"交互"式教师培训模式（又称"交往—研讨—发现"教师培训模式），并在各类"国培计划"项目中进行了实践。

一、"交往—研讨—发现"教师培训模式的基本含义

"交往—研讨—发现"教师培训模式是在主体教育、交往教学、生命哲学等理论指导下通过培训者与参与者[②]相互交往、参与者与参与者相互之间的交流与沟通，集体研究、讨论，使培训者与参与者不断有新发现、有所创新并获得培训生活的整体意义的教师培训模式。交往、研讨、发现是构成这种教师培训模式的三个基本点。

交往是培训活动得以展开的前提条件，没有交往，培训活动就不能发生；交往片面或者交往程度不深，培训活动就不可能生动有效。培训过程中主体间的交往包括培训者与参与者个体或者群体之间的交往。交往的内容是多方面的，包括知识信息、情感信息、表达能力、思维过程信息等。交往的方式也是多样的，如全体讨论、小组讨论、个别指导、培训者讲授等。

研讨是交往的深化，是发现的准备。这里的研讨是"研究、讨论"的简称。

---

① 官群 . 英语教师培训"新图"（NUMAP）模式研究 [J]. 教育研究，2011（7）：83-87.
② 为了体现教师培训所倡导的平等参与的理念，我们将传统意义上的"培训对象""受训者""学员"称为"参与者"。

研究包括参与者个体的独立学习与思考、小组研究和全班研究，是参与者由被动接受向自主探索的学习方式的转变。讨论是一种集体学习方式，可以集思广益，相互启发。研讨是"交往—研讨—发现"教师培训模式的关键点。培训者应相机而教，善于抓住问题的症结，组织参与者有效地展开研讨。

发现是交往、研讨的结果，包括培训者的发现和参与者的发现，参与者发现知识的联系，思维的结构，学习的意义等；培训者发现参与者学习培训中的闪光点及知识信息的不足、理智的洞穴、语言表达的不完整、学习心理的变化等。发现贯穿于交往与研讨之中，发现的过程是参与者和培训者从培训活动中获得全面意义的过程。

这三个基本点中的每一项对作为整体的教师培训模式来说都是必不可少的，但又都不是充分的。这些因素只有他们之间发生真实的联系并相互渗透、转化，相互作用，才能够构成有机的整体的"交往—研讨—发现"教师培训模式。

二、"交往—研讨—发现"教师培训模式的理论基础

一般来说，培训模式是在一定的理论基础上建立起来的。"交往—研讨—发现"教师培训模式的理论依据主要是下述三个。

（一）主体教育理论

主体教育理论是研究和开发人的主体性的理论。它认为，主体性是人类的根本特征之一，包括能动性、自主性、创造性三个最基本的特征[①]。主体教育是弘扬人的主体性的教育。主体性教育体现在目的上，就是以培养发展人的主体性为根本目的；在培训观上，就是要充分尊重每个参与者的主体地位、主体权利、主体人格；体现在培训者与参与者之间的关系上就是强调平等互动、民主和谐。人的主体性实际上是自我意识的能动性，以及建立在这种意识之上的认识和实践的能力。因此，主体教育也是唤起和提高自我意识的教育。这种教育实际上就是促进教育对象自我教育的教育。只有引导教育对象进行自我教育，教育对象才能确

---

① 赵康.为什么当下要重申主体教育?——格特·比斯塔"主体化"教育理论的境脉、生成与意义 [J].全球教育展望，2023，52（7）：3-15.

立起自我在教育中的主体地位，（外在）教育内容才能变成"为我而存在的"①。

（二）交往教学理论

交往教学理论是以教学生活世界为基础，以师生的互动、共享、共创为价值导向，用整体交往观来构建理想的教学交往活动的理论。该理论的主张主要有：教学过程是师生及生生的交往活动过程，不断促进与实现师生自我生成与建构的过程，师生的整体生命活动过程；师生的交往活动是师生生命历程的一个活动环节，交往不仅是教师施教、学生获得知识的手段，它本身作为一种教学方式和教学生活，也是学生发展的手段、方式和教师的生活方式；师生之间、学生之间的互动是通过语言交往、信息交流、精神交往而实现的，学生和教师的自我生成与建构是以主体性为基础，通过自我认知、自我评价、自我调控、自主行动等方式实现的，整个教学过程是师生个体的生命本质的自由、自主展开、确证、丰富、创造的过程②。

（三）建构主义学习理论

建构主义是皮亚杰最早提出的，他认为人是在与周围环境的相互作用中，逐步建构起关于外部世界的知识，从而使自身认知结构得到发展。以建构主义理论为基础形成了建构主义学习理论，其核心思想主要是：以学生为中心，强调学生是信息加工的主体，是知识意义的主动建构者；认为知识不是由教师灌输的，而是由学习者在一定的情境下通过协作、讨论、交流、互相帮助（包括教师提供的指导与帮助），并借助必要的信息资源主动建构的；认为"情境创设""协商会话"和"信息提供"是建构主义学习环境的基本要素。学生主要通过自主发现的方式进行学习。建构主义学习理论还强调教师虽然是课堂教学的组织者、指导者，但不是课堂的"主宰"和知识灌输者，而是成为学生主动建构意义的帮助者、促进者③。

① 雅斯贝尔斯. 什么是教育 [M]. 邹进，译. 北京：生活·读书·新知三联书店，1991.

② 田汉族. 交往教学论 [M]. 长沙：湖南师范大学出版社，2004.

③ KOHLBERG L, MAYER R. Development as the Aim of Education[J]. Harvard Educational Review, 1972, 42(4): 449-496.

三、"交往—研讨—发现"教师培训模式的主要特征

培训理念的改变与培训模式的革新归根结底必须通过变革培训活动过程来实现和体现。培训活动是培训者与参与者的双边活动，培训者的"教"和参与者的"学"只有相互适应，才能取得好的教学效果。"交往—研讨—发现"培训模式的实质就是优化处理好培训过程中培训者的活动和参与者的活动之间的关系。该模式在运行过程中具有如下三个主要特征。

（一）主体性

不论是交往、研讨，还是发现过程，培训者和参与者都是以主体的身份参与的。参与者是认知的主体、人际交往活动的主体，培训的基本任务就是发挥参与者在培训过程中的主体作用，建构参与者完整的主体结构，提高参与者的综合素质。培训者要尊重参与者的主体权利、地位和人格，充分保证参与者在培训时间、内容、方法上的自主权，对知识的话语权；充分调动每个参与者的学习积极性；促进他们主动思考，积极发现。这实际上意味着培训者与参与者角色的重大转换：参与者真正成为主体，培训者从原来的"独奏者"变成与参与者一起的"共奏者"，甚至仅仅是"伴奏者"，培训者起到激发、唤起、鼓舞、组织参与者学习的作用[①]。

（二）多向互动性

培训过程中的培训者与参与者之间或参与者与参与者之间的相互作用贯穿始终，体现出双向互动的特点。在互动的对象上，"交往—研讨—发现"式培训强调变"一维"为"多维"，打破原来那种只有培训者对参与者的单向传递的单一化格局，实现培训者与参与者个体或群体之间的互动，强调"教"与"学"的相互作用、相互影响。同时，还形成了参与者个体之间、群体之间的多向互动的格局，使参与者与参与者之间也存在互动，不断交流信息，相互交往、研讨、启发。这样，培训活动最终成为网络沟通式的、立体交叉式的，真正为促进参与者

① 克里夫·贝克.学会过美好生活 [M].詹万生，等译.北京：中央编译出版社，1997.

的全面发展服务。

（三）动态生成性

培训活动是一个复杂的过程体系，学习中的人是发展的，培训进程是非线性的，可能性、选择性、随机性和偶然性随时存在，即把培训过程视为一个连绵不绝的过程，成为培训者与参与者共同参与、相互作用、创造性地实现培训目标的过程，重视在交往、研讨、发现过程中出现的新的培训资源的利用，并引导其为培训的继续互动和目标的再生成服务。这种培训重过程创造、反机械预设，主体作用方式从"培训者—参与者"单向度到培训者与参与者、参与者与参与者多向互动，重关系而非实体，提倡多元和个性，反对中心、同一等[①]。

四、"交往—研讨—发现"教师培训模式的基本结构

培训模式的一般结构包括培训目标、教学策略、效果评价。根据培训模式的一般原理，"交往—研讨—发现"培训模式的结构分述如下。

（一）培训目标

运用这一培训模式所要达成的目标是通过培训者与参与者之间的对话，参与者与参与者之间的相互交流和讨论，使教师培训活动过程中的各种思想发生碰撞，进而不断打破思维框架，创新知识，创造生动活泼的培训生活，促进参与者认识的发展、能力的形成、精神的丰富和新质整体人格的生成。需要指出的是这里非常重视目标的生成性，不把培训目标当作一成不变的，反对精细化。从复杂和生成性思维的认识视角出发，为有效地达成培训目标，也不把培训过程程式化，提倡变动性和不确定性。即在动态的培训过程中重视参与者创造意识、创新能力的培养，保证交流、研讨和发现过程中资源的再生和参与者的不断互动，让他们都为专业发展服务，为个体精神世界的丰富服务；通过对话、研讨，把认识引向深入，通过体验和感悟，维持兴趣、激发情感、陶冶个性[②]。

---

① 石中英 . 知识转型与教育改革 [M]. 北京 ：教育科学出版社，2001.

② 联合国教科文组织国际教育发展委员会 . 学会生存 ：教育世界的今天和明天 [M].
北京 ：教育科学出版社，1996.

（二）教学策略

具体的教学策略涉及很多方面，这里强调如下几点。

（1）培训者要善于设置问题情境。有经验的培训者总是巧妙地让参与者置身于真实的问题情境之中，而问题本身并没有固定答案。比如异地高考的问题，我们目前并没有找到一个很好的解决途径。培训者可以引导参与者来讨论这个问题，让他们探讨有哪些可能的解决方法。

（2）鼓励参与者大胆质疑，不满足已有的结论。亚里士多德认为："思维自惊奇和疑问开始。"朱熹提倡"学则须疑"。因此，我们要鼓励参与者独立的和多样性的思考。第斯多惠早就指出："教学的艺术不在于传授的本领，而在于激励、唤醒、鼓舞"[①]。培训者要把培训的重点和主要精力放在培养参与者的好奇心、求知欲，帮助参与者自主学习、独立思考，并适时地予以恰当的引导。

（3）鼓励参与者相互提问、讨论、评论，重视参与者的感受与体验。问，说明参与者的思维处于积极的状态。问，应该是双向的，特别应该让参与者多问。参与者围绕某个问题作充分准备之后进行讨论，可以达成智慧互动，充分体现学习培训中的协作互助精神。评论也应是相互的，培训者评论参与者，参与者也可以而且应当评论培训者的观点和思想，还可以有参与者之间相互的评论。苏霍姆林斯基认为："没有自我肯定的体验，就不可能有对知识的真正的兴趣"[②]。"交往—研讨—发现"培训模式的每一个环节都非常重视"让参与者体验到一种自己在亲身参与掌握知识的情感"[③]。比如，体验到自主选题的责任感、独立探索的幸福感、小组发言的荣誉感、总结提高的成就感等。

（4）讲述思路为主，着重思维方式的陈述，给参与者留出足够的时间和空

[①] 张焕庭.西方资产阶级教育论著选[M].北京：人民教育出版社，1979.

[②] 瓦·阿·苏霍姆林斯基.给教师的建议（下）[M].杜殿坤，编译.北京：教育科学出版社，1981.

[③] REBER A S. Implicit Learning and Tacit Knowledge: An Essay on the Cognitive Unconscious[M]. New York: Oxforg University Press. 1993.

间。马克思说过，"时间是发展的地盘"[①]。时间也是研究、讨论等培训活动得以存在和延续的必要条件。培训者虽然仍有讲述、讲解、讲评等，但讲授的时间在整个培训时间中占的比例较小，这样就给参与者的自学、研究、讨论留足了时间，扩大了空间，参与者有了用武之地。培训者并不着重于讲述事实、现象、现成的结论、静态的知识，而着重于思路、思维方式的陈述，为参与者独立探索、分组讨论提供方法论指导。

（三）效果评价

评价标准有以下五方面：

（1）培训的准备性。无论培训者还是参与者，对所学习培训的内容都要进行多方面的准备。如培训者不仅对培训内容本身很熟悉，而且有相当的背景知识，并对培训重点与难点准确把握；参与者一定要提前预习，提前介入准备要研讨的主题，掌握学习培训的主动权。

（2）培训的开放性。一是在培训活动中可以提出不同的见解，允许不同观点存在；二是可以把有关的内容带进培训课堂，也可以把课堂延伸向课外，开展培训者与参与者的合作研究。以培训主题为基本线索，与之相关的问题都是培训的内容；与参与者的自主发展相关的时间、空间，也是培训的时间、空间。

（3）培训的双向交往性。培训者与参与者之间的交往是平等的，甲方对乙方提出问题，得到乙方的回答后，还必须对乙方的回答作出反馈，乙方也可以对甲方的评价再作出反馈，这样循环往复，以至形成共识。

（4）培训的质疑性与批判性。要求参与者敢于突破已有的思维框架，提出不同于教材、培训者、其他参与者甚至是自己原有的新观点[②]。如果一堂课、一次讨论、一次交流，没有提出质疑，只有不加分析地接受和死记硬背，这种培训就不是"交往—研讨—发现"式培训。

---

① 中共中央马克思、恩格斯、列宁、斯大林著作编译局.马克思恩格斯全集：第三卷 [M].北京：人民出版社，1995.

② 王冬凌.构建高效教师培训模式：内涵与策略 [J].教育研究，2011（A05）：107-110.

（5）培训的实践性。即参与者要通过查找相关研究资料、调查分析、实地考察、观察、实验等方式，主动地获得知识，发现问题并解决问题。如果参与者只在培训课堂上听一听，没有花费一定的时间和付出相当的努力，参与者就无法获得思维训练和智力劳动的快乐。

我国教师培训工作当务之急是通过教师培训的理论创新、制度创新和实践创新，强化教师培训有效性[①]。"交往—研讨—发现"教师培训模式是对现代教师培训理论的时代追寻，随着改革与实验的深入，必将不断完善，成为一种更科学、更有价值的培训模式。

① 余新.有效教师培训的七个关键环节：以"国培计划—培训者研修项目"培训管理者研修班为例 [J].教育研究，2010，31（2）：87-92.

附　录

一、乡村特岗教师专业发展状况调查问卷（示例）

尊敬的老师：

您好！感谢您从百忙之中抽出时间来配合我们的调查。

此问卷的目的是调查特岗教师专业发展状况。本问卷采用不记名方式，对于问卷的统计结果，我们只从整体的角度进行分析，且纯做学术之用，它与您的职称评定、成绩考核、教学评价等没有任何关系。请您根据自己的真实情况和感受作答，不需要有任何的顾虑。再次感谢您的配合与支持！

指导语：

（1）答卷时您无需仔细斟酌，请按照您的实际情况作答。

（2）问卷共分为三个部分，请您根据提示的答题要求作答。

第一部分

请在符合您个人情况的选项上划"√"。

（1）您的性别：A. 男　　B. 女

（2）您的婚姻状况：A. 未婚　　B. 已婚

（3）您入职前的学历是：A. 大专　　B. 本科

（4）职前教育类型：A. 师范类　　B. 非师范类

（5）进岗时间：A.2017　　B.2018　　C.2019　　D.2020

（6）任教学校性质：A. 小学　　B. 初中

第二部分

请认真阅读下列每句话，然后根据该句话与您自己的实际情况的符合程度，在相应的数字上划"√"。除非其他4个选项均不符合您的真实想法，否则尽量不要选择"不确定"。

1=非常不符合；2=比较不符合；3=一般；4=比较符合；5=非常符合

项　　目	5	4	3	2	1
1. 我认为特岗教师制定职业成长计划很重要					
2. 我认为逐步提高教师专业素养很重要					
3. 我在备课的时候尽可能广泛地查阅资料					
4. 我上完课后积极地进行反思					
5. 我自发地学习教育教学方面的理论知识					
6. 我经常关注基础教育改革和发展动态					
7. 在学校现有条件下，我尽可能地运用各种信息技术手段					
8. 我在课堂上经常使用一些新颖的教学方法					
9. 我很愿意通过各类培训来提高自己					
10. 我希望通过各种方式提高自己的专业素质					
11. 日常教学工作使我身心疲惫，我无力寻求新知					
12. 我只想做好日常教学工作，不想花太多业余时间参加培训					
13. 我希望提高与学生家长沟通的能力					
14. 我希望能够更好地处理好与同事、领导的关系					
15. 我觉得通过努力，自己能成为一名非常优秀的老师					
16. 我经常参加学校组织的教师专业发展活动（如：讲评课、学校组织的教研活动、教务处组织的教研活动）					
17. 我经常参加校际（或学区）组织的教师专业发展活动（观摩课、教学比武等其他交流活动）					
18. 我认为参加各种形式的培训并未让我学到许多实用的东西					
19. 我经常参加各种形式的在职培训					
20. 我在学校的发展空间很大					

续表

项　　目	5	4	3	2	1
21. 我经常与同事交流教学经验					
22. 我认为培训流于形式，没有实际意义					
23. 进入学校工作的初期，学校为我制定了辅导计划					
24. 学校安排的工作量适中，我有充足的时间进行课后学习					
25. 我认为当前的职称评定很合理					
26. 我所在学校的教师考评制度公平合理					
27. 我所在的学校有充裕的教师培训资金					
28. 我认为特岗教师的专业发展得到了行政部门的政策保障					
29. 我认为教师的专业地位没有得到社会的认可					

第三部分

以下是不定项选择，您可根据自己的情况选择一个或多个答案，请您在所选答案的标号上划"√"。

1. 您觉得自己最需增加哪些方面的知识？

    A. 普通文化知识　　　　　　　B. 学科专业知识

    C. 教育学、心理学知识　　　　D. 教学实践知识

    E. 教育技术知识　　　　　　　F. 教育科研知识

    G. 其他（请写明）

2. 您认为您最需发展的专业能力是 _____。

    A. 课堂教学组织能力　　　　　B. 班级管理与组织能力

    C. 教学研究能力　　　　　　　D. 语言表达力

    E. 信息收集与整理能力　　　　F. 多媒体技术运用能力

    G. 其他（请写明）

3. 您认为目前自己最需要提升的是 _____。

    A. 现代教育理念　　　　　　　B. 教育科研与论文写作能力

    C. 职业道德与职业理想　　　　D. 处理师生关系的能力

E.人际交往能力　　　　　　　F.其他（请写明）

4.您主要通过下列哪些方式提高专业能力？

A.短期培训　　　　　　　　　B.教学、教育科研

C.专家讲座　　　　　　　　　D.函授学习

E.攻读专业学位　　　　　　　F.说课、评课

G.专题研讨　　　　　　　　　H.集体备课

5.您认为以下哪种培训方式最有助于您提高专业能力？

A.岗前培训　　　　　　　　　B.函授学习

C.专家讲座　　　　　　　　　D.任教后的短期培训

E.脱产学习　　　　　　　　　F.攻读专业学位

G.其他（请写明）

6.您认为教研活动以下列哪种方式进行最能提高您的教学水平？

A.说课、评课　　　　　　　　B.教学案例分析

C.专题研讨　　　　　　　　　D.集体备课

E.自我反思　　　　　　　　　F.其他（请写明）

7.您主要通过哪些途径来提升自己的专业能力？

A.参加各种培训　　　　　　　B.参加学校的教研活动

C.阅读教育书籍与期刊　　　　D.网络视频学习

E.向有经验的教师请教　　　　F.反思总结自己的教学实践

G.征询学生意见　　　　　　　H.其他（请写明）

8.您认为下列哪种途径最有助于提高您的教学水平？

A.参加各种培训　　　　　　　B.参加学校的教研活动

C.与同事的日常交流　　　　　D.阅读教育书籍与期刊

E.征询学生意见　　　　　　　F.反思总结自己的教学实践

G.向有经验的教师请教　　　　H.网络视频学习

9.您认为当前有利于特岗教师专业发展的条件是_____。

A.教育行政部门的政策保障　　B.良好的社会氛围

C. 学校的支持与鼓励　　　　　　　　D. 家人的支持

E. 同事的态度，家长的配合与支持　　F. 其他（请写明）

10. 为实现您的专业发展，您认为以下哪种工作条件最重要？

A. 良好的校园环境　　　　　　　　　B. 良好的办公环境

C. 良好的人文环境　　　　　　　　　D. 丰富的信息资源

11. 您觉得自己在专业发展过程中遇到的最大困难是 _____。

A. 学校提供的条件有限　　　　　　　B. 缺少培训经费

C. 日常工作任务重，时间不够用　　　D. 家庭负担重，生活压力大

E. 培训课程不合理　　　　　　　　　F. 自身学习能力不足

G. 人际关系难处理　　　　　　　　　H. 其他（请写明）

12. 您认为您在教学过程中存在的问题有 _____。

A. 传统教学思维与新课程的冲突　　　B. 有效教学方法的使用

C. 学生心理健康与成长的问题　　　　D. 教师教学能力有限

E. 新教材把握困难　　　　　　　　　F. 学科知识和技能缺乏

G. 课堂管理能力的欠缺　　　　　　　H. 其他（请写明）

13. 在专业发展过程中您觉得自己有哪些困惑？

A. 未来是否选择教师职业还是个问题　B. 将来是否留任还是个问题

C. 学校没有积极向上的氛围，没有动力　D. 领导不重视

E. 学校提供资源有限，不知道如何提高自身的专业能力

F. 社会对教师的评价让我无所适从　　G. 其他（请写明）

二、乡村特岗教师专业发展状况
访谈提纲及访谈概要（示例）

一、访谈提纲

（一）行政人员访谈提纲

（1）您如何看待特岗计划和特岗教师？

（2）自开始招收特岗教师以来，贵校特岗教师去留情况如何？

（3）您认为完善特岗计划各方面还应该做哪些努力？

（二）特岗教师访谈提纲

（1）目前生活中最困扰您的是什么？

（2）您工作中遇到了哪些困难？希望得到哪些支持？您想对学校提出什么建议？

（3）您如何看待特岗教师在职攻读教育硕士计划？

二、访谈概要

（一）行政人员

A 领导（男，初中校长）：现在特岗教师分配的地方越来越偏僻，很多年轻人还是不愿意长时间扎根农村，特岗不过是个跳板。特岗教师队伍中有相当一部分的教师入职前为非师范类专业，没有系统学习教育学、教育心理学，缺乏实习经历，教学实践能力缺乏。我们农村学校教师结构不合理，部分学科教师极度缺乏，这些特岗教师不得不跨学科教学或"身兼数职"。还有部分教师所教学科与报考专业不一致，存在数学老师教英语，语文老师教历史、政治等科目，甚至"包班"等情况。是想给他们改善各方面条件，但是经济状况摆在那里，有时候也很无奈，只好多找年轻人谈心，在一些细节上多关心他们一点，多给他们提供一些学习的机会，想办法让他们留下来。也希望政府政策层面上多给特岗教师一些培训的机会，增加专项培训教育基金，优化工作环境，提升他们的收入和福利待遇，让他们能沉下心来搞教育，来促进农村教育的发展。

B领导（男，小学教务行政人员）：特岗计划及特岗教师给学校带来了贡献，但是同时也有不少弊端。"特岗计划"引进大量的小学外语、音乐、美术和体育老师，有效地改善农村学校师资的学科结构。但特岗教师的流动性很高，师资不稳定，教学质量很难提升。很多年轻教师来我们学校工作三年后就离开了，他们对于如何提升自己似乎并无兴趣。有些教师刚来的时候，农村学校环境与曾经学习的环境、实习学校的文化与农村学校文化之间的强烈反差加大了特岗教师的适应环境的难度。教师面临着生活环境、身份的改变和理论与实践的磨合，教学经验的缺乏和教育教学能力的欠缺，使他们具有强烈的忧患意识，还能积极关注、自觉审视其教学行为，并不断反思自己的教学实践。但是过了一段时间后，就出现了反差。特岗教师大多是未婚的，经济、婚姻、家庭等因素会给他们带来不少的困扰，跳跃性比较大。相比之下，许多已婚教师由于要在当地定居，生活和职业的选择性相对较小，因而相对稳定。正是在这种情况下，学校为留住教师，真正提高教学质量，在自身办学经费不充足的情况下，给予留任可能性较大的已婚教师更多的发展机会。

（二）特岗教师

教师C（女，小学教师，2019年入职）：说心里话，刚到学校时，我被分配教授多个学科，包括我并不擅长的音乐和体育。学校教师短缺的现状迫使我们成为"万能"教师，但这显然不利于我们的专业成长。工作量巨大且非教学任务繁重，导致额外工作时间长。被安排担任中高年级甚至毕业班的教学工作，而对教材和学科的不熟悉感到极大的压力。

教师D（女，小学、初中教师，2018年入职）：在我们这样的九年一贯制学校，教师数量不足意味着我不得不同时教授小学和初中的学生。这种高强度的工作让我几乎没有时间和精力关注自己的专业发展。课时分配得不合理。特岗教师每周的授课小时数超出了规定标准。教学方面，真实的课堂往往一开始会让我无所适从，又不知道可以向谁请教，教师之间很少交流，进修学习的机会也很少，没有指导，只有自己的盲动，感觉很无助、很无奈。而且，农村学校落后的教育观念让我感到失望。

教师 E（女，初中教师，2017年入职）：有很多特岗中小学缺乏促进特岗教师专业发展的条件。我们学校的图书馆几乎没有专业书籍可供借阅，学校对教师的专业成长缺乏支持，这让我们很难有所突破。网络信号不好，想上网查资料都受限。而且，在专业发展方面取得一定成就，在教师群体中容易被孤立，那滋味挺苦涩。相对而言，本科学历的教师所获得的机会和支持条件明显优于专科学历的教师。

教师 F（男，初中数学教师，2018年入职）：当前工作的情况很乏味、无聊、惶恐、没有盼头。被动地应付工作，对自身发展漠不关心，只想快点过完三年期，另外找工作。特岗教师是未转正教师，感觉"低人一等"。又在山沟沟里，自己的工作与同学在城市的工作相差甚远，工资待遇低，以后找对象都是一个难题，有时候挺自卑的，家里也希望我去大城市找工作。也不知道学校是不是制定了相应的帮扶计划，感觉大量的经费用于硬件配置上。培训机会少之又少。反正，对目前学校的资源的短缺感到无能为力，对未来的发展感到茫然。

教师 G（女，初中教师，2019年入职）：工作负荷、生活环境、知识技能、恋爱与婚姻、人际关系都成为我们特岗教师压力的来源。目前，特岗教师的专业发展途径主要以自我努力、自我摸索为主，作为入职不久的教师，教学经验缺乏、教育教学能力欠缺，急需要教育相关部门及学校提供足够的学习、实践的时间和机会，从而顺利地度过这一时期，为职业生涯打下基础。

教师 H（男，初中教师，2020年入职）：我并不曾想成为教师，但考试通过后我就接受了这个角色。然而，我仍然打算尝试其他职业，例如公务员。因为作为一名教师，晋升的机会不多，竞争又大。

三、教育部关于深化中小学教师培训模式改革全面提升培训质量的指导意见

（教师〔2013〕6号）

各省、自治区、直辖市教育厅（教委），新疆生产建设兵团教育局：

　　根据教育规划纲要提出的对教师实行每五年一周期的全员培训要求，近年来中央和地方不断加大培训力度，教师培训工作取得明显进展，但也存在着针对性不强、内容泛化、方式单一、质量监控薄弱等突出问题。为主动适应深化基础教育课程改革、全面实施素质教育的现实需求，着力解决存在的突出问题，现就深化中小学教师培训模式改革，全面提升培训质量提出如下指导意见。

　　一、增强培训针对性，确保按需施训。中小学教师培训要以实施好基础教育新课程为主要内容，以满足教师专业发展个性化需求为工作目标，引领教师专业成长。各地要将上述要求贯穿于培训规划、项目设计、组织实施、质量监控全过程。根据新任教师岗前培训、在职教师提高培训和骨干教师高级研修等教师发展不同阶段的实际需求，开展针对性培训。实行教师培训需求调研分析制度，建立与中小学校共同确定培训项目的新机制。

　　二、改进培训内容，贴近一线教师教育教学实际。各地要将提高教师教育教学技能作为培训的主要内容，以典型教学案例为载体，创设真实课堂教学环境，紧密结合学校教育教学一线实际，开展主题鲜明的技能培训。实践性课程应不少于教师培训课程的50%。要将中小学教师专业标准、师德教育和信息技术作为通识课程，列入培训必修模块。遵循立德树人的根本要求，增强教师教书育人的责任感和使命感。国家制订教师培训课程标准，建立资源共享平台，促进资源共建共享。各地要加强优质课程资源建设，重点建设典型案例和网络课程资源，积极开发微课程。

　　三、转变培训方式，提升教师参训实效。各地要针对教师学习特点，强化基于教学现场、走进真实课堂的培训环节。通过现场诊断和案例教学解决实际问

题，采取跟岗培训和情境体验改进教学行为，利用行动研究和反思实践提升教育经验，确保培训实效。改革传统讲授方式，强化学员互动参与，增强培训吸引力、感染力。省级教育行政部门要大力推动置换脱产研修，将院校集中培训、优质中小学"影子教师"实践和师范生（城镇教师）顶岗实习支教相结合，为农村学校培养骨干教师。要采取多种培训方式，加大体育、音乐、美术等师资紧缺学科专兼职教师和民族地区双语教师的培训力度。

四、强化培训自主性，激发教师参训动力。省级教育行政部门要探索建立教师自主选学机制，建设"菜单式、自主性、开放式"的选学服务平台，为教师创造自主选择培训内容、时间、途径和机构的机会，满足教师个性化需求。建立培训学分认证制度，学时学分合理转化。建立教师培训学分银行，实现教师非学历培训与学历教育学分互认。将培训学分作为教师资格定期注册、教师考核和职务（职称）聘任的必备条件，激发教师参训积极性。

五、营造网络学习环境，推动教师终身学习。各地要积极推进教师网络研修社区建设，推动教师网上和网下研修结合、虚拟学习和教学实践结合的混合学习；开展区域间教师网上协同研修，促进教师同行交流；培养网络研修骨干队伍，打造教师学习共同体，实现教师培训常态化。要推动网络研修与校本研修整合，推进高等学校、培训机构与中小学结对帮扶，引进优质培训资源，建立校本研修良性运行机制。丰富研修主题，通过集体备课、观课磨课、课题研究等方式，促进教研与培训有机结合，切实发挥校本研修的基础作用。鼓励各地建设教师培训创新实验区，推动培训模式综合改革。

六、加强培训者队伍建设，增强为教师提供优质培训的能力。各级教育行政部门要统筹建设培训专家库，并实行动态调整，建立一支专兼职结合的优秀培训者队伍。要注重遴选一线优秀教师作为兼职培训者，将其承担教育行政部门组织或认定的培训任务计入教学工作量，并建立工作绩效考核机制。高等学校兼职培训者要积极把握基础教育课程改革内容和中小学一线教师培训需求。专职培训者要切实深入中小学校开展研究与实践，原则上每年不少于2个月。国家建立培训专家库信息管理平台，实现各地培训者的信息共享和培训成效评估。培训者团队主要从培训专家库中遴选，一线优秀教师所占比例不少于50%。各地要为专兼职培训者的发展创造良好条件，国培计划和省培计划加大专兼职培训者培训力度，专职培训者每年研修不少于100学时。

七、建设培训公共服务平台，为教师提供多样化服务。培训机构要将为教师提供多样化优质服务作为培训工作的出发点和落脚点，建立灵活、开放、专业的培训公共服务平台。师范院校要大力推进内部教师教育资源整合，建立与中小学合作机制，促进培养、培训、研究、服务一体化，发挥示范引领作用。各地要依托现有资源，加快推进县级教师培训机构与教研、科研和电教等部门的整合，建设县级教师发展中心，发挥其在全员培训的规划设计、组织实施和服务指导等方面的功能。

八、规范培训管理，为教师获得高质量培训提供有力保障。国家建设全国教师培训管理信息系统，加强对国家级培训和各地培训的动态监测。各地要充分利用信息化管理平台，登记教师参训学时学分，加强学员选派管理，建立培训项目招投标机制，对培训经费使用等进行全程监控，确保各项工作落实到位。教师培训食宿安排要厉行节约，不得安排与培训无关的参观考察活动。培训机构要建立学员培训档案制度，及时将学员培训情况反馈所属教育行政部门和学校。

国家制订培训质量标准，定期开展培训质量评估，发布年度监测报告。地方教育行政部门要采取专家评估、网络匿名评估和第三方评估等方式，监测培训质量，公布评估结果，并作为培训资质认定、项目承办、经费奖补的重要依据。培训机构要做好培训绩效评价，跟踪教师参训后实践应用效果，不断改进培训工作。

国家将教师培训作为对各地教育督导的重要内容。省级教育督导部门要加强对市县教师培训的专项督导，定期公布检查结果。县级教育行政部门要将教师培训列入中小学办学水平评估和校长考评的指标体系。各地要将落实培训经费作为教育督导的重要内容，确保培训经费列入同级财政预算，中小学按照年度公用经费预算总额5%安排培训经费，保障经费投入。

（资料来源：教育部2013年5月6日发布的文件《教育部关于深化中小学教师培训模式改革全面提升培训质量的指导意见》）

四、乡村教师支持计划（2015—2020年）（摘选）

为深入推进全面建成小康社会、全面深化改革、全面依法治国、全面从严治党"四个全面"战略布局，认真贯彻党中央、国务院关于加强教师队伍建设的部署和要求，采取切实措施加强老少边穷岛等边远贫困地区乡村教师队伍建设，明显缩小城乡师资水平差距，让每个乡村孩子都能接受公平、有质量的教育，特制定乡村教师（包括全国乡中心区、村庄学校教师，下同）支持计划。

总体要求：

一、基本原则

——师德为先，以德化人。着力提升乡村教师思想政治素质和职业道德水平，引导乡村教师带头践行社会主义核心价值观，加强乡村教师对中国特色社会主义的思想认同、理论认同和情感认同。重视发挥乡村教师以德化人、言传身教的作用，教育学生热爱祖国、热爱人民、热爱中国共产党，形成正确的世界观、人生观、价值观，确保乡村教育正确导向。

——规模适当，结构合理。合理规划乡村教师队伍规模，集中人财物资源，制定实施优惠倾斜政策，加大工作支持力度，加强乡村地区优质教师资源配置，有效解决乡村教师短缺问题，优化乡村教师队伍结构。

——提升质量，提高待遇。立足国情，聚焦乡村教师队伍建设最关键领域、最紧迫任务，打出组合拳，多措并举，定向施策，精准发力，标本兼治，加强培养补充，提升专业素质，提高地位待遇，不断改善乡村教师的工作生活条件。

——改革机制，激发活力。坚持问题导向，深化体制机制改革，拓宽乡村教师来源，鼓励有志青年投身乡村教育事业，畅通高校毕业生、城镇教师到乡村学校任教的通道，逐步形成"越往基层、越是艰苦，地位待遇越高"的激励机制，以及充满活力的乡村教师使用机制。通过实施乡村教师支持计划，带动建立相关制度，形成可持续发展的长效机制。

二、工作目标

到2017年，力争使乡村学校优质教师来源得到多渠道扩充，乡村教师资源配置得到改善，教育教学能力水平稳步提升，各方面合理待遇依法得到较好保障，职业吸引力明显增强，逐步形成"下得去、留得住、教得好"的局面。到2020年，努力造就一支素质优良、甘于奉献、扎根乡村的教师队伍，为基本实现教育现代化提供坚强有力的师资保障。

主要举措：

（一）全面提高乡村教师思想政治素质和师德水平。坚持不懈地用中国特色社会主义理论体系武装乡村教师头脑，进一步建立健全乡村教师政治理论学习制度，增强思想政治工作的针对性和实效性，不断提高教师的理论素养和思想政治素质。切实加强乡村教师队伍党建工作，基层党组织要充分发挥政治核心作用，进一步关心教育乡村教师，适度加大发展党员力度。开展多种形式的师德教育，把教师职业理想、职业道德、法治教育、心理健康教育等融入职前培养、准入、职后培训和管理的全过程。落实教育、宣传、考核、监督与奖惩相结合的师德建设长效机制。

（二）拓展乡村教师补充渠道。鼓励省级人民政府建立统筹规划、统一选拔的乡村教师补充机制，为乡村学校持续输送大批优秀高校毕业生。扩大农村教师特岗计划实施规模，重点支持中西部老少边穷岛等贫困地区补充乡村教师，适时提高特岗教师工资性补助标准。鼓励地方政府和师范院校根据当地乡村教育实际需求加强本土化培养，采取多种方式定向培养"一专多能"的乡村教师。高校毕业生取得教师资格并到乡村学校任教一定期限，按有关规定享受学费补偿和国家助学贷款代偿政策。各地要采取有效措施鼓励城镇退休的特级教师、高级教师到乡村学校支教讲学，中央财政比照边远贫困地区、边疆民族地区和革命老区人才支持计划教师专项计划给予适当支持。

......

（七）全面提升乡村教师能力素质。到2020年前，对全体乡村教师校长进行360学时的培训。要把乡村教师培训纳入基本公共服务体系，保障经费投入，确保乡村教师培训时间和质量。省级人民政府要统筹规划和支持全员培训，市、县级人民政府要切实履行实施主体责任。整合高等学校、县级教师发展中心和中小学校优质资源，建立乡村教师校长专业发展支持服务体系。将师德教育作为乡村教师培训的首要内容，推动师德教育进教材、进课堂、进头脑，贯穿培训全过程。全面提升乡村教师信息技术应用能力，积极利用远程教学、数字化课程等信息技术手段，破解乡村优质教学资源不足的难题，同时建立支持学校、教师使用相关设备的激励机制并提供必要的保障经费。加强乡村学校音体美等师资紧缺学科教师和民族地区双语教师培训。按照乡村教师的实际需求改进培训方式，采取顶岗置换、网络研修、送教下乡、专家指导、校本研修等多种形式，增强培训的针对性和实效性。从2015年起，"国培计划"集中支持中西部地区乡村教师校长培训。鼓励乡村教师在职学习深造，提高学历层次。

（资料来源：国务院办公厅2015年6月1日公开发布的《乡村教师支持计划（2015—2020年》）

五、部分省市乡村教师专业发展支持
文件核心内容表述

聚焦于"乡村教师素质提升"这一关键词,部分省市乡村教师专业发展支持文件的表述分别突出以下内容。

1.《上海市乡村教师支持计划(2015—2020年)实施办法》(沪教委人〔2015〕80号)

加大乡村教师培训力度,提升乡村教师专业能力。加强教师专业发展学校建设,区域中每10所学校中有1所市或区县级教师专业发展学校,充分发挥教师专业发展学校在校本研修中的示范引领作用,提高乡村学校校本研修实效,构建基于一线课堂实际的研训一体的教师专业发展机制。充分发挥全市优质资源和对口帮扶的作用,加强乡村教师培训项目的统筹安排、培训指导、政策倾斜。对补充到乡村学校的新教师,在一年见习期内安排到市、区县两级教师培训学校参加培训,尽快适应工作岗位。努力提高教师的专业技能,增强信息技术操作能力,开展分层分类专项培训,夯实乡村教师队伍基础,提高乡村教师自我发展能力。

2.《江苏省乡村教师支持计划实施办法(2015—2020年)》(苏政办发〔2015〕134号)

在全省范围内实施乡村教师发展计划,在培训过程中,要求全员参加,通过城乡联谊、上下联动等方式,构建起五级连贯的培训体系,培训期间产生的所有费用由财政负担。深入落实"乡村教师助力工程",将政策、资金倾斜向乡村教师,鼓励他们积极参加在职培训,不断提升个人专业素养与教学技能。培训活动正式开始之前,要做好充分的调查活动,准确把握教师实际需求,选择最恰当的内容、最适宜的方式,增强培训实效性。加大乡村校长、骨干教师培训力度,充分发挥他们的辐射带动作用,从整体上提升教师队伍水平。全体乡村幼儿园教师都要参加培训，力争五年之内使每位幼儿教师都能获得教师资格证。同时，也要加大薄弱学科教师培训力度，以丰富多彩的内容、灵活多样的方式，满足教师学习需求。所有新入职教师都要参加为期两个月的岗前培训，培训成绩将作为转正定级的重要依据。努力整合各方面教师培训资源，五年之内，建设一大批师资力量强、教学设备完善的县级教师成长中心，满足乡村教师成长需求，为乡村教育事业的发展提供有力保障。

3.《湖南省乡村教师支持计划（2015—2020年）实施办法》（湘政办发〔2015〕114号）

截至2019年底，湖南省要完成所有乡村教师和校长每人360课时的培训计划。要求各相关单位要明确责任，大力支持，首先要从资金上进行保障，其次要从时间上给予保障，最后还要保证培训效果。培训资金数额制定了统一的标准：市、县学校教师培训经费要高出职工工资数的1.5%。这个标准以后还要逐年提升。乡村幼儿园和各中小学校要超出全年经费预算数的8%。要把各高等学院、教师培训机构与各学校紧密结合起来，把有限的资源进行重组整合，让有限的资源能最大限度地在教师的培训过程中发挥巨大的作用。要进一步完善各乡村学校信息化装备，通过各种灵活的方法，把信息技术与课堂教学有机结合，有效解决当前存在的教育资源缺乏的现象。要采取有效方法激励学校和相关教师积极运用信息化设备，同时要在资金等方面提供有力的保障。从现在开始，要把"国培计划"和"省培计划"的关注点放到大力扶持乡村教师和校长的专业成长上来。在实施"十百千万"计划中，将来要评选的名师等项目里，要保证有一定数量的乡村教师，鼓励乡村教师再学习。注意强化乡村学校一些薄弱学科教师的培训力度，要创新各种培训手段，通过各种途径，对乡村教师展开有效的培训，促进每个乡村教师的成长，确保每位教师的学历都能达标。

4.《湖北省关于加强全省乡村教师队伍建设实施办法》（鄂政办发〔2015〕68号）

湖北省非常重视并扶持教师培训活动，要求各相关单位要明确责任，从资金上进行保障。截至2019年底，要求对所有乡村教师和校长的培训课时达到360学时。根据"国培计划"来制定省级培训计划，通过一系列活动，来对乡村教师进行全方位培训，提高教师们的授课水平。进一步建设县级教师培训基地，为乡村教师的成长和学习提高提供更广阔的舞台。

5.《广西壮族自治区乡村教师支持计划实施方案（2015—2020年）》（桂政办发〔2015〕130号）

在制定了乡村教师培训目标后就可以大规模地开展教师培训工作。文件要求直至2020年，所有的乡村教师以及学校校长都需要接受360学时以上的培训，同时构建四级培训体系，在市级和县级地区建设教师培训中心。于2015年开展的"国培计划"以及"区培计划"也对校长和乡村教师的培训活动进行了支持。在这个过程中应该坚持对培训方式进行改进，采取专家指导、网络研修等各种形式来提升培训的实效性以及针对性。学校方面应该构建教师的信息化培训体系，提升当代乡村教师的教育水平和技术能力，使学生能够享有与城市学生同等的教育资源。学校也应增强网络培训课程的开发力度，建设现代乡村教师的网络研修服务平台，使广大乡村教师能够更加适应互联网教育的模式，立足于远程教学、在线课程等方式来督促学生进行自我学习。增强教师培训的资金投入，在公共经费中拨出5%的费用用于乡村教师的培训工作。

6.青海省乡村教师支持计划（2015—2020年）实施办法（青政办〔2015〕231号）

首先是要全面完善乡村教师的培育体系，使教师培训与公共服务体系建设相互融合，全面完善培训制度，保证经费能够正常投入。全面落实地方政府在乡村教师培训中的主体责任，健全乡村教师培训制度，在"国培计划"等文件的引领下指导乡村教师进行专业创新。立足于省内外的教师培训基地并利用好当前所有的优质资源来建设综合性和全面性的教师发展体系。其次是要增强培训乡村教师的力度，在乡村教师的培训过程中，各级政府和校方应该着力为乡村教师提供较为丰富的经济条件和物质援助，使乡村教师能够在教学的过程中实现自我价值，完成教学目标，不断地发展。同时也要立足于教师发展的实际来制定培训计划，使教师能够针对工作中存在的问题和不足，进行更加有针对性的行为改正。学校要为教师提供一定指导，利用送教下乡等方式把优秀的教育资源传递起来，使全国各个学校的学生们都能够同步享受到优秀的教育资源，也能够使一些乡村教师获得宝贵的学习机会。对于一些少数民族地区而言，学校应该为教师提供双语培训教育，使教师能够在两种语言之间游刃有余地对学生开展教育教学实践。同时，乡村教师的学历提升教育也十分重要，教师可以在学校的支持和帮助下提升自己的学历，从而增强技能，丰富从事乡村教育工作的智慧，在日后的工作中获得更多的选择权。再次是要增强信息技术的培训力度，推动学校教育的信息化进程，使教师能够更加自主地学习信息教育的相关知识，使信息技术手段应用及数字化课程等走入乡村学校的课堂实践之中。结合对乡村教师网络研修课程的开发利用，充分组织乡村教师进行视频课堂学习以及互动观摩活动，提升乡村学校的教学质量。在此基础上，立足于发掘网络教育的优势，对中小学生开展相关课程，由此有效解决乡村学校教学资源不足的问题。